deutsch.punkt 4

Differenzierende Ausgabe für die 8. Klasse

Erarbeitet von

Birgit Agethen
Oliver Arndt
Corinna Franke
Jutta Kraushaar
Katrin Minner
Christian Porth
Christa Schürmann
Sarah Schweitzer
Lena Walter

Ernst Klett Verlag
Stuttgart · Leipzig

1. Auflage 1 5 4 3 2 1 | 19 18 17 16 15

Alle Drucke dieser Auflage sind unverändert und können im Unterricht nebeneinander verwendet werden.
Die letzte Zahl bezeichnet das Jahr des Druckes.

Autorinnen und Autoren: Birgit Agethen, Oliver Arndt, Corinna Franke, Jutta Kraushaar, Katrin Minner, Christian Porth, Christa Schürmann, Sarah Schweitzer, Lena Walter

Redaktion: Wiebke Behrbohm
Herstellung: Yvonne Schumann

Gestaltung: Jens-Peter Becker, normaldesign, Schwäbisch Gmünd
Umschlaggestaltung: Jens-Peter Becker, normaldesign, Schwäbisch Gmünd
Illustrationen: Heinrich Drescher, Münster; Thorsten Egkert, Berlin; Jan Suski, Berlin
Satz: Kristin Drechsler, Leipzig
Aufnahme der Hörtexte: Buchfunk Verlag GbR, Leipzig
Reproduktion: Druckmedienzentrum Gotha GmbH, Gotha
Druck: PASSAVIA Druckservice GmbH & Co. KG, Passau

Printed in Germany
ISBN 978-3-12-313814-0

9 783123 138140

3 Außenseiter oder einfach nur anders?

schriftlicher Aufgabentyp 4a einen literarischen Text mithilfe von Fragen untersuchen und bewerten

1

Einblicke in die Welt der Berufe

Sich und andere informieren

1 Seht euch die Bilder an. Benennt die Berufe, die darauf gezeigt werden.

2 Tauscht euch darüber aus, welche Fähigkeiten man für diese Berufe benötigt.

3 Nennt euren Wunschberuf.

Ich würde nach der Schulzeit gerne …

4 Warum interessiert euch der Beruf? Was würdet ihr über euren Wunschberuf gerne wissen? Notiert Fragen dazu.

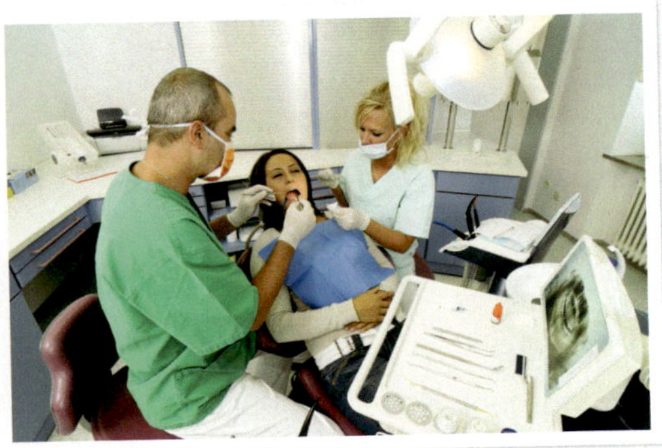

5 Wofür interessiert ihr euch und welche Hobbys habt ihr? Gestaltet dazu eine Collage mithilfe von Zeitungen und Zeitschriften. Bringt die Collage zur nächsten Stunde mit und stellt sie der Klasse vor.

6 Überlegt, ob euer Wunschberuf zu euren Hobbys passt.

Jetzt lernt ihr, ...

... eure Interessen und Stärken zu erforschen.

... Berufsfelder zu erkunden.

... wie man sich über Berufe informiert.

... Informationen aus Erfahrungsberichten zu entnehmen.

... Informationen aus diskontinuierlichen Texten zu nutzen.

... Referate vorzubereiten und zu halten.

... eine Bewerbung zu schreiben.

... einen Lebenslauf zu verfassen.

Was ich gut kann

Interessen und Stärken erforschen

→ **T1** Sprechen und Zuhören Seite 175

1 Tim und Meryem haben Collagen angefertigt. Beschreibt, welche Interessen und Hobbys die beiden jeweils haben.

2 Übernehmt die folgende Tabelle in euer Heft.
- Tragt in die erste Spalte die Interessen und Hobbys aus den beiden Collagen ein.
- Ergänzt die Tabelle mit euren eigenen Interessen und Hobbys. Nutzt dazu eure Collage von Seite 11.

Interessen/Hobbys	Tätigkeiten
Computerspielen	am PC arbeiten
Basteln	...

3 Seht euch die folgenden Tätigkeiten an. Ordnet sie den Interessen und Hobbys in eurer Tabelle zu.

Holz bearbeiten | anderen helfen | Wände anstreichen | Kunden beraten

Termine überwachen | am PC arbeiten | Mitarbeiter führen | unterrichten

Produkte entwickeln | forschen | Werkstoffe bearbeiten | Theater spielen

Verkaufsgespräche führen | Landwirtschaft betreiben | Menschen befördern

Baupläne studieren | Kundendateien führen | im Labor experimentieren

4 Kennt ihr noch weitere Tätigkeiten? Ergänzt eure Tabelle aus Aufgabe 2.

5 Übertragt die folgende Tabelle auf ein Blatt Papier oder nutzt den Online-Code.
- Schätzt eure Stärken ein. Kreuzt dazu das entsprechende Feld an.
- Knickt euren Teil der Einschätzung um und lasst eine Partnerin oder einen Partner die Felder der Fremdeinschätzung ausfüllen.

Material a3r2cp

Eine Potenzialanalyse – Stärken erforschen

	Fremdeinschätzung				Meine Einschätzung			
In der Schule bin ich gut in …	++ trifft voll zu	+ trifft zu	– trifft teilweise zu	– – trifft nicht zu	++ trifft voll zu	+ trifft zu	– trifft teilweise zu	– – trifft nicht zu
Deutsch								
Englisch/Französisch/…								
Mathematik								
Physik/Chemie/Biologie								
Informatik								
Geschichte/Politik/Erdkunde								
Musik/Kunst								
Sport								
Wie ich in der Schule arbeite …	++	+	–	– –	++	+	–	– –
Ich beachte Absprachen und bin pünktlich.								
Ich finde Schritte zum Lösen einer Aufgabe.								
Ich habe eigene Ideen, um etwas zu gestalten.								
Ich kann gut mit Arbeitsmaterialien umgehen.								
Ich erledige Aufgaben ohne Anleitung.								
Mein Arbeitsplatz ist übersichtlich und ordentlich.								
Wie ich in der Schule mit anderen umgehe …	++	+	–	– –	++	+	–	– –
Ich kann gut mit anderen zusammenarbeiten.								
Ich helfe anderen bei Problemen.								
Ich bin höflich und achte andere Menschen.								
Ich versuche, bei Streit eine gemeinsame Lösung zu finden.								

↑ bitte hier knicken

6 Wertet eure Potenzialanalyse aus. Vergleicht dazu eure Selbsteinschätzung mit der Fremdeinschätzung. Besprecht die möglichen Gründe für unterschiedliche Einschätzungen.

7 Vergleicht eure Stärken aus der Potenzialanalyse mit euren Ergebnissen aus Aufgabe 2 bis 4. Könnt ihr einen Zusammenhang feststellen? Benennt diesen.

8 EXTRA Sammelt die Materialien des Kapitels in einem Portfolio oder einem Berufswahlpass. Fügt die Potenzialanalyse hinzu.

Surftipp s58b3b

○ Aufgabe 1, 2, 3, 8 EXTRA ◒ Aufgabe 4, 5 ● Aufgabe 6, 7

Wunschberuf – Berufswunsch

Berufsfelder erkunden

→ **T1** Sprechen und Zuhören Seite 175

1 Seht euch die Bilder an. Welche Tätigkeiten führen die Personen darauf aus?

2 Berufe kann man in unterschiedliche Berufsfelder einteilen. Ordnet die Berufe von den Bildern den passenden Berufsfeldern zu, z. B.: *Verkauf → Verkäufer in einem Supermarkt (Bild 1), …*

- Verkauf
- Gesundheit, Erziehung, Soziales
- Kunst, Kultur, Gestaltung
- Textil, Bekleidung
- Wirtschaft und Verwaltung
- Metall
- IT, Computer
- Elektro
- Fahrzeuge, Lager und Logistik
- Landwirtschaft, Natur, Umwelt
- Bau, Raumgestaltung
- Medien
- Kosmetik und Körperpflege
- Naturwissenschaft und Technik
- Sanitär, Heizung, Klima

Manche Berufe lassen sich mehreren Berufsfeldern zuordnen.

3 Ordnet nun die folgenden Berufe den passenden Berufsfeldern aus Aufgabe 2 zu.

Glaser/in – *Tischler/in* – *Elektroniker/in* – *Augenoptiker/in* – *Frisör/in* – *Maskenbildner/in* – *Kaufmann/frau* – *Krankenpfleger/in* – *Zahntechniker/in* – *Koch/Köchin* – *Physiotherapeut/in* – *Buchhändler/in* – *Mediengestalter/in* – *Fotograf/in* – *Mechatroniker/in* – *Laborant/in* – *Änderungsschneider/in* – *Goldschmied/in* – *Informatiker/in* – *Karosseriemechaniker/in* – *Betriebswirt/in* – *Sattler/in* – *Maler/in* – *Steuerfachangestellte/er* – *Erzieher/in* – *Lehrer/in*

4 Nennt zu jedem Berufsfeld in Aufgabe 2 zwei weitere Berufe.

5 Überlegt euch weitere Berufsfelder. Nennt jeweils dazugehörende Berufe. Recherchiert im Internet. Nutzt den Surftipp.

Surftipp
k3je73

Merke

Im **Internet** findet man zahlreiche **Informationen** zu bestimmten Themen. Am besten gibt man **Suchbegriffe** in eine **Suchmaschine** ein: *www.google.de* oder *www.bing.de.*

Manchmal ist ein Suchbegriff zu allgemein und man erhält zu viele Ergebnisse. Es hilft, wenn man die **Suchbegriffe genauer festlegt** oder **mit weiteren Wörtern kombiniert**:
Berufe → besser: *Ausbildungsberufe Elektro*

→ **T5** Im Internet recherchieren Seite 272

6 Lest die Beschreibung zum Beruf des Mediengestalters. Ordnet ihn einem Berufsfeld zu. Erläutert, welche Interessen man für den Beruf mitbringen sollte.

Mediengestalter/in Digital und Print

Berufstyp: Anerkannter Ausbildungsberuf
Ausbildungsdauer: 3 Jahre

Mediengestalter/innen Digital und Print sind zuständig für die Gestaltung von digitalen oder gedruckten Informationsmitteln. Hierfür entwickeln sie Konzepte, setzen sie um und erstellen das fertige Produkt. Darüber hinaus beraten sie Kunden.

Fachrichtungen
- Beratung und Planung
- Gestaltung und Technik
- Konzeption und Visualisierung

Ausbildungsvergütung pro Monat

1. Jahr	2. Jahr	3. Jahr
800 € bis 815 €	857 € bis 874 €	916 € bis 933 €

Zahl der Ausbildungsanfänger/innen: 3.042

7 Wählt ein Berufsfeld aus, das zu euren Interessen passt. Beachtet dazu eure Ergebnisse aus der Potenzialanalyse von Seite 13. Recherchiert im Internet nach Berufen in diesem Berufsfeld.

Surftipp
k3je73

8 EXTRA Präsentiert eure Ergebnisse in der Klasse. Fügt alle Materialien eurem Portfolio oder eurem Berufswahlpass bei.

Was macht denn ein/e …?

Sich über Berufe informieren

T2 Schreiben
Seite 182/183

1 Stellt Vermutungen darüber an, was in den Berufen Heilerziehungspfleger/in und Elektroniker/in für Betriebstechnik gemacht wird.

2 Lest die Texte. Wählt den Beruf aus, der euch mehr anspricht.

Heilerziehungspfleger/in

Berufstyp: Berufsfachschulberuf
Ausbildungsdauer: 2 bis 4,5 Jahre
Zugangsvoraussetzung: Mittlerer Bildungsabschluss sowie ggf. berufliche Voraussetzungen

Was macht man in diesem Beruf?
Heilerziehungspfleger/innen begleiten und unterstützen Menschen mit Behinderung, um deren Eigenständigkeit zu stärken und sie zu einer möglichst selbstständigen Lebensführung im Alltag zu befähigen. Dabei berücksichtigen sie Art und Grad der jeweiligen Behinderung. Sie motivieren die zu Betreuenden zu sinnvollen Freizeitbeschäftigungen, wie z.B. zum Malen, Musizieren oder Schwimmen. Ebenso fördern sie das soziale Verhalten sowie die persönliche Entwicklung der ihnen anvertrauten Personen und stehen diesen bei ihrer schulischen oder beruflichen Eingliederung zur Seite.

Darüber hinaus helfen Heilerziehungspfleger/innen bettlägerigen oder kranken Menschen bei der Körperpflege, bei der Nahrungsaufnahme sowie beim An- und Auskleiden (Grundpflege). Auch für die Versorgung der Patienten mit Medikamenten sind sie verantwortlich. Sie erledigen zudem organisatorische und verwaltungstechnische Arbeiten, z.B. planen und gestalten sie das Freizeitprogramm oder wirken bei der Erstellung von Förderplänen mit.

Heilerziehungspfleger/innen arbeiten hauptsächlich
- in Tagesstätten oder Wohn- und Pflegeheimen
- in Kliniken
- an Förderschulen
- in Kindergärten

Der Besuch von schulischen Einrichtungen der Aus- bzw. Weiterbildung wird nicht vergütet.
Die Praktikumsphasen während der schulischen Aus- bzw. Weiterbildung werden ggf. vergütet.
Das für die staatliche Anerkennung erforderliche Berufspraktikum wird mit einem Praktikumsentgelt vergütet; dieses beträgt in kommunalen[1] Einrichtungen 1.373 € pro Monat.

1 öffentlich

Elektroniker/in für Betriebstechnik

Berufstyp: Ausbildungsberuf
Ausbildungsdauer: 3,5 Jahre
Zugangsvoraussetzung: Mittlerer Bildungsabschluss

Was macht man in diesem Beruf?
Elektroniker/innen für Betriebstechnik installieren elektrische Bauteile und Anlagen in den Bereichen elektrische Energieversorgung, industrielle Betriebsanlagen oder moderne Gebäudesystem- und Automatisierungstechnik. Sie warten sie regelmäßig, erweitern bzw. modernisieren sie und reparieren sie im Falle einer Störung. Auch installieren sie Leitungsführungssysteme, Energie- und Informationsleitungen sowie die elektrische Ausrüstung von Maschinen mit den dazugehörigen Automatisierungssystemen.
Die Elektroniker/innen programmieren, konfigurieren und prüfen Systeme und Sicherheitseinrichtungen. Sie organisieren die Montage von Anlagen und überwachen die Arbeit von Dienstleistern und anderen Gewerken. Bei der Übergabe der Anlagen weisen Elektroniker/innen für Betriebstechnik die zukünftigen Anwender in die Bedienung ein.

Wo arbeitet man?
Elektroniker/innen für Betriebstechnik arbeiten hauptsächlich bei Herstellern industrieller Prozesssteuerungseinrichtungen, in Elektroinstallationsbetrieben, die technische Gebäudeausrüstungen einbauen sowie bei Energieversorgern. Sie sind meistens in Werkstätten und Werkhallen tätig. Wartungs- oder Installationsarbeiten führen sie mitunter auch im Freien durch. Ihre Arbeitsergebnisse dokumentieren sie am Computer. Werden sie im Kundenservice eingesetzt, halten sie sich an wechselnden Arbeitsorten auf.

Was verdient man in der Ausbildung?
Beispielhafte Ausbildungsvergütungen pro Monat:

1. Jahr	2. Jahr	3. Jahr	4. Jahr
814 € bis 860 €	869 € bis 911 €	925 € bis 980 €	978 € bis 1.038 €

3 Sucht euch eine Partnerin oder einen Partner, die/der den gleichen Beruf gewählt hat. Wählt Aufgabe A oder B aus.
A Erstellt einen Steckbrief zu dem Beruf.
B Stellt den Beruf in Form eines Interviews vor, z. B.:
Frage: Wie genau heißt Ihr Beruf?
Antwort: Ich arbeite als Elektroniker für Betriebstechnik.
Frage: …

4 EXTRA Verfasst selbst einen Informationstext über fantastische oder märchenhafte Berufe, z. B.: *Koch/Köchin für Raumstationen, Einhorn-Dompteur/in, …*

Ihr könnt euch auch selbst Berufe ausdenken.

○ Aufgabe 2, 3A ◒ Aufgabe 1, 3B ● Aufgabe 4 EXTRA

So sieht der Alltag aus ...

Informationen aus Erfahrungsberichten entnehmen

→ **T2** Schreiben
Seite 182/183

1 Lest den Text. Beschreibt, wie dieser sich von den Informationstexten auf den vorherigen Seiten unterscheidet.

Mein Weg bei Lidl!

Vanessa Thomsa – Auszubildende zur Kauffrau im Einzelhandel, 21 Jahre alt

Bereits vor meiner Ausbildung als Verkäuferin jobbte ich als Aushilfskraft in einer Lidl Filiale. Während dieser Zeit wurde mir schnell klar, dass ich bei Lidl meine Ausbildung machen möchte. Im August 2012 begann ich dann meine Ausbildung als Verkäuferin in der Lidl Filiale in Nideggen.
Ich lernte zunächst die einzelnen Warengruppen kennen und wie man richtig Ware in der Filiale einräumt. Hierbei merkte ich schnell, wie schwer eigentlich so ein Bananenkarton sein kann. Ich spürte Muskeln in meinem Körper, von deren Existenz ich vorher gar nichts wusste. Aber zum Glück unterstützten mich immer die anderen Mitarbeiter und so war immer schnell eine helfende Hand zur Seite. Dann lernte ich kassieren, die Kasse abzurechnen, zu backen, die Frischekontrolle durchzuführen, die Ware zu bestellen und das Präsentieren unserer Non-Food Artikel.
Außerdem besuchte ich Schulungen, bei denen ich nicht nur andere Auszubildende kennenlernen durfte, sondern mir auch weiteres Wissen aneignete, um meine bisherigen Kenntnisse zu erweitern und zu festigen. Die Ausbildung bei Lidl ist klar strukturiert und mithilfe meines Einarbeitungsplanes lernte ich die einzelnen Bereiche erfolgreich kennen. Darüber hinaus zeigten mir regelmäßige Tests meinen momentanen Wissensstand.
Im Oktober 2014 bot sich für mich die Möglichkeit, an dem Projekt: „Azubis leiten eine Filiale“ teilzunehmen. In einer Aachener Lidl-Filiale durfte ich über einem Zeitraum von zwei Wochen in die Rolle der stellvertretenden Filialleitung schlüpfen. Meine Aufgabe bestand neben den alltäglichen Tätigkeiten in der Filiale darin, Aufgaben klar zu verteilen und gemeinsam mit den anderen Auszubildenden der Regionalgesellschaft neue

Herausforderungen anzunehmen und diese auch zu bewältigen. Ich durfte somit ein Teil eines neuen Teams sein und war erstaunt darüber, wie viel man noch von den anderen Azubis lernen konnte. Ich lernte in dem Projekt ebenso, wie wichtig die Zusammenarbeit in einem großen Team ist. Selbst in dieser „fremden" Filiale fühlte ich mich nicht allein gelassen. Das war für mich bisher das absolute Highlight in meiner Ausbildung, und ich merkte, wie viel Spaß Verantwortung macht.

Mein Ziel ist es, noch mehr Verantwortung zu übernehmen. Daher mache ich gerade, nach dem Abschluss meiner Ausbildung als Verkäuferin, durch ein zusätzliches Jahr die Ausbildung zur Einzelhandelskauffrau. Danach möchte ich mich auf mein Ziel konzentrieren – Filialleiterin zu werden. Die Ausbildung bei Lidl ist für mich trotz der Arbeit immer mit Wohlbefinden begleitet, fast wie in einer großen Familie. Wer also eine wirklich gute Ausbildung machen möchte, ist bei Lidl an der richtigen Adresse.

2 Nennt Textstellen, an denen deutlich wird, dass der Text kein sachlicher Informationstext ist, z. B.: *..., dass ich meine Ausbildung bei Lidl machen möchte. ...*

3 Arbeitet aus dem Text die wichtigsten Informationen über die Ausbildung zur Verkäuferin heraus. Verwendet die Arbeitstechnik „Ein Précis anfertigen". Legt dazu eine Folie über den Text oder nutzt den Online-Code.

Material
i2s4as

Arbeitstechnik

Ein Précis anfertigen

Das Ziel eines **Précis** ist es, einen Text bis auf die wichtigsten Informationen zusammenzustreichen. Der eigentliche Text wird dabei etwa auf **ein Drittel gekürzt**, so dass man am Ende die wichtigsten Informationen in knapper Form vorliegen hat.

Vorgehen

- Zunächst werden alle unwichtigen Informationen weggestrichen. Dabei kann es vorkommen, dass Sätze nicht mehr vollständig sind.
- Aus den übriggebliebenen Zeilen wird ein zusammenhängender Text verfasst. Dabei sollte so wenig wie möglich verändert werden.
- Der Sinn des Textes darf nicht verändert werden.
- Der Text wird nicht ergänzt oder kommentiert.

4 Wählt Aufgabe A oder B aus.

A Verfasst mithilfe eures Précis einen Steckbrief zu dem Beruf Verkäufer/in im Einzelhandel.

B Bereitet einen kurzen Vortrag zu dem Beruf Verkäufer/in im Einzelhandel vor. Tragt ihn in der Klasse vor.

→ **T5** Einen Kurzvortrag halten
Seite 265

5 EXTRA Informiert euch genauer über Vanessas Beruf. Überprüft und bewertet, ob sie den Beruf treffend beschrieben hat.

○ Aufgabe 1, 2, 4A ◒ Aufgabe 3, 4B ● Aufgabe 5 EXTRA

Typisch: Zahlen, Bilder, Texte ...

Informationen aus diskontinuierlichen Texten nutzen

→ **T2** Schreiben
Seite 182–185

→ **T5** Einen Cluster
erstellen
Seite 255

1 Informiert euch mithilfe der folgenden Materialien über „typisch weibliche" und „typisch männliche" Berufswünsche. Fasst die wichtigsten Informationen in einem Cluster zusammen. Bezieht alle Materialien ein.

Die Top 10 der Ausbildungsberufe bei Frauen und Männern 2013

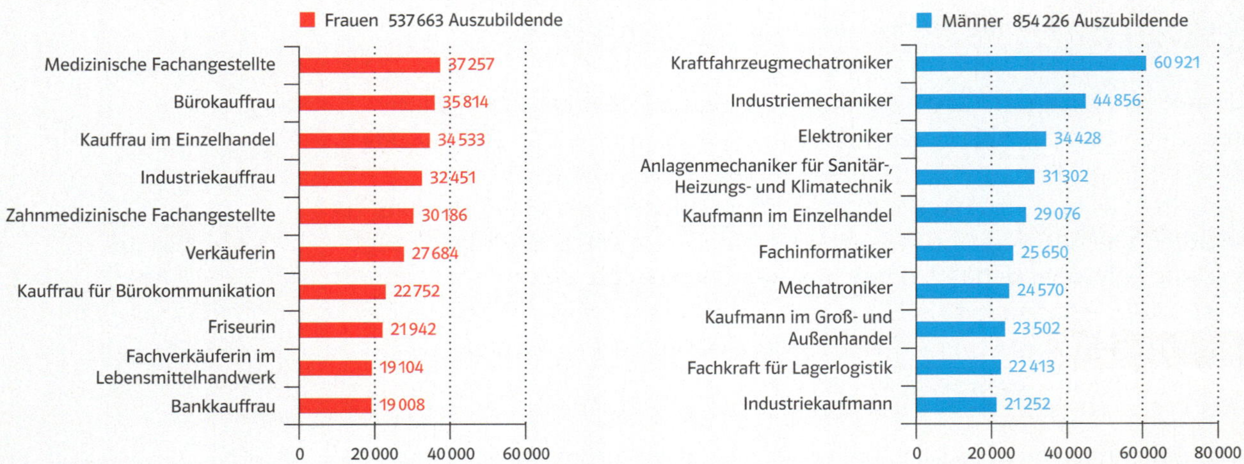

Quelle: Destatis, Statistisches Bundesamt, Wiesbaden 2015

Mit dem Girls' Day und dem Boys' Day sollen Mädchen und Jungen an Berufswelten herangeführt werden, in denen Frauen bzw. Männer unterrepräsentiert sind.

Klassische Rollenverteilung besteht weiter

Am 27. März ist wieder Girls' Day. Mädchen am Steuerungspult einer großen Dreh- oder Fräsmaschine sind aber nach wie vor selten – auch im Münsterland und in der Emscher-Lippe-Region. […]
„An der klassischen Rollenverteilung der Geschlechter hat sich bisher leider nicht viel geändert", sagt Carsten Taudt, Leiter des Geschäftsbereichs Bildung bei der Industrie- und Handelskammer (IHK) Nord Westfalen in Münster.

Anzahl Auszubildender im industriell-technischen Bereich	9 650
davon männlich	87,4 %
davon weiblich	12,6 %

Girls' Day und Boys' Day

Das Projekt „Girls' Day – Mädchen-Zukunftstag" soll dazu beitragen, die Berufschancen von Mädchen in zukunftsträchtigen Berufsfeldern, in denen sie bisher unterrepräsentiert sind, d. h. insbesondere in (informations-) technologischen und naturwissenschaftlichen Bereichen sowie in handwerklichen Berufen auszubauen, um ihre Arbeitsmarkt-, Karriere- sowie Verdienstchancen zu verbessern. […]
Das Projekt „Boys' Day – Jungen-Zukunftstag" gibt Jungen die Möglichkeit, Berufe kennenzulernen, in denen Männer immer noch unterrepräsentiert sind, vor allem Berufe aus dem sozialen, erzieherischen und pflegerischen Bereich. Durch jungenspezifische Schnupperpraktika, aber auch Workshops, werden neue Zukunftsoptionen in der Berufs- und Lebensplanung eröffnet sowie Sozialkompetenzen gestärkt. […]

2 Verfasst einen Artikel über das Thema „Berufe – typisch weiblich, typisch männlich?" für eine Schülerzeitung.
- Überlegt euch eine Überschrift für euren Text.
- Schreibt eine Einleitung, in der ihr auf die Aktualität oder die Bedeutung des Themas eingeht.
- Schreibt den Hauptteil. Geht darin auf die Unterschiede zwischen Mädchen und Jungen beim Berufswahlverhalten ein. Beschreibt auch die Möglichkeiten zur Beeinflussung dieses Wahlverhaltens.
- Schreibt einen Schluss, in dem ihr den Sachverhalt kritisch bewertet.

3 Überarbeitet eure Texte in einer Schreibkonferenz.

→ **T5** Die Schreibkonferenz Seite 264

T1 Sprechen und Zuhören
Seite 175/176

Meine Zukunftsplanung

Ein Referat vorbereiten und halten

1 Ihr habt bereits einige Berufe kennengelernt und euch Gedanken über einen zu euch passenden Beruf gemacht.
- Sammelt in einer Mindmap alle wichtigen Informationen zu eurem Beruf.
- Recherchiert gegebenenfalls nach weiteren Informationen im Internet.

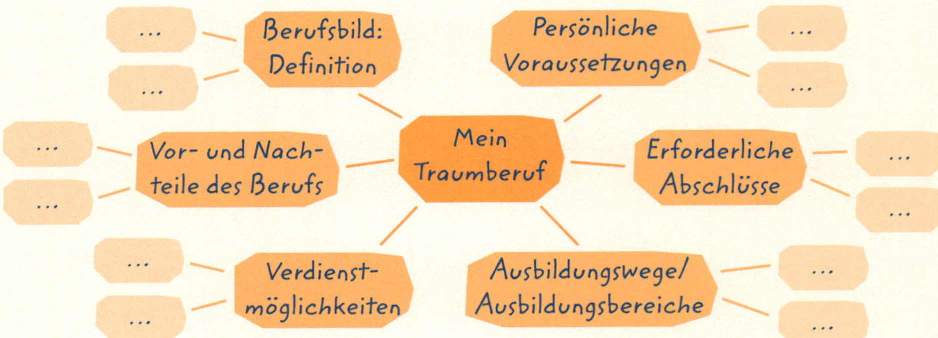

2 Erstellt eine Gliederung für ein Referat. Nutzt eure Mindmap aus Aufgabe 1.
- Überlegt, in welcher Reihenfolge ihr die Informationen vorstellen möchtet.
- Notiert die Gliederung auf Karteikarten.
- Ergänzt zu jedem Unterpunkt ein paar Stichwörter als Gedankenstütze für den Hauptteil von eurem Referat.

3 Vergleicht die beiden Referatseinstiege miteinander. Diskutiert, welcher Einstieg besser gelungen ist.

Also, ich stelle dann mal den Beruf der Mechanikerin vor: Da hat man eine 3-jährige Ausbildungszeit mit einer ganz netten Vergütung. Da sollte man sich dann doch so ein bisschen für Autos interessieren …

Ich habe schon oft auf die Kinder unserer Nachbarn aufgepasst und mag Kinder sehr gerne. Aus diesem Grund habe ich mir den Beruf des Erziehers genauer angesehen. Dazu möchte ich euch ein paar Dinge vorstellen, die für den Beruf wichtig sind …

4 Überlegt euch einen passenden Einstieg für ein Referat über euren Traumberuf. Notiert diesen in eurem Heft. Ihr könnt die folgenden Ideen nutzen.

- mit einer interessanten Frage beginnen
- beeindruckende Zahlen oder Fakten zum Thema nennen
- von einer eigenen Erfahrung berichten
- mit einer Geschichte zum Thema anfangen

5 Überlegt euch einen Schluss für euer Referat. Fasst dabei das Wichtigste noch einmal kurz zusammen. Ihr könnt auf ein Problem hinweisen oder eure eigene Meinung noch einmal nennen.

6 Überprüft eure Gliederung mithilfe der folgenden Arbeitstechnik.

Arbeitstechnik

Ein Referat vorbereiten

Zunächst werden alle Informationen recherchiert und geordnet. Im Anschluss wird eine **Gliederung** erstellt und auf Karteikarten notiert. Zu jedem Punkt kann man sich Stichwörter aufschreiben.

- Die **Einleitung** soll die Aufmerksamkeit der Zuhörer wecken. Sie kann bereits ausformuliert werden, das erleichtert den Einstieg in das Referat.
- Der **Hauptteil** enthält die wichtigsten Informationen zum Thema. Dabei sollte man auf eine sinnvolle Reihenfolge achten.
- Der **Schluss** fasst noch einmal das Wichtigste zusammen, weist auf Probleme hin oder legt die eigene Meinung dar.

Um ein Referat interessanter zu gestalten, können z. B. Präsentationen, Diagramme oder eine Seite mit der Gliederung und den wichtigsten Stichwörtern erstellt werden.

Übt euren Vortrag zu Hause. Sprecht ihn dazu mehrmals laut vor. Ihr könnt ihn auch euren Eltern oder Freunden zur Probe vortragen.

Die Gliederung kann zusätzlich auf einer Folie oder einem Plakat abgebildet werden. So können sich die Zuhörer orientieren.

7 Tragt eure Referate in der Klasse vor. Beachtet die folgenden Hinweise.

Referate halten

- Haltet das Referat im Stehen, ohne euch abzustützen oder die Arme zu verschränken.
- Verwendet die Karteikarten als Gedächtnisstütze. Lest nicht einfach ab. Sprecht deutlich und macht ab und zu eine Pause.
- Haltet Blickkontakt mit euren Zuhörern.
- Plant am Ende Zeit für Fragen und Diskussionen ein.

8 EXTRA Fertigt zu eurem Referat mithilfe des Präsentationsprogramms „PowerPoint“ eine Präsentation an. Stellt darin alle Informationen übersichtlich dar.

Werbung für euch

Eine Bewerbung verfassen

T2 Schreiben
Seite 185/186

1 Lest die Bewerbung von Juliane. Ordnet die Textbausteine den Zahlen im Anschreiben zu.

Unterschrift | Zeitraum | zusätzliche Materialien | Grund der Bewerbung | Vorstellung | Anrede | Grußformel | Anschrift | Betreff und Bezug | Begründung für Praktikum | Datum | Bitte um Rückmeldung | Absender

(1) Juliane Schneider
Pfefferminzweg 21
73614 Schorndorf
Tel. 0123/87654
julianeschneider15@email.de

(2) Orthopädische Klinik
Dr. Klaus D. Färber
Stuttgarter Straße 55
71334 Waiblingen

(3) 2. Februar 2016

(4) **Bewerbung um ein Betriebspraktikum als Gesundheits- und Krankenpflegerin**

(5) Sehr geehrter Herr Dr. Färber,

(6) ich bin Schülerin der 8. Klasse der Schillerschule in Schorndorf. Da mich die Arbeit als Gesundheits- und Krankenpflegerin sehr interessiert, würde ich (7) gerne vom 7. bis zum 18. Mai 2016 ein Praktikum in Ihrer Klinik machen.

(8) In meiner Schule bin ich bereits das dritte Jahr in der Sanitäter-AG und einmal in der Woche in der großen Pause dafür zuständig, kleinere Verletzungen bei den Grundschülern zu versorgen. Im Laufe der Zeit habe ich auch festgestellt, dass ich die Kinder, die sich verletzt haben, wieder beruhigen kann und auch bei größeren Verletzungen die Ruhe bewahre.

(9) Gerne würde ich das Schulpraktikum nutzen, um auszuprobieren, ob mir auch die Arbeit als Gesundheits- und Krankenpflegerin gefällt. (10) Bitte geben Sie mir Bescheid, ob das in Ihrer Klinik möglich ist.

(11) Mit freundlichen Grüßen

(12) *Juliane Schneider*

(13) Anlagen

2 Untersucht, worauf Juliane in ihrem Anschreiben eingeht. Besprecht, warum diese Punkte wichtig sind. Bezieht in eure Überlegungen auch die Reihenfolge der Informationen ein.

3 Überlegt, wo ihr ein Tagespraktikum zu eurem Wunschberuf absolvieren könntet. Recherchiert dazu im Internet.

4 Verfasst eine eigene Bewerbung. Orientiert euch dazu an Julianes Bewerbung, der folgenden Vorlage und der Checkliste in Aufgabe 5. Schreibt eure Bewerbung mithilfe eines Textverarbeitungsprogramms.

Ihr könnt auch den Online-Code als Hilfe nutzen.

Material
j4fk57

Name und Anschrift des Bewerbers
Telefon, E-Mail

Name und Anschrift des Unternehmens
Name des Ansprechpartners

Aktuelles Datum

Betreff und Bezug
(Um welches Betriebspraktikum geht es?)

Anrede (Wenn kein Name bekannt ist, schreibt man:
Sehr geehrte Damen und Herren, ...)

Vorstellung
Grund des Anschreibens
Praktikumszeitraum
Begründung, warum man sich für dieses Praktikum interessiert und warum man geeignet ist.

Grußformel

handschriftliche Unterschrift

Anlagenhinweis

5 Tauscht eure Bewerbung mit einer Partnerin oder einem Partner. Überprüft mithilfe der Checkliste, ob die äußere Form, Sprache und Stil gelungen sind.

Checkliste: Eine Bewerbung verfassen	☺	😐	☹
Äußere Form • sauberes, weißes Papier verwenden • Seitenränder einhalten • nicht länger als eine Seite • lesbare Schriftgröße (z. B. Arial 11) • Text übersichtlich auf einer Seite anordnen, Absätze einfügen • handschriftliche Unterschrift einfügen	...	...	...
Sprache und Stil • Rechtschreibung und Zeichensetzung überprüfen • Anredepronomen großschreiben • Sätze auf Vollständigkeit prüfen • Umgangssprache und Wortwiederholungen vermeiden	...	...	...

Alles auf einen Blick

→ **T2** Schreiben
Seite 187/188

Einen Lebenslauf verfassen

1 Beschreibt den Aufbau von Jasmins Lebenslauf. Geht dabei auf den Inhalt und die Form ein.

Lebenslauf

Jasmin Ludwig
Eichenstr. 9
40238 Düsseldorf
Tel. 0211/65 43 21
E-Mail Jasmin136@web.de

Persönliche Daten: Geboren am 13. November 2001 in Ratingen

Schulausbildung:
August 2012–Juli 2016 Grünberg-Realschule, Düsseldorf-Nord
August 2010–Juli 2012 Theodor-Heuss-Schule, Realschule, Ratingen
August 2007–Juli 2010 Erich-Kästner-Grundschule, Ratingen

Schulabschluss: voraussichtlich mittlerer Schulabschluss Juli 2016

Lieblingsfächer: Mathematik (gut), Informatik (gut), Sport (sehr gut)

Praktika und Jobs:
Juli 2014 vierwöchige Aushilfe bei PC Drescher, Ratingen
März 2015 dreiwöchiges Betriebspraktikum bei der Firma Werhoff Sicherheitssysteme GmbH, Düsseldorf

Computerkenntnisse: MS-Word, MS-Powerpoint, (Computer-AG der Schule)

Fremdsprachen: Englisch, Französisch

Hobbys: Kajak fahren (seit fünf Jahren), Lesen

Düsseldorf, 31. März 2016

Jasmin Ludwig

2 Erstellt eine Checkliste für das Schreiben eines Lebenslaufs. Welche Angaben muss er enthalten? In welcher Reihenfolge sollten die Angaben stehen? Wie sollte er gestaltet sein?

Checkliste: Einen Lebenslauf schreiben	☺	☹
Adressfeld • Name • ...	...	...
...	...	...

3 Seht euch die folgenden Bilder an. Entscheidet, welches davon sich für einen Lebenslauf eignet. Begründet eure Wahl.

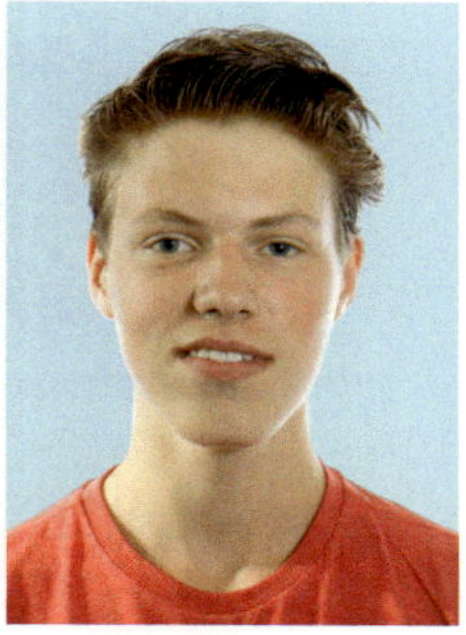

4 Untersucht, was die folgenden Angaben aus Lebensläufen über die Personen aussagen.

Jobs: Zeitungsbote beim „Stadtpanorama"
Trainer der „Handball-Minis" (6–8 Jahre) beim SV Düsseldorf-Nord
Hobbys: Handball, Skaten, E-Gitarre spielen (Schulband)

Job: zwei Mal pro Woche Babysitten bei unseren Nachbarskindern (3 u. 5 Jahre alt)
Hobbys: Theater spielen, Lesen, Musik hören

Hobbys: Fernsehen, ins Kino gehen, am Computer spielen

5 Benennt, welche Schlüsselqualifikationen die Personen aus Aufgabe 4 jeweils haben. Stellt Vermutungen an, in welchen beruflichen Situationen diese gefordert sein könnten.

Merke

Eigenschaften wie Zuverlässigkeit, Konzentrationsfähigkeit oder Leistungsbereitschaft bezeichnet man als **Schlüsselqualifikationen**. Über welche Schlüsselqualifikationen eine Bewerberin oder ein Bewerber verfügt, kann man zum Beispiel anhand von Jobs oder Hobbys erkennen:
Wer als Aushilfe im Café arbeitet, sollte ***freundlich im Umgang mit Menschen*** *sein.*
Jemand, der Schach spielt, kann ***logisch*** *denken.*

6 Überlegt, welche Schlüsselqualifikationen ihr für euren Wunschberuf benötigt. Überprüft, ob ihr diese Schlüsselqualifikation mitbringt.

7 Verfasst einen eigenen Lebenslauf. Achtet auch auf passende Schlüsselqualifikationen. Überprüft diesen anschließend mithilfe eurer Checkliste aus Aufgabe 2. Verbessert euren Lebenslauf gegebenenfalls.

Material
r53897

Orientiert euch an Jasmins Lebenslauf. Nutzt eure Ergebnisse aus den vorherigen Aufgaben.

○ Aufgabe 1, 3 ◒ Aufgabe 2, 4, 5, 7 ● Aufgabe 6

Teste dich selbst!

Üben interaktiv
j68gp5

1 Sieh dir die Collage von Bastian an. Überlege, welche Berufe zu ihm passen könnten. Nenne drei Vorschläge und begründe deine Entscheidung.

Wie konntest du Aufgabe 1 und 2 lösen?

😐 → Seite 175
🙂 → Seite 176 EXTRA

2 Benenne Fähigkeiten, die Bastian für die von dir ausgewählten Berufe mitbringen müsste. Orientiere dich an den Kriterien der Potenzialanalyse auf Seite 13.

3 Lies den folgenden Text. Notiere in Stichpunkten, warum dieser Beruf zu Bastian passen könnte.

Forstwirt/in

Berufstyp: Anerkannter Ausbildungsberuf
Ausbildungsdauer: 3 Jahre

Was macht man in diesem Beruf?
Forstwirte und Forstwirtinnen erhalten und pflegen den Waldbestand. Sie gewinnen Saatgut, bearbeiten den Boden, kultivieren Bäume in Baumschulen und forsten Flächen auf. Sie pflegen und schützen Waldflächen, indem sie z. B. Waldareale umzäunen, Schutzvorrichtungen an jungen Bäumen anbringen oder Schädlinge bekämpfen. Bei der Holzernte fällen sie Bäume, transportieren, sortieren und lagern das Holz. Außerdem bauen und unterhalten sie Waldwege und Erholungseinrichtungen.

Forstwirte und Forstwirtinnen arbeiten hauptsächlich bei
- privaten oder kommunalen Forstbetrieben
- forstwirtschaftlichen Dienstleistungsbetrieben
- Forstbehörden

Ausbildungsvergütung pro Monat

1. Jahr	2. Jahr	3. Jahr
582 €	660 €	757 €

4 Ordne den Beruf Forstwirt/in in ein Berufsfeld ein. Nenne jeweils zwei weitere Berufe daraus.

5 Lies den Erfahrungsbericht von Andreas. Überprüfe, ob Andreas' Erfahrungen mit der Berufsbeschreibung aus Aufgabe 3 übereinstimmen.

Andreas, Auszubildender zum Forstwirt (3. Ausbildungsjahr)

„Im Steigerwald hat meine Familie etwas Landwirtschaft und einen Privatwald. Von daher war bei mir schon immer eine Verbundenheit zur Natur vorhanden. Für den Wald interessiere ich mich im Vergleich zur Landwirtschaft aber mehr, weil man freier und ungebundener ist, sich nicht jeden Tag um Tiere kümmern muss.
Als ich mich damals über meine Forstwirt-Ausbildung informierte, hätte ich nicht gedacht, dass der Beruf so vielseitig ist. Hauptsächlich bin ich im Wald unterwegs. Hier erledigen wir die Holzernte, was meine Haupt- und Lieblingsaufgabe ist. Wir pflegen auch Waldbestände oder führen einen Waldumbau durch, z. B. forsten wir eine kahle Fläche komplett neu auf, die ein Sturm verursacht hat. Vieles wird im Bereich Naturschutz gemacht, etwa Biotope anlegen und pflegen. Handwerkliche Begabung und eine gewisse körperliche Fitness sind hier von Vorteil."

6 Erstelle mithilfe der beiden Texte einen Steckbrief zu dem Beruf *Forstwirt/in*.

7 Bereite eine Gliederung für ein Referat zu dem Beruf des Forstwirts vor.

8 Bastian bewirbt sich für ein Tagespraktikum bei einem Forstwirt. Verfasse eine Bewerbung für Bastian.

9 Verfasse einen Lebenslauf für Bastian. Persönliche Daten und Informationen zur Schulausbildung kannst du dir ausdenken. Achte auf Bastians Interessen und Hobbys. Gehe auch auf seine Schlüsselqualifikationen ein.

Wie konntest du Aufgabe 3 bis 6 lösen?
😐 → Seite 182–184
🙂 → Seite 184/185 EXTRA

Wie konntest du Aufgabe 7 lösen?
😐 → Seite 175/176
🙂 → Seite 176 EXTRA

Wie konntest du Aufgabe 8 lösen?
😐 → Seite 185/186
🙂 → Seite 188 EXTRA

Wie konntest du Aufgabe 9 lösen?
😐 → Seite 187
🙂 → Seite 188 EXTRA

2

„Das Herz eines Boxers“

Einen dramatischen Text spielerisch erschließen

RAUM
Zimmer in einem Altersheim, ungemütlich, klein.
Ein Tisch, Sessel, ein Fenster zum Park. Viele Kartons, keine Bilder an der Wand.

DARSTELLER
Jojo Ein Jugendlicher, etwa sechzehn Jahre
Leo Ein Mann Ende sechzig, Bewohner des Zimmers

1 Seht euch die zwei Buchcover zum Theaterstück „Das Herz eines Boxers“ an. Beschreibt die beiden Titelseiten.

2 Stellt Vermutungen an, worum es in dem Theaterstück gehen könnte.

3 Seht euch nun das Raum- und Darstellerverzeichnis an. Ergänzt eure Vermutungen zu dem Stück.

4 In dem Theaterstück geht es um einen jungen und einen alten Menschen in einem kleinen Raum. Sammelt gemeinsam Ideen zur Handlung des dramatischen Textes.

5 Habt ihr eigene Erfahrungen mit Begegnungen zwischen jungen und alten Menschen gemacht? Berichtet von schönen oder schwierigen Situationen.

6 Entwerft mithilfe der Angaben zum Raum eine Skizze des Bühnenbildes für das Theaterstück. Stellt euch eure Ideen anschließend gegenseitig vor.

Jetzt lernt ihr, ...

... Merkmale und Fachbegriffe eines Theaterstückes zu benennen.

... wie man sich Hauptfiguren annähert und Regietexte entwirft.

... Deutungsansätze durch Rollengespräche, Rollenbiographien und Gedankenstopps zu entwickeln.

... Dialoge zu untersuchen.

... Texte durch szenisches Lesen oder szenisches Spiel zu deuten.

... zu einem Dramentext produktiv zu schreiben.

Auf der Bühne!

Merkmale und Fachbegriffe eines Theaterstückes benennen

→ T3 Umgang mit literarischen Texten Seite 216–218

1 Seht euch die Bilder an. Beschreibt, was darauf zu sehen ist.

2 Was wisst ihr über das Theater? Tauscht euch aus.

3 Im Theater arbeiten viele Menschen. Erklärt anhand des Bildes, welche Berufe es im Theater gibt und welche Aufgaben damit verbunden sind.

Merke

Ein **dramatischer Text** oder ein **Schauspiel** (Theaterstück) wird von einem Autor für die Bühne geschrieben. Häufig stellt die Handlung einen Konflikt dar. Für ihre Rolle verwenden Schauspieler den Text und gestalten dazu passend die Körperhaltung, Mimik und Gestik. So können Gefühle und Handlungsabläufe gezeigt werden.

Surftipp
fj2j5t

4 EXTRA Recherchiert im Internet nach weiteren Berufen aus der Theaterwelt. Informiert euch gegenseitig in Kurzvorträgen über die verschiedenen Berufe.

→ T5 Kurzvortrag Seite 265

5 Was bedeuten die folgenden Fachbegriffe. Ordnet die passende Definition zu.

Monolog | Regieanweisung | Akt | Rolle

Dialog | Szene | Schauplatz | Requisiten

- Gegenstände, die auf der Bühne stehen oder von den Figuren beim Spielen verwendet werden
- auch Aufzug genannt, ein Hauptabschnitt der Handlung
- Gespräch zwischen zwei oder mehreren Personen in Form von Rede und Gegenrede
- auch Auftritt genannt, kleine Untereinheit eines Theaterstückes, das aus mehreren Szenen besteht
- Rede einer einzelnen Figur, Selbstgespräch
- Ort der Handlung
- Hinweise für die Aufführung und das Spiel der Darsteller, z. B. zum Verhalten, Körpersprache, Sprechweise und Lautstärke sowie Raum und Beleuchtung
- die von einem Schauspieler darzustellende Figur, ihr Verhalten, ihre Beziehungen zu anderen und ihre Sprechweise

6 Stellt zusammen, was ihr auf Seite 30/31 bereits über die Rollen und den Schauplatz des Theaterstückes „Das Herz eines Boxers" erfahren habt.

7 Stellt euch vor, ihr seid Regisseur und besetzt die Rollen für das Theaterstück „Das Herz eines Boxers". Wählt eines der folgenden Bilder aus und begründet, warum ihr euch dafür entschieden habt.

8 EXTRA Erstellt ein kleines Lexikon mit allen Fachbegriffen zum Thema „Theater". Legt dafür ein Minibuch an. Notiert darin auch die Begriffe aus Aufgabe 5.

→ **T5** Ein Minibuch herstellen Seite 257

1. Runde: „Knackibrigade“

Sich Figuren annähern und Regietexte entwerfen

T1 Sprechen und Zuhören Seite 179/180

1 Führt die folgenden Aufwärmübungen durch, um euch spielerisch in die Rollen von Figuren einzufinden.

Einen Gesichtsausdruck weitergeben
Stellt euch in einem Kreis auf. Ein Spieler streicht sich langsam mit der Hand über sein Gesicht und verändert dabei seinen Gesichtsausdruck, z. B. traurig, wütend, ... Der neben ihm stehende Mitspieler streicht sich über das Gesicht, wiederholt den Gesichtsausdruck, streicht erneut über sein Gesicht und zeigt einen neuen Gesichtsausdruck, der weitergegeben wird. Spielt solange weiter bis wieder der erste Spieler an der Reihe ist.

Begegnungen
Bildet zwei gleich große Gruppen. Ein Spielleiter gibt ein ungleiches Rollenpaar vor, z. B. Könige und Gefolge, Popstars und Fans, ... Die Spieler bewegen sich der jeweiligen Rolle entsprechend durch den Raum. Wenn der Spielleiter „Freeze“ ruft, werden die Bewegungen eingefroren. Besprecht einige eurer Rollenpaare.

Bestimmt eine Person, die die Regieanweisung liest.

2 Lest die erste Szene aus dem Theaterstück „Das Herz eines Boxers“ laut vor.

1. SZENE

Leo kommt herein, auf einem Tisch liegen ein frisches Handtuch und eine kleine Schale mit Tabletten. Leo hängt sich das Handtuch um, schüttet sich die Tabletten in die Hand, geht zum Fenster, öffnet es, sieht sich um, dann schmeißt er die Tabletten in hohem Bogen nach draußen, er schließt das Fenster. Er markiert ein paar Boxschläge, ein Geräusch ist von draußen zu hören. Leo setzt sich schnell in den Sessel, zieht sich eine Decke über die Füße, rückt den Sessel Richtung Fenster, sieht nach draußen. Die Tür geht auf, Jojo kommt herein, er hat Folie, einen Eimer weiße Wandfarbe und Pinsel dabei.

Jojo Schönen Tag, die Knackibrigade Schöner Wohnen soll aus der Butze hier wieder eine menschliche Behausung machen. Glückwunsch, dass es ausgerechnet dich erwischt hat, lass die Korken knallen, die nächste Kolonne kommt frühestens in hundert Jahren, und wer weiß, ob wir das noch erleben, was?
Er stellt die Sachen ab.
Also, die nächsten Tage geht hier die Post ab. Da hilft nur eins, Ruhe bewahren, keine Panik. Die Pantoffeln und die Strickweste bleiben sauber, du wirst gleich hübsch in Folie verpackt, ich hab sogar durchsichtige mitgebracht, damit du mir schwer beeindruckt beim Streichen zusehen kannst. Kommt ja schließlich nicht alle Tage vor, dass hier im Heim einer arbeitet, was? Klar, Strohsterne und so'n Tinnef is ja auch 'ne Schweinearbeit. Okay, das war der Showteil. Wo fang ich denn an? *Er sieht sich um.*
Die Wand hier ist ganz gut.
Leo dreht sich um, sieht Jojo an.
Was glotzt du denn so? Der erste Besuch seit dem Krieg, was? Glaub bloß nicht, dass ich das hier aus Menschenfreude mache. Seh ich aus wie jemand, der ein Herz für Senioren hat? Eben. Also,

bringen wir's hinter uns, ich streich dir die Bude, reiß meine Stunden runter und du versuchst mir nicht im Weg rumzustehen, okay? […] Also wenn du Spaß dran hast, bring ich dir auch gerne Sprechen bei. So die Grundbegriffe: ja, nein, bitte, danke, cool, kult, ätzend. Das kann wahre Wunder wirken, kommt man locker mit durch. Naja, hier im Heim wahrscheinlich besser „Hose voll" und „Schmerzen". So, Meister, jetzt geht's los!

Er steigt auf die Leiter, nimmt einen Pinsel voll Farbe und streicht eine Ecke.

Na? Wirkt doch gleich viel freundlicher. Ja, hast du alles meinem Jugendrichter zu verdanken. Ein geklautes Mofa, und schon geht für einen Rentner die Sonne auf.

Er streicht weiter.

Oder bedank dich besser bei der Alten, die nachts um zwei noch aus dem Fenster gafft, während Jugendliche versuchen, sich zu motorisieren. Ohne die hätte ich jetzt ein Mofa und 'nen freien Nachmittag. Mit 'nem schönen Platz hier im Heim wäre das nicht passiert, da hätte sie höchstens petzen können, wenn ihr euch die Gebisse aus dem Nachttisch angelt. Naja, aber dann hätten wir uns nie kennen gelernt, so ist das Leben. […]

Jojo streicht, steigt dann von der Leiter. […] Das ist ja richtig Knast hier. Seid ihr alle gemeingefährlich oder was? Bei den Bekloppten drüben versteh ich's ja, aber bei so Opas wie euch? Die haben wohl Angst, dass ihr vor ein Auto latscht, was? Also eins weiß ich, bevor ich mal in so einem Rentnerknast lande, schieß ich mir 'ne Kugel in den Kopf. Na ja, genug gelabert, der Berg ruft.

Jojo nimmt den Pinsel, steigt auf die Leiter.

Oh Scheiße, die Farbe. Sag mal, Kumpel, kannst du mir mal eben den Eimer hochgeben? So ein Mann in meinem Alter geht nicht gern zweimal 'ne Leiter hoch.

Leo erhebt sich langsam, Jojo streckt die Hand aus, Leo gibt Jojo den Eimer hoch, schrägt ihn dabei immer mehr an.

Hey pass auf, der kippt gleich.

Die Farbe läuft Jojo über die Füße.

Sag mal, bist du bescheuert?

BLACK.

3 Bildet zwei Gruppen und erprobt die Rollen der Figuren Jojo und Leo, wie in der Aufwärmübung „Begegnungen" beschrieben.

4 Stellt euch vor, ihr seid der Regisseur und übt die erste Szene für die Bühne ein. Verfasst einen Regietext dazu.

Verfasst den Text wie eine Beschreibung.

Formulierungshilfe für Regietexte

Auf der Bühne sind ein Sessel, ein kleiner Tisch und ein einfaches Bett zu sehen. Leo sitzt zusammengesunken in einem Sessel …

Arbeitstechnik

Regietexte verfassen

Bei einem Regietext beschreibt man Kleidung, Aussehen, Körperhaltung und Handeln der Figuren. Auch wird auf ihre Rolle und ihre Situation eingegangen, um die innere und äußere Haltung einer Person zu veranschaulichen. Ebenso können die Beziehungen der Figuren untereinander dargestellt werden.

T2 Schreiben
Seite 200–203

T3 Umgang mit literarischen Texten
Seite 218–220

2. Runde: Zwei Generationen treffen aufeinander

Standbilder bauen

1 Baut Standbilder zur ersten Szene des Theaterstückes „Das Herz eines Boxers“ auf Seite 34/35. Besprecht anschließend, welches eurer Standbilder die Beziehung zwischen Jojo und Leo besonders passend gezeigt hat.

Fotografiert eure Standbilder, damit ihr diese anschließend mit denen zur zweiten Szene vergleichen könnt.

Arbeitstechnik

Standbilder bauen

Standbilder sind wie Fotos. Man kann Handlungen „einfrieren“, indem man die Position, Körperhaltung, Gestik und Mimik der Figuren in einem Bild erstarren lässt.

1. Vorbereitung
Die Szene wird in der Kleingruppe gelesen. Anschließend spricht man über den Inhalt und das Verhältnis der auftretenden Figuren zueinander und sammelt Ideen zur Gestaltung des Standbildes.

2. Durchführung
- Die Gruppe wird in Standbildbauer und Darsteller aufgeteilt.
- Die Standbildbauer modellieren die Darsteller nun wie „Knetmasse“ bis die Personen und ihre Körperhaltung dem entsprechen, was die Gruppe damit ausdrücken möchte.

3. Präsentation und Auswertung
- Das fertige Standbild wird in der Klasse präsentiert.
- Zuerst beschreiben die Beobachter, was sie sehen. Anschließend benennen sie, was mit dem Bild ausgedrückt werden sollte.
- Zum Abschluss erklärt die darstellende Gruppe ihr Standbild.

2 Lest die zweite Szene laut vor. Baut dazu ebenfalls ein Standbild.

2. SZENE

Der nächste Tag. Jojo kommt völlig durchnässt herein, Leo sitzt wieder im Sessel, sieht nach draußen.

Jojo Du hältst mich halt für ’nen Gangster. So ein Typ, der nachts in seiner Lederkutte loszieht, Joe Cool, der Rentnerschreck. Also, dann halt jetzt mal dein Gebiss fest, ich hab das Mofa gar nicht geklaut. Da staunst du, was? Ich bin genauso ein Trottel wie du, ich hab’s für ’nen anderen auf mich genommen, weil der mit seinen Vorstrafen sonst direkt in den Bau gegangen wär. Echt edel von mir, was? So richtig Robin Hood. […] Und jetzt gibt er überall an, dass er einen Idioten gefunden hat, der für ihn die Strafe reißt; einfach, weil ich ihn so toll finde und mich bei ihm einscheißen will, da hab ich mir echt Ruhm eingehandelt, was? Ein Idiot, der einem Idioten kostenlos bei Regen die Bude pinselt, dolle Welt. […]
Er streicht, Leo dreht sich um, sieht Jojo an.

Leo Du hast ja richtig Charakter.
Jojo lässt den Pinsel sinken, sieht Leo an.

Jojo Hast du grade was gesagt, oder bilde ich mir das ein?

Leo Du hast ja richtig Charakter.

Jojo Sag mal, kriegst du etwa alles mit, was ich da labere? […] Warum hast du denn die Schnauze gehalten?

Leo Ich hatte vor zwei Wochen einen Schlaganfall, seitdem kann ich nicht mehr sprechen. Ich bin völlig hilflos, keiner weiß, wie viel ich überhaupt noch mitkriege, der arme alte Mann.

Jojo starrt Leo an.

Jojo Klar doch Schlaganfall, du sprichst doch ganz normal, verarschen kann ich mich alleine. […] Was soll das heißen, ich hab Charakter, soll das 'ne Beleidigung sein?

Leo Du hast für einen anderen eine Strafe auf dich genommen, das ist Charakter. Das ist, was man tut für einen Freund. Jetzt hat dich der Freund verraten, die Welt ist schlecht.

Jojo Der war nie mein Freund, der hat nur 'ne große Schnauze und spielt den Chef, also das ist es nicht.

Leo Ist sie ein schönes Mädchen?

Jojo Was soll der Scheiß denn jetzt, ich hab kein Wort von einer Tussi gesagt, bist du ein alter Schweinigel oder was? […]

Leo Du wolltest ein Held sein, damit dein Mädchen dich liebt, und hast eine gute Tat begangen. Es bleibt eine gute Tat, auch wenn dich jetzt alle für einen Trottel halten. Du musst stolz darauf sein und wenn dein Mädchen nicht blöd ist, ist sie auch stolz auf dich.

Jojo Hör mal, das ist hier nicht Hollywood, so denkt die nicht.

Leo Wie denkt sie denn?

Jojo *Kleinlaut* Das wüsst ich auch gerne. Sie ist 'ne Freundin von einer aus unserer Clique, ich kenn sie kaum.

Leo Na, und da wolltest du ein bisschen Eindruck schinden als großer Zampano, ist eigentlich nicht verkehrt gedacht. […] Du solltest zu ihr gehen und mit ihr sprechen.

Jojo Tolle Idee, dass ich da nicht selbst draufgekommen bin. Ich geh einfach hin und sage: Hier bin ich, dich habe ich unter Millionen Frauen ausgesucht. Ich, der große Jojo, der letzte Depp meiner Gang, weil ich so cool bin, dass ich noch nicht mal schwarzfahren kann. Der Meister des Universums, der's noch nicht mal geschafft hat, 'ne Lehrstelle zu kriegen und deshalb seine Zeit auf Erden damit zubringt, bei einem Trödler das Lager auszumisten. Folge mir in die kosmischen Weiten, ich spendier dir 'ne Currywurst, ich hab zwei Tage gespart.

Leo Kauf ihr eine Rose.

Jojo Wie?

Leo Das sind diese roten Blumen mit den Dornen am Stiel, leg sie ihr vor die Tür.

Jojo Alles klar, ich reite auf einem weißen Gaul in ihre Mietskaserne und leg ihr Gemüse vor die Tür.

Leo Und morgen wieder, eine Woche lang.

Jojo Das geht bei der nicht.

Leo Dann nicht, du kennst ihr Herz besser. […]

Jojo Wenn da irgendwas schief geht, komm ich morgen mit Silberfarbe hier an, da wird das hier Raumschiff Enterprise, ob dir das passt oder nicht, klar?

BLACK.

3 Vergleicht die Ergebnisse mit den Standbildern, die ihr zur ersten Szene gebaut habt. Erklärt, wie sich die Beziehung zwischen Jojo und Leo verändert hat.

4 Erklärt, woran zu erkennen ist, dass mit den beiden Figuren Jojo und Leo zwei Generationen aufeinandertreffen. Belegt eure Erklärungen mit passenden Textstellen.

5 EXTRA Jojo weiß nicht genau, was er von Leos Ratschlag, seinem Mädchen eine Rose zu schenken, halten soll. Verfasst einen inneren Monolog, in dem Jojo seine Gedanken und Gefühle dazu äußert.

Verwendet die Ich-Form und das Präsens.

◒ Aufgabe 1, 2, 4 ● Aufgabe 3, 5 EXTRA

3. Runde: Leos Boxkarriere

Rollengespräche führen

T2 Schreiben
Seite 200–203

T3 Umgang mit literarischen Texten
Seite 218–220

1 Lest die gesamte dritte Szene von Seite 38 bis 40. Entwickelt ein Rollengespräch zwischen einem Spielleiter und Leo. Verwendet dazu die Arbeitstechnik „Rollengespräche führen".

Arbeitstechnik

Rollengespräche führen

Um eine Figur kennenzulernen, kann man ein Rollengespräch entwickeln. Ein Spielleiter führt dazu mit einer Person eine Art Interview durch. Die Person beantwortet alle Fragen zur Figur aus deren Perspektive.

1. Vorbereitung
Der Text wird sorgfältig gelesen. Anschließend wird besprochen, was für die Rolle wichtig ist. Gemeinsam entwirft man Fragen, die der Spielleiter der Figur stellen soll.

2. Durchführung
Das Rollengespräch wird durchgeführt. Wichtig ist, dass man sich beim Spiel in die Rolle der Figur hineinversetzt und dem Gesprächsleiter aus deren Perspektive antwortet.

3. Auswertung
In der Klasse wird besprochen, ob die Figur im Rollengespräch vollständig erfasst und dargestellt wurde.

Formulierungshilfe: Rollengespräch mit der Hauptfigur Leo

Spielleiter:	Wie alt bist du Leo?
Leo:	Ich bin jetzt Ende sechzig.
Spielleiter:	Wie siehst du aus?
Leo:	Heute habe ich mich besonders herausgeputzt. Ich habe meinen Bademantel mit all' meinen Orden behängt.
Spielleiter:	Wo und wie lebst du?
Leo:	...

T5 Eine Mindmap erstellen
Seite 255

2 Präsentiert eure Rollengespräche. Besprecht die Ergebnisse und schreibt alle Informationen zu Leos Figur auf. Legt dafür eine Mindmap an, in der ihr persönliche Daten, Beruf, Charaktereigenschaften, ... sammelt.

3. SZENE

Jojo kommt herein. Leo sitzt im Sessel, er hat einen Bademantel an, vollgehängt mit Orden, ein Pokal steht neben ihm. Jojo sieht ihn verständnislos an.

Leo Guten Tag, Jojo ...
Jojo Angetreten, Herr General. Wer sind wir denn? Napoleon oder Stalin? Ich sag der Schwester Bescheid, das muss man gesehen haben, für den

Auftritt gibt's bestimmt 'ne extra Schlummerspritze als Belohnung.

Leo Mach dich nicht lustig über mich, die hab ich mir alle selbst verdient.

Jojo Da haste aber 'ne Menge Leute für abgeschossen, was? […] Hör mal zu, mit so was kannste mir nicht imponieren, Heilige Scheiße, und ich dachte schon, du hättest irgendwie was auf dem Kasten. Ich fang jetzt an zu streichen, Rambo, okay? […]

Leo Wenn du mal für fünf Minuten still bist, erkläre ich es dir.

Jojo Also, schieß los, besser gesagt, fang an.

Leo Ich möchte dich bitten, mir einen Gefallen zu tun. Das sind Sachen, die sich im Lauf meines Lebens so angesammelt haben, ich brauche sie nicht mehr, hab sie nie gebraucht. Du hast gesagt, du arbeitest bei einem Trödler.

Jojo Und ich soll dir das Lametta da verscheuern, was?

Leo Ich brauche nur zweihundertachtzig Mark, den Rest kannst du behalten.

Jojo Vergiss es.

Leo Aber ich brauche das Geld, dringend.

Jojo Ich hab gesagt, vergiss es.

Leo Gut, ich vergesse es, streich deine Wand, aber halt die Klappe, ich will nichts mehr hören.

Jojo Mein Gott, nun sei doch nicht gleich eingeschnappt. Ich verkauf dir den Plunder nicht, weil du da keinen Pfennig für bekommst. Das Zeug ist absolut nichts wert, verstehst du? […]

Jojo wühlt in den Kartons, fördert einen Stapel alter Zeitungsausschnitte zutage. Liest.

Jojo Gestern Abend hat Leo, der rote Löwe im Sportpalast durch ein klares Knockout in der dritten Runde den Kampf gegen Kid Sanchez für sich entscheiden können.

Er nimmt einen anderen Ausschnitt.

Großer Empfang für die Boxer aus Barcelona, der morgige Kampf von Baltasar Sangchili gegen den roten Leo wird mit Spannung erwartet.

Er nimmt einen anderen Ausschnitt.

Kultur trifft Sport. Gestern Abend besuchte der rote Leo die Galavorstellung im Wintergarten. Danach gab es noch ein Gespräch mit Größen des Showbusiness über die Gemeinsamkeiten von Boxen und Theater …

Jojo sieht Leo an.

Sag mal, bist du das?

Leo Kann man dafür etwas bekommen? Zweihundertachtzig Mark?

Jojo Ich hab dich was gefragt. Bist du der rote Leo, der Boxer?

Leo Ja, warum?

Jojo wühlt in den Zeitungsausschnitten

Jojo Oh Mann, du warst ja ein richtiger Star, du warst ein Boxer.

Leo Das ist ein Beruf wie jeder andere auch. Man versucht, so schnell wie möglich Feierabend zu haben und ohne ein blaues Auge nach Hause zu kommen.

Jojo Wieso denn der roter Leo?

Leo Nun, weil ich immer in Rot geboxt habe, ich hab mir extra knallrote Boxhandschuhe machen lassen. Ich war sehr jung und ich war ein bisschen verrückt.

Jojo Der rote Leo! Du warst 'ne richtig große Nummer.

Leo Was sollte ich denn tun? Ich hatte keinen Job, kein Geld, was hätte ich denn machen sollen, von irgendwas musste ich ja leben. Damals haben alle geboxt, die ganze Stadt war verrückt danach, die Boxer waren richtige Stars, na, und ich hab Glück gehabt. Dann musste ich weg, weil ich auch sonst der rote Leo war. Ich war Soldat, Matrose, Leibwächter … Die Zeiten waren ein bisschen unruhig, weißt du. Dann war der Krieg vorbei und ich bin zum Zirkus, hab wieder geboxt. Das ist kein leichtes Leben, wenn man ein friedlicher Mensch ist.

Jojo Du warst ein richtiger Held, Mann.

Leo Ich hab nur mein Leben lang versucht, durchzukommen. Weißt du, ich schlag mich nicht gerne. Der schönste Job, den ich hatte, war Lose verkaufen, als ich zu alt zum Boxen war.

Jojo Und das soll ich dir glauben?

Jojo wühlt in den Kartons, findet ein Paar zerschlissene rote Boxhandschuhe, er betrachtet sie ehrfürchtig. →

Aufgabe 1, 2

T2 Schreiben
Seite 200–203

3. Runde: So geht es weiter

Rollenbiographien entwickeln

Fortsetzung 3. SZENE

Jojo Du stehst da im Ring, alle sehen dich an, und da ist so ein Kerl, der will dir ans Leder, der will dich vernichten, er tänzelt um dich rum, und du schlägst zu, du machst ihn fertig, du bist der Sieger, das muss doch ein irres Gefühl sein.

Leo Ich hab immer Angst gehabt.

Jojo Angst?

Leo Dass ich mal an so einen gerate, so einen Killer, der kämpft, um sich zu beweisen, dass er der Größte ist, dass er ein Kerl ist, so einer, der es genießt, wenn Blut fließt. Ich hab solche Typen immer gehasst. Ein richtiger Boxer ist ein Gentleman, ein Künstler. Ein richtiger Boxer hat ein so großes Herz, dass er niemanden hassen kann. Er schlägt zu, aber nicht aus Hass, und wenn er einsteckt, nun, davon geht die Welt nicht unter, so ist das Leben, ganz k.o. ist man nie. Na gut, man liegt am Boden, dann steht man wieder auf. Es ist schön, wenn man gewinnt, aber wenn man verliert, okay, das nächste Mal. […]

Jojo Wenn einen so ein Arsch blöd anlabert, rums, eins in die Fresse.

Leo Ich bin immer weggelaufen.

Jojo Aber du bist ein Boxer.

Leo Aber ich sag dir doch, ich schlag mich nicht gern, nur im Ring.

Jojo Nie?

Leo räuspert sich.

Leo Doch, einmal, und das ist mir heute noch unangenehm. Ich war vorher in einem Heim, in dem ich mich richtig wohl gefühlt habe. Na ja, und da ist es mir passiert, wie soll ich sagen, da hab ich mir einmal in die Hose gemacht, und das war mir sehr peinlich. Weißt du, es ist nicht immer einfach, alt zu sein, wenn einen die Leute wie einen Idioten behandeln. Und da war dieser Pfleger, ich hab ihn nie leiden können, so einer wie du, als du vorgestern hier reingekommen bist, so einer, der mit dir umgeht, als wäre man ein Meerschweinchen. Er holt die Wäsche ab und bemerkt mein Missgeschick. Da brüllt er, so dass alle es hören können: He, Leo, wird wohl langsam Zeit für die Windeln. Da hab ich mich sehr geschämt, aber ich dachte: Du bist nur ein kleiner Rotzlöffel, du wirst auch noch alt, schneller als du denkst. Aber als er dann am nächsten Tag kommt und mich mit so einem gemeinen Lächeln fragt, ob ich denn noch trocken sei, ist mir doch die Wut gekommen. Weißt du, ich war einmal berühmt für meine Linke, den Stahlhammer haben sie sie genannt. Er ging sofort zu Boden, die anderen haben ihn noch lachend ausgezählt, aber ich wusste, jetzt kriege ich Ärger. Also kam ich hierher, in die Geschlossene, weil sie dachten, ich bin gemeingefährlich. Wenn ich nicht den Schlaganfall vorgetäuscht hätte, würden sie mich jetzt noch nicht in Ruhe lassen. Ich hätte das nicht tun dürfen, es war falsch. […]

Stille. Jojo sieht ihn bewundernd an.

Jojo Zeig mir, wie man boxt.

Leo Du willst ein Held sein, es ist besser, wenn du es nicht weißt.

Jojo Ich nehm den Kram mal mit, aber es wird eine Arbeit, das zu verkaufen, ich werd es probieren.

Leo Ich denke mal drüber nach, vielleicht ein bisschen Beinarbeit.

Jojo packt die Sachen zusammen, geht zur Tür. […]

1 Erklärt, wie der Titel des Dramas „Das Herz eines Boxers" zu verstehen ist.

T5 Innerer Monolog
Seite 263

2 Entwerft einen inneren Monolog Jojos, in dem er sich über Leo äußert. Beschreibt, wie er ihn nach dieser dritten Begegnung im Altenheim wahrnimmt.

3 Ordnet die Fragen zur Einfühlung in Figuren in die Tabelle ein. Ergänzt weitere Kategorien.

Einfühlung in Figuren

persönliche Daten	Verhalten	Charakter	Beziehung zu anderen	...
...	...	...	...	...

Fragen zur Einfühlung

- Wie heißt du?
- Wie sieht dein Alltag aus?
- Welchen Sprachstil verwendest du?
- Wie nehmen dich andere Menschen wahr?
- Wie nimmst du dich selbst wahr?
- Welche Probleme oder Ängste hast du?
- Welche für dich wichtigen Situationen hast du in der Vergangenheit erlebt?
- Worüber freust du dich?
- ...

4 Ergänzt die Tabelle zur Einfühlung in Figuren durch weitere Fragen.

Ihr könnt auch die Fragen aus eurem Rollengespräch von Seite 38 verwenden.

5 Verfasst mithilfe eurer Tabelle aus Aufgabe 3 eine Rollenbiographie zu Leos Figur. Verwendet dazu die folgende Arbeitstechnik.

Arbeitstechnik

Eine Rollenbiographie verfassen

In einer Rollenbiographie versetzt man sich in die Rolle einer bestimmten Figur und schreibt aus deren Perspektive (Ich-Form) eine Art Gedankenrede.

1. Vorbereiten
- Die Dramenszene wird von der Kleingruppe aufmerksam gelesen. Man versucht, einen ersten Eindruck von der Figur zu bekommen.

2. Schreiben
- Mit den Fragen zur Einfühlung und den Antworten der Figur wird eine stichwortartige Planung erstellt.
- Mithilfe der Planung verfasst man die Rollenbiographie.

Formulierungshilfe: Rollenbiographie Leo

Mein Name ist Leo. Man nannte mich während meiner Boxerkarriere auch den „roten Leo", weil ich immer mit roten Boxhandschuhen angetreten bin. Damals war ich eine richtig große Nummer im Boxgeschäft ...

6 EXTRA Verfasst mithilfe eurer Rollenbiographie eine Charakterisierung zu Leos Figur.

→ **Kapitel 3** Seite 68/69

4. Runde: Gegen Gewalt

Deutungsansätze durch Gedanken-Stopps entwerfen

→ T3 Umgang mit literarischen Texten Seite 218–220

1 Erklärt mit eigenen Worten, was die folgenden Sprichwörter aus dem Themenbereich „Boxen" bedeuten.

- jemanden in die Ecke drängen
- für seine Überzeugungen in den Ring steigen
- in den Seilen hängen
- etwas über die Runden bringen
- mit harten Bandagen kämpfen
- sich durchboxen

Material 6u7bd4

2 Lest noch einmal die 3. Szene auf Seite 38 bis 40. Markiert Leos Aussagen über das Boxen auf einer Folie oder nutzt den Online-Code.

3 Seht euch die folgenden Deutungen zu Leos Aussagen über das Boxen an.
- Deutet weitere Aussagen von Leo über das Boxen in der 3. Szene. Fertigt dazu Randnotizen wie im Beispiel an.
- Erklärt, wie Leo zum Boxsport steht und welche Bedeutung dieser für das Leben hat.

Leo Ich hab immer Angst gehabt.
Jojo Angst?
Leo Dass ich mal an so einen gerate, so einen Killer, der kämpft, um sich zu beweisen, dass er der Größte ist, dass er ein Kerl ist, so einer, der es genießt, wenn Blut fließt. Ich hab solche Typen immer gehasst. Ein richtiger Boxer ist ein Gentleman, ein Künstler. Ein richtiger Boxer hat ein so großes Herz, dass er niemanden hassen kann. […]

Randnotiz 1: Die Aussage zeigt, wie sehr sich Leo vor dem Gegner fürchtet. Er möchte nicht an einen „Killer" geraten, der ihn totschlägt.

Randnotiz 2: Der Begriff „Gentleman" ist so zu verstehen, dass Leo einen Boxer nur dann akzeptieren kann, wenn sich dieser fair verhält und auch Gefühle für seinen Gegner zeigt.

4 Lest den Ausschnitt der 4. Szene. Entwickelt zu jeder Gedankenblase einen „Gedanken-Stopp" zu der jeweiligen Figur. Verwendet dazu die Arbeitstechnik auf der rechten Seite.

Material 46p2dz

5 Was möchte der ehemalige Boxer Leo Jojo in diesem Gespräch vermitteln? Deutet Leos Einstellung zum Einsatz von Gewalt. Fertigt Randnotizen an. Legt dazu eine Folie über den Text oder nutzt den Online-Code.

Arbeitstechnik

Gedanken-Stopp

1. Vorbereiten

- Zu bestimmten Textstellen werden die Gedanken (in Form eines inneren Monologs) der Figuren notiert. Diese bringen die innere Einstellung und die Absicht der Figuren an dieser Stelle zum Ausdruck.
- Das Lesen der Szene wird mit verteilten Rollen geprobt. Dabei steht hinter jeder Figur eine weitere Person, die an den entsprechenden Stellen die Gedankenrede der Figur vorträgt.

2. Durchführen

- Der Text wird dem Publikum mit den „Gedanken-Stopps“ präsentiert.

3. Auswerten

- Anschließend wird besprochen, wie die Gruppe durch die eingefügten Gedanken die Absicht und Einstellung der Figuren zum Ausdruck gebracht hat.

→ **T5** Innerer Monolog
Seite 263

4. SZENE

Jojo hat sich mit seinem Widersacher geprügelt und dabei ein blaues Auge kassiert. Vor Leo möchte er seine Niederlage verheimlichen, was ihm aber nicht gelingt.

Leo Das ist ein schönes Messer.

Jojo Gib's her.

Leo Warum hast du ein Messer dabei? *1. …*

Jojo Ich hab immer eins dabei. *2. …*

Leo Nein, hast du nicht, es ist ganz neu.

Jojo Ich hab mein altes verloren.

Leo Einem Mann, der immer ein Messer in der Tasche hat, fällt es nicht einfach so heraus.

Jojo Gib es mir wieder. […]

Leo gibt ihm das Messer.

Leo Also los, mach ihn fertig, er hat deine Ehre beleidigt, er hat dich vor allen zum Gespött gemacht, räch dich. Ehre kann man nur mit Blut reinwaschen. *3. …*

Jojo nimmt das Messer.

Jojo Verarsch mich nicht. *4. …*

Leo Das würde ich nie tun, schließlich hast du jetzt ja begriffen, wo es lang geht, du hast dich lang genug zum Trottel gemacht. *5. …*

Jojo rammt das Messer in die Wand.

Jojo Halt die Schnauze! *6. …*

Leo Wieso, stimmt es nicht, was ich sage?

Jojo Ich mach ihn fertig.

Leo Du willst ihn am Boden sehen. *7. …*

Jojo Der soll kapieren, dass er mich nicht zum Arsch machen kann. *8. …*

Leo Er wird's kapieren, wenn er das Messer im Bauch hat, und wenn er durchkommt, kann er immer denken: Durch dich, Jojo, hab ich was kapiert. Der geht für acht Jahre ins Gefängnis, damit ich was kapiere. *9. …*

Jojo Schnauze. *10. …*

Leo Und wenn du rauskommst und eine Arbeit suchst und der Chef fragt dich, was du die letzten Jahre gemacht hast und du sagst, ich habe für meine männliche Ehre Tüten geklebt, dann wird er aufstehen, dir auf die Schulter klopfen und sagen: Sie sind ein ganzer Kerl. Einer, der für ein blaues Auge einen absticht, ist viel zu schade für meinen Betrieb. Hier arbeiten nur Leute, die mit dem Kopf denken, das ist nichts für Sie.

Stille. […] *11. …*

5. Runde: Kleine Boxschule

Ein Gespräch untersuchen

→ T3 Umgang mit literarischen Texten Seite 218–220

1 Lest die 5. Szene mit verteilten Rollen. Erklärt mit eigenen Worten, wie Leo seinen Fluchtversuch umsetzen möchte.

5. SZENE

Jojo ist es gelungen, Leos Sachen für 300 Mark beim Trödler zu verkaufen.

Leo in Boxergrundstellung, Jojo hüpft etwas ungeschickt in der Mitte des Raumes herum, die Fäuste erhoben. Leo deutet Schläge an.

Gesprächspartner: Jugendlicher Jojo und älterer Heimbewohner Leo unterhalten sich während des Boxtrainings

Leo Da hätte ich dich erwischt, und da, siehst du, wieder. Du musst dich mehr bewegen, nicht so lahm, na los.

erster Gesprächsabschnitt: Leo führt mit Jojo Boxtraining durch, erklärt ihm, wie er sich bewegen soll

Jojo Wie soll man denn einen Treffer landen, wenn man herumhüpft wie ein Huhn auf 'ner Herdplatte.

Leo Na gut, dann bleib einfach mal stehen, und los.

Leo deutet einen Treffer an.

Das wär's gewesen, hast du verstanden? Das ist wie im richtigen Leben, du musst immer in Bewegung sein, und irgendwo ist eine Lücke, da kommst du rein. Wenn du dastehst wie eine Schießbudenfigur gibt es immer jemanden, der Lust hat, dir eine reinzuhauen. Zweite Regel: Du musst immer mit der Kraft deines Gegners kämpfen, du musst sie in deine eigene verwandeln, das ist das ganze Geheimnis. Je stärker dein Gegner, desto größer deine eigene Kraft. […]

Gesprächsabsicht: Leo will Jojo über das Boxen etwas für das Leben vermitteln: soll nicht still stehen, soll in Bewegung bleiben; Kraft des Gegners einschätzen und für sich nutzen

Jojo Machen wir weiter?

Leo Wie spät ist es?

Jojo Zwanzig vor zwölf.

Leo Nein, dann muss ich jetzt gehen.

zweiter Gesprächsabschnitt: Leo erzählt …

Jojo Wo willst du denn hin?

Leo Nach Südfrankreich.

Jojo Können vor Lachen, warum nicht gleich 'ne Weltreise.

Jojo nimmt ihn nicht ernst, macht sich lustig; Gesichtsausdruck: grinst

[…]

Leo Es ist das Normalste von der Welt. Ich fühle mich hier nicht wohl, also gehe ich weg. Die Fahrkarte kostet zweihundertachtzig Mark, die habe ich.

begründet seinen Wunsch damit, dass …

Jojo Und was willst du da unten machen?

Leo Ein Freund von mir hat da unten eine Kneipe, auch ein alter Boxer, wir haben uns oft verdroschen. Er hatte einen rechten Aufwärtshaken, mir tut jetzt noch alles weh, wenn ich dran denke. Wir haben uns immer gemocht. Er ist blind, weißt du. Viele Boxer werden blind, das ist Berufsrisiko. Er hat mich eingeladen, mit ihm die Kneipe zu führen. Das wird mir mehr Spaß machen als hier zu sein. […]

Gesprächsabsicht: Leo will Jojo …

Jojo Das ist doch völliger Blödsinn. Du kannst doch nicht einfach da rausmarschieren, du glaubst doch nicht, dass der Pförtner dich durchlässt. Nee, nee, sowas muss genau geplant sein.

Jojo rät ihm ab; gute, freundschaftliche Beziehung der beiden Hauptfiguren

Leo Von zwölf Uhr fünf bis zwölf Uhr zwanzig machen die Stationsschwestern Kaffeepause, in der Zeit komme ich unten bis zur Tür. Zwischen zehn nach und Viertel nach zwölf kommt der Wagen, der das Essen bringt. Ein junger Mann fährt mit einem Auto vor und geht mit drei Behältern in den hinteren Trakt. Dazu braucht er fünf Minuten, manchmal acht, je nachdem, welche Schwester er auf dem Flur trifft. In dieser Zeit lässt er den Motor laufen. Ich brauche mich also nur hinters Steuer zu setzen und loszufahren. Die Schranke an der Pforte wird offen sein, weil der Pförtner sie für die kurze Zeit nicht schließt. Ich fahre bis zur nächsten U-Bahn-Station, dort lasse ich den Wagen stehen, steige um und fahre zum Bahnhof. Ein Zug fährt um zwölf nach Eins. Ist dir das genau genug geplant? […]

Jojo Ich weiß wirklich nicht, ob du verrückt bist oder nicht.

dritter Gesprächsabschnitt: Leo …

Leo Wenn ich's noch nicht bin, würde ich's hier werden, also gehe ich. Wie spät?

Jojo Kurz nach zwölf.

Leo Denk an die Rose.

belehrt Jojo …

Jojo Gestern hätte sie mich fast erwischt. Ich leg das Ding vor die Tür, da hör ich Schritte drinnen. Ich hatte Glück, dass der Aufzug offen war, die wollte mich abpassen. Ich hab das Gefühl, ich bin da ganz übel auf dem Holzweg.

Leo Leg heute einen Brief dazu, wann du sie treffen möchtest. Und wenn sie kommt, hab keine so große Schnauze, ja?

Jojo Ich werd's versuchen.

Leo Ich wünsch dir Glück.

Verabschiedung

Man hört draußen ein Auto vorfahren.

Leo Der Wagen kommt, ich muss mich beeilen.

Leo geht, Jojo geht zum Fenster, öffnet es, ein anfahrendes Auto ist zu hören, kurz danach ein lautes Klirren.

Szene endet: Fluchtversuch misslingt

Jojo Scheiße!

BLACK.

2 Seht euch die handschriftlichen Notizen zur 5. Szene an. Übernehmt die Tabelle in euer Heft und ordnet die Randnotizen den Analysepunkten zu.

Gesprächspartner	Gesprächsverlauf/-inhalte	Gesprächsabsicht/-erwartung	Beziehung
Jugendlicher Jojo und älterer Heimbewohner Leo	…	…	…

3 Setzt die Gesprächsanalyse fort. Ergänzt die Tabelle aus Aufgabe 2 mit eigenen Anmerkungen zur 5. Szene.

4 Fasst die Ergebnisse eurer Analyse in einem Text zusammen. Nutzt die Formulierungshilfen für eine Gesprächsanalyse auf Seite 220.

○ Aufgabe 1 ◒ Aufgabe 2, 3 ● Aufgabe 4

Alles mit Methode

Durch szenisches Lesen oder szenisches Spiel Texte deuten

→ **T1** Sprechen und Zuhören Seite 179/180

1 Führt die folgenden Übungen zu szenischen Darstellungen in eurer Klasse durch.

Bewegungsspiel
Verteilt euch im Raum und probiert die Gangarten aus, die ein Spielleiter nacheinander vorgibt:
durchschreitet einen großen Raum – schlendert über eine Straße – schleicht wie ein alter Mann – bewegt euch wie ein fröhlicher Mensch – stolziert wie ein Angeber – geht wie ein alter, kranker Mensch

Laute Post
Stellt euch im Kreis auf und gebt einen Satz weiter. Variiert dabei den Satz in Lautstärke, Tonfall und Sprechgeschwindigkeit. Erprobt die „laute Post" mit folgenden Sätzen: „Ich habe heute Geburtstag." – „Dies ist mein Zuhause." – „Ich esse zum Frühstück gerne Käse." – „Mein Bruder ist 14 Jahre alt."

2 Wählt aus dem Theaterstück „Das Herz eines Boxers" Sätze aus und führt mit diesen das „Laute Post"-Spiel durch. Besprecht, wie sich die Wirkung und Aussageabsicht eines Satzes durch die unterschiedliche Betonung verändert.

Material 8ec947

3 Lest die 7. Szene auf Seite 48/49. Erstellt Randnotizen zur Sprechweise, Stimmung und Körpersprache der Figuren. Legt dazu eine Folie über den Text oder nutzt den Online-Code.

Formulierungshilfe für szenische Darstellungen

Sprechweise
- Sprechtempo: normal, schnell, hastig, langsam, lahm, träge, gedehnt, stockend, flüssig, …
- Betonung: hoch, tief, steigend, fallend, …
- Lautstärke: laut, schreiend, leise, flüsternd, …

Stimmung
ärgerlich, erfreut, beruhigend, zornig, aggressiv, frech, überheblich, heftig, ängstlich, provozierend, abweisend, …

Körpersprache
- Mimik: freundlich, fröhlich, finster, böse, …
- Gestik: zeigen, küssen, abwehrend, …
- Körperhaltung: aufrecht, gebeugt, zusammengesunken, kniend, …

4 Besprecht mithilfe eurer Randnotizen in einer Kleingruppe, wie ihr die 7. Szene auf Seite 48/49 szenisch darstellen könnt.

5 Wählt eine der folgenden Arbeitstechniken zur szenischen Darstellung aus. Erprobt damit die 7. Szene des Theaterstücks „Das Herz eines Boxers".
- Entscheidet euch für eine Figur und besprecht, wie ihr die Rolle lesen bzw. spielen wollt. Nutzt eure Ergebnisse aus Aufgabe 2 bis 4.
- Besprecht anschließend, welche Sprechhaltung am besten zur Figur passt.

Arbeitstechnik

Szenisches Lesen

Beim **szenischen Lesen** entwirft man mithilfe von Tonfall, Lautstärke und Sprechrhythmus unterschiedliche Darstellungen von Situationen, Handlungen, Figuren und ihren Beziehungen zueinander.

Möglichkeiten des szenischen Lesens

1. Die Szene wird im ständigen Rollenwechsel gelesen, d.h. ein Sprecher übernimmt jeweils eine zusammenhängende Äußerung einer Figur. Beim Vorlesen sitzt der Sprecher auf dem sogenannten „Sprecherstuhl", der nach dem Beitrag wieder verlassen wird.

2. Jeder Figur wird eine Gruppe zugeordnet, die sich hinter den „Sprecherstuhl" setzt. Die Szene wird mit verteilten Rollen gelesen, wobei sich die aktiven Leser auf dem „Sprecherstuhl" gegenübersitzen. Nach einem kurzen Sprechbeitrag wird innerhalb einer Gruppe durch ein Zeichen, z.B. Handauflegen, getauscht. Ein neuer Sprecher setzt sich auf den „Sprecherstuhl" und liest weiter.

Arbeitstechnik

Szenisches Spiel

In dem **szenischen Spiel** handeln die Spieler in der konkreten Situation und Rolle, die der Text vorgibt. Dabei können Deutungen auch spielerisch dargestellt werden.

1. Vorbereitung
- Zuerst werden die Rollen verteilt und ein Spielleiter festgelegt. Jeder Spieler macht sich mit seiner Rolle vertraut, indem er sich die Situationen, Handlungen, Figuren und ihre Beziehungen zueinander klar macht.
- Vorab werden Handlungsort (Bühne), Gegenstände (Requisiten) und Kleidungsstücke, die für die Umsetzung benötigt werden, besprochen.
- Die Spieler erarbeiten ihre Rolle und die Szene mithilfe der im Text genannten körperlichen und sprachlichen Handlungen.

2. Durchführen
- Die Szene wird mehrmals mit Text durchgespielt. Der Spielleiter unterbricht, wenn Handlungen oberflächlich oder undeutlich ausgeführt werden.
- Die Szene wird in der Klasse möglichst frei vorgetragen.
- Anschließend wird gemeinsam über die Aussageabsicht der vorgetragenen Szene gesprochen.

Lernt euren Rollentext möglichst auswendig.

7. Runde: K.O. oder Sieg?

T1 Sprechen und Zuhören Seite 179/180

Eine Szene durch szenisches Lesen oder szenisches Spiel interpretieren

7. SZENE

Nach seinem missglückten Fluchtversuch wird Leo von den Pflegern wieder auf sein Zimmer gebracht und mit Tabletten ruhiggestellt. Jojo hilft ihm, wieder auf die Beine zu kommen und erzählt, dass er mit seinem Mädchen am nächsten Tag eine Verabredung hat. Leo ist nach dem Unfall mit dem Auto frustriert und scheint seinen Plan, nach Frankreich zu flüchten, aufgegeben zu haben.

Leo sitzt im Sessel. Eine dicke, alte Frau kommt herein: Langer Mantel, Hut mit Schleier, Handschuhe.

Leo Was wollen sie hier?

Die Frau schweigt.

Sie haben sich bestimmt in der Tür geirrt.

Die Frau schüttelt den Kopf, holt aus ihrer Handtasche drei Rollen Tabletten und wirft sie Leo auf den Schoß.

Leo Hat Jojo sie geschickt?

Die Frau nickt.

Was ist denn mit ihm?

Die Frau zuckt mit den Achseln, Leo wirft einen Blick auf die Tabletten.

Das sind Multivitamintabletten.

Die Frau gibt ihm eine Fahrkarte.

Jojo?

Jojo bekommt einen Lachanfall.

Jojo Vitamine wirst du brauchen, Alter. Schließlich hast du 'ne große Tour vor dir. Na? Was sagst du, ist das nicht perfekt? Du kannst echt froh sein, dass ich bei einem Trödler arbeite. Das ist doch 'ne erstklassige Montur, oder?

Jojo nimmt die Perücke ab.

Scheiße, ist das heiß. Kein Wunder, dass die immer so griesgrämig gucken, da läuft einem der Schweiß ja bis in die Schuhe. Das ist ja auch so 'ne Sache für sich, ich hab mir fast die Haxen gebrochen, aber Turnschuhe wären nicht gegangen, fällt ja auf. Das musst du unbedingt üben, bevor du rausgehst.

Leo Ich?

Jojo Ja klar, wer denn sonst! Kapierst du denn nicht? Du ziehst den ganzen Plunder hier an und marschierst zum Bahnhof, Fahrkarte hast du ja schon.

Leo schweigt.

Hast du Angst, belästigt zu werden oder was? Dann stellst du mal kurz die Handtasche ab und ziehst mit dem Stahlhammer durch.

Leo Das kann ich doch nicht machen.

Jojo Das ist doch jetzt nicht dein Ernst, oder?

Leo Ich kann das nicht, da schäme ich mich.

Jojo So, wer will denn jetzt den Helden spielen? Mit 'nem geklauten Auto vom Gelände rasen, aber nicht auf die Stöckelschuhe wollen. Wer macht denn jetzt auf Männerehre.

Leo Ich weiß nicht.

Jojo reißt sich wütend die Klamotten runter.

Ich hab die Schnauze voll. Weißt du, was mich das an Überwindung gekostet hat, hier so aufzutauchen? Glaub bloß nicht, dass ich jeden Tag wie Charlys Tante durch Berlin fetze. Ich hab eine Schweineangst gehabt, als ich heute Morgen los bin, und bis ich raus hatte, wie man die Plörren anzieht, sich schminkt, das Geeier auf den Schuhen und dann die Vorstellung, dass meine Mutter früher von der Maloche kommt, da hätt ich mich gleich hier drüben in der Geschlossenen einquartieren können. […]

Leo Gar nicht so einfach, wenn man alt ist.

Jojo Darum geht's doch gar nicht. Unten beim Pförtner hab ich extra ein bisschen getrödelt, damit er sich eine dicke Alte merkt, die hier zu Besuch ist. Es kann nichts schiefgehen. Das ist ein Plan der oberen Spitzenklasse und du stellst dich an.

Leo Und wenn sie mich erkennen?

Jojo Dann kommst du halt auf die geschlossene Frauenstation, ist doch auch mal was anderes. Ach, mach doch was du willst, spring aus dem Fenster, lass mich in Ruhe.

Stille. Jojo zündet sich eine Zigarette an.

Leo Aber ich mache es doch …

Jojo Na endlich, du bist aber auch ein sturer Bock.

Leo Ich hab's gleich machen wollen.

Jojo Und warum zickst du dann so rum?

Leo Sei mir nicht böse, aber es hat mich gefreut, dass du dich so aufregst.

Jojo Du hast Nerven. Ich reiß mir den Arsch auf und du freust dich.

Leo Es ist schon lange nicht mehr vorgekommen, dass sich jemand für mich, wie hast du gesagt? – den Arsch aufreißt. […] Warum ist es dir so wichtig, dass ich hier rauskomme?

Jojo Man kann dich doch hier nicht vergammeln lassen. Außerdem weiß ich dann, wohin ich im Sommer in den Urlaub fahre, ich wollte schon immer mal nach Frankreich.

Leo Und was wirst du machen?

Jojo Heute Abend, na ja, hoffen, dass ich nicht zu früh zu Hause bin.

Leo Und dann?

Jojo Irgendwas wird mir schon einfallen, irgendwie sehe ich's grade nicht mehr so eng.

Leo Du kannst eine Menge. […]

Jojo Du warst eine gute Lektion.

Leo holt die Boxhandschuhe und gibt sie Jojo.

Leo Hier, damit du die Lektion nicht vergisst.

Jojo Also, an die Arbeit, junge Frau.

Leo krempelt seine Hose hoch, zieht sich die Strümpfe an, den Mantel, staffiert sich aus.

Leo Wie seh ich aus?

Jojo Ganz die Frau Mutter. Wenn das nicht klappt, graben wir nächste Woche einen Tunnel.

Leo Grüß dein Mädchen von mir.

Jojo Hast du noch irgendeinen Tipp für heute Abend?

Leo Schmink dir die Lippen ab.

Leo geht, Jojo stellt sich ans Fenster.

Jojo Bittebittebitte.

Jojo stößt einen Jubelschrei aus, dann zieht er sich die roten Boxhandschuhe an, macht ein paar Schläge in die Luft.

Jojo Okay, Freunde, hier kommt der rote Jojo, was kostet die Welt.

Ab.

Musik.

BLACK.

1 Leo schenkt Jojo seine Boxhandschuhe mit den Worten „Hier, damit du die Lektion nicht vergisst." Erklärt, was er damit meint.

2 In dem Theaterstück geht es um das Aufeinandertreffen zweier Generationen. Besprecht, was Alt und Jung voneinander gelernt haben.

3 EXTRA Jojo hat einen Brief an Leo verfasst, den er ihm zum Abschied in die Jackentasche des Mantels geschmuggelt hat, damit dieser ihn erst auf seiner Reise nach Südfrankreich findet. Verfasst diesen Abschiedsbrief aus Jojos Perspektive.

◒ Aufgabe 1, 2 ● Aufgabe 3 EXTRA

Mein „Herz eines Boxers“

Eigene Texte zum Theaterstück verfassen

→ T2 Schreiben
Seite 200–203

1 Wählt eine der folgenden Handlungen aus, die nicht im Theaterstück „Das Herz eines Boxers“ beschrieben werden. Verfasst dazu eine eigene Szene. Plant eure Szene mithilfe der folgenden Fragen.

Eine eigene Szene entwickeln

Welche Figuren treten in Erscheinung?
In welchem Verhältnis stehen die beiden zueinander?
Was ist der Gesprächsanlass?
Worüber unterhalten sich die Figuren? (Gesprächsverlauf)
Was sagen die Figuren? (Rede und Gegenrede)
Welche Interessen und Erwartungen haben die beiden Gesprächspartner?
Welche Gefühle und Gedanken haben die Figuren?
Wie gestaltet sich ihre Mimik und Gestik? (Regieanweisungen)
Wie sprechen die Figuren? (Sprachebene, Wortwahl)
Wie endet der Dialog?

A Leo schlägt seinen Pfleger nieder.
Entwerft eine Szene, die den Konflikt zwischen dem Pfleger und dem alten Mann zeigt. Wie kommt es zu der Auseinandersetzung zwischen den beiden und wie zeigt sich der Konflikt?

B Jojo trifft zum ersten Mal auf seine heimliche Liebe.
Entwerft eine Szene, in der das erste Aufeinandertreffen zwischen Jojo und dem Mädchen beschrieben wird. Wie hat das Mädchen Jojos Annäherungsversuche empfunden und was ging in Jojo während der langen Phase des Werbens vor? Wie gestaltet sich das erste Treffen?

C Leo befindet sich auf der Flucht.
Entwerft eine Szene, in der eine spannende oder witzige Begebenheit während seiner Reise nach Südfrankreich dargestellt wird. Was erlebt Leo und wem begegnet er auf dem Weg zu seinem alten Boxfreund?

D Jojo besucht Leo zehn Jahre später in Südfrankreich.
Entwickelt eine Szene, die das Wiedersehen der beiden Freunde thematisiert. Was haben sie erlebt und was haben sie sich nach so langer Zeit zu erzählen? Wie blicken sie auf ihre gemeinsame Zeit im Altenheim zurück?

2 Im Jahr 1998 gewann Lutz Hübner den Deutschen Jugendtheaterpreis mit seinem Stück „Das Herz eines Boxers". Lest die Begründung der Jury für die Vergabe des Preises.

DEUTSCHER JUGENDTHEATERPREIS 1998

BEGRÜNDUNG DER JURY

Mit dem Deutschen Jugendtheaterpreis 1998 wird das Stück *Das Herz eines Boxers* von Lutz Hübner ausgezeichnet.

Lutz Hübner hat ein sympathisches, warmherziges Kammerspiel[1] über das Leben-Lernen und Leben-nicht-Verlernen geschrieben. Dabei ist ihm eine Komödie[2] gelungen, in der Ideale unspektakulär vertreten werden.
In einem Altersheim treffen der ehemalige Boxchampion Leo und der Jugendliche Jojo aufeinander. Früher war der Alte stark, der Junge wird es durch die wachsende Freundschaft, der Alte lernt dabei von der Schwäche des Jungen. Das Klischee[3] von männlichem Heldentum wird gebrochen.
Der Autor erzählt in lebendigen Dialogen von der Lust der beiden Figuren, einander ohne karitatives Motiv[4] bei der Verwirklichung ihrer Träume zu helfen. Er ermöglicht den Figuren ein wirkliches Miteinander.

Frankfurt am Main,
28. Juni 1998

1 anderes Wort für Schauspiel
2 lustiges Theaterstück
3 eingefahrene Vorstellung
4 im Sinne von „wohltätiger Grund" zu verstehen

3 Stellt euch vor, ihr hättet in der Jury des Deutschen Jugendtheaterpreises gesessen. Schreibt eine eigene Beurteilung (Rezension) zu dem Theaterstück.

- Formuliert eine Einleitung, in der ihr Autor, Titel des Theaterstückes, Thema und Anlass für die Beurteilung nennt.
- Gebt kurz den Inhalt des Jugendtheaterstückes wieder.
- Erklärt, warum das Stück den Preis verdient hat. Was möchte Lutz Hübner mit seinem Stück jungen Lesern vermitteln? Warum ist das Stück als außergewöhnlich, witzig und zugleich lehrreich zu verstehen? Was macht es für euch interessant?

4 EXTRA Entwerft ein Plakat für eine Aufführung des Theaterstückes. Verwendet dazu z. B. Fotos, Zeichnungen, Papier, Stoff, Ausschnitte aus Magazinen, Folien, Korken oder anderes und klebt es auf eine Pappe.

○ Aufgabe 2, 4 EXTRA ◒ Aufgabe 1 ● Aufgabe 3

Teste dich selbst!

Üben interaktiv
hp7b9w

1 Wähle zwei der abgebildeten Theaterberufe aus. Erkläre, welche Aufgaben diese bei einer Aufführung übernehmen.

2 Erkläre die folgenden Theaterfachbegriffe.

Monolog | Dialog | Szene | Akt | Schauspieler | Rolle

Wie konntest du Aufgabe 1 bis 3 lösen?

😐 → Seite 216/217
🙂 → Seite 217 EXTRA

3 Nenne die Informationen, die am Anfang eines Theaterstückes häufig gegeben werden.

Wie konntest du Aufgabe 4 lösen?

😐 → Seite 179
🙂 → Seite 180 EXTRA

4 Entscheide, welche Textbausteine aus dem folgenden Regietext zur 1. Szene passen und welche nicht.

A Die Beziehung der beiden ist von Anfang an freundschaftlich. Leo und Jojo nehmen schnell Kontakt zueinander auf und gehen aufeinander zu.

B Leo ist ein gebrechlicher und zugleich vergesslicher alter Mann, der keinen Kontakt mit dem Jugendlichen Jojo wünscht.

C Requisiten in der Szene sind ein Farbeimer, Pinsel und eine Leiter.

D Jojo verhält sich gegenüber Leo zu Beginn respektlos, was an seinem ironischen Unterton deutlich wird, z. B. wenn er sich mit den Worten „Schönen Tag, die Knackibrigade" vorstellt.

E Das Stück spielt in einem kargen Raum eines Altenheims. In dem Zimmer befinden sich nur wenige Möbel wie Bett, Tisch, Stuhl und Sessel.

5 Verfasse mit dem folgenden Stichwortkatalog eine Rollenbiographie zu der Figur Jojo.
- Ordne die Stichwörter in einer sinnvollen Reihenfolge.
- Ergänze weitere Stichwörter mithilfe deiner Textkenntnisse.
- Verfasse nun die Rollenbiographie. Schreibe in ganzen Sätzen.

Wie konntest du Aufgabe 5 lösen?
☺ → Seite 200/201
☺ → Seite 201 **EXTRA**

Stichwortkatalog zu Jojo

- *entwickelt ein freundschaftliches Verhältnis zu dem ehemaligen Boxer*
- *erscheint nach außen selbstbewusst, manchmal auch unbedacht*
- *spricht Jugendsprache*
- *lernt von Leo durch das Boxen, dass man nicht siegen muss, sondern Gefühl wichtig ist*
- *ist in ein Mädchen verliebt, traut sich aber nicht, es anzusprechen*
- *zeigt sich hilfsbereit, verkauft Leos Trödel*
- *muss in einem Altenheim Sozialstunden ableisten*
- *verhält sich zuerst überheblich und herablassend gegenüber Leo*
- *hat nach der Schule keine Lehrstelle gefunden*
- *ist beim Diebstahl eines Mofas erwischt worden*
- *hat Diebstahl als Freundschaftsdienst auf sich genommen, damit ein anderer nicht ins Gefängnis muss*
- *genießt kein hohes Ansehen in seiner Clique*
- *umwirbt auf Leos Ratschlag hin das Mädchen, in das er heimlich verliebt ist*
- *setzt sich für Leo ein, zeigt großes Herz und verhilft ihm zur Flucht*
- *ist sechzehn Jahre alt*

6 Untersuche die 3. Szene auf Seite 38 bis 40 nach den Gesichtspunkten einer Gesprächsanalyse. Sammle alle Informationen für die Analyse in einer Tabelle.

Gesprächspartner	*Gesprächsverlauf/-inhalte*	*Gesprächsabsicht/-erwartung*	*Beziehung*
Jugendlicher Jojo und Heimbewohner Leo	...	...	...
...	...	...	...

7 Verfasse mithilfe deiner Planung aus Aufgabe 6 einen zusammenhängenden Text.

Wie konntest du Aufgabe 6 und 7 lösen?
☺ → Seite 218/219
☺ → Seite 220 **EXTRA**

8 Stell dir vor, Jojo schreibt nach der letzten Begegnung mit Leo auf, wie er das Zusammentreffen mit seinem Freund erlebt hat. Lies noch einmal die 7. Szene auf Seite 48/49. Verfasse einen passenden Tagebucheintrag.

Wie konntest du Aufgabe 8 lösen?
☺ → Seite 201/202
☺ → Seite 203 **EXTRA**

3

Außenseiter oder einfach nur anders?

Literarische Figuren charakterisieren

Ralf Thenior

He Joe

Da kommt er angehumpelt
hallo Leute
mit seinem verbundenen Zeh
was läuft denn heute
mit seiner Hand in der Tasche
was gibts Neues
mit seiner Tasche voller Erdnüsse
is hier Stimmung oder was
mit seinem Mundgeruch
glotzt nich so trübe
mit seinen abgekauten Fingernägeln
wir machen einen drauf
mit seiner Quasseltour
habt ihr keinen Bock oder was
mit seinem schwitzenden Pullover
Mensch was ist denn los mit euch
mit seinem Tatter
warum haut ihr denn jetzt ab.

1 Lest das Gedicht laut vor. Erklärt, welche Personen in diesem Gedicht sprechen.

2 Besprecht, was Joe möchte und was die anderen über ihn denken.

3 Spielt das Gedicht in Gruppen nach. Achtet dabei auf eure Körpersprache, Gestik, Mimik und euren Tonfall.

4 Beschreibt, was auf den Bildern zu sehen ist. In welchen Situationen befinden sich die Personen?

5 Stellt die Situationen in Gruppen nach. Beschreibt die Gefühle des jeweiligen Außenseiters.

Jetzt lernt ihr, …

- … Charaktermerkmale strukturiert herauszuarbeiten.
- … ein Charakterprofil zu erstellen.
- … Charaktereigenschaften zu benennen.
- … direkte und indirekte Charakterisierungen zu unterscheiden.
- … Textstellen miteinander in Verbindung zu setzen.
- … Aussagen mit Textstellen zu belegen.
- … eine Charakterisierung zu schreiben.
- … Dokumentarfilme zu untersuchen.

Wie Außenseiter sich und die Welt sehen

Charaktermerkmale strukturieren

T3 Umgang mit literarischen Texten Seite 210–213

1 Lest die folgende Definition des Begriffes „Außenseiter". Erklärt ihn mit eigenen Worten.

Außenseiter, Soziologie: Outsider (engl.), aufgrund ihres Verhaltens oder bestimmter körperlicher, psychischer oder kultureller Merkmale als am Rande der Gesellschaft stehend angesehene Individuen oder soziale Gruppen (Minderheit).

2 Nennt jeweils Beispiele für „körperliche, psychische und kulturelle Merkmale".

3 Lest den Text oder hört ihn euch an. Notiert Aussagen, die ihr außergewöhnlich findet.

Hörverstehen ug2d5u

Antonie Rietzschel

Wir Außenseiter – „Alle lästern über mich"

[…] Weil sie fertig gemacht wurde, hat Sarah, 17, die Schule gewechselt – anpassen will sie sich nicht. In der SchulSPIEGEL-Woche der Außenseiter: das erste von sechs Gesprächen über Mobbing, Alleinsein, Anderssein.

Viele halten mich für … suspekt, durchgeknallt und einen Psycho.
In Wirklichkeit bin ich … einfach, wie ich nun mal bin. Ich glaube nicht an Gott und bin oft depressiv.
Wenn ich an Schule denke … dann denke ich daran, dass ich oft wegen meines Aussehens schief angeschaut werde. Die meisten an unserer Schule sind Prolls und Modetussen. Die Jungs sagen immer: „Mensch, du bist doch ein echt hübsches Mädel, mach doch mal was aus dir."
In der Klasse bin ich … ein Schüler von vielen. Durch mein Aussehen falle ich unter den Prolls zwar auf, sage aber nicht wirklich viel.
Das Schlimmste, was mir in der Schule je passierte, war … als ich noch aufs Gymnasium ging und sich herausstellte, dass meine damaligen Freunde gar nicht meine Freunde waren. Hinter meinem Rücken lästerten sie über mich. Deswegen bin ich dann auch auf die Realschule gewechselt – wenn du nur runtergemacht wirst, hast du keinen Bock mehr.
Das Beste, was mir in der Schule je passierte, war …, dass ich meine „Frau" und meinen „Bruder" kennen gelernt habe, so nenne ich meine besten Freunde.
Die meisten meiner Mitschüler finde ich … nervig. Ich kann es nicht ausstehen, wenn diese kindischen Weiber im Unterricht die ganze Zeit rumkichern, während ich versuche, etwas zu verstehen. So was hat man vielleicht in der fünften Klasse gemacht!
Und die Lehrer … wenn nur diese Ethiklehrerin nicht wäre!

Wenn ich nach der Schule nach Hause komme … lege ich mich in mein Bett und versuche mich erst mal abzuregen – von meinem Tag und den Leuten um mich herum. Und dann muss ich mich auch schon wieder fertig machen, um zu meinen Freunden zu gehen.

Ich wäre gerne wie … niemand anderes. Jeder hat sein eigenes einzigartiges und unverfälschtes Wesen. Ich möchte niemanden kopieren. Ich finde mich so in Ordnung, wie ich bin.

Meine Eltern wollen, dass ich … so bin wie sie. Mich anpasse und am besten das tue, was sie sagen und wollen.

Am meisten hasse ich … Leute, die mich Zecke oder Satanist[1] nennen, denn die haben überhaupt keine Ahnung.

Wenn ich könnte, würde ich … wieder aufs Gymnasium gehen, denn ich würde gerne studieren.

1 jemand, dem man nachsagt, den Teufel (Satan) zu verehren

4 Ist Sarah eine Außenseiterin? Vergleicht Sarahs Situation mit der Definition aus Aufgabe 1.

5 Übertragt die Mindmap zu Sarahs Charaktermerkmalen in euer Heft und ergänzt sie mithilfe der Informationen aus dem Text.

6 Worauf würdet ihr verzichten, um zu einer Gruppe dazuzugehören? Wählt aus den folgenden Begriffen aus.

alte Freunde · Familie · Kleidungsstil · Handy · Hobbys · Berufsziele

Schulabschluss · Geld · Sport · Frisur · Lieblingsmusik · Computer

7 Vergleicht eure Ergebnisse aus Aufgabe 6. Begründet eure Wahl.

8 EXTRA Wählt Aufgabe A oder B aus.

A Erstellt eine Mindmap zu eurer Person.

B Beantwortet selbst die Satzanfänge aus dem Text, z. B.: *Viele halten mich für …*

Der erste Eindruck

Ein Charakterprofil erstellen

→ **T2** Schreiben
Seite 203–205

1 Lest die Romananfänge oder hört sie euch an. Entscheidet spontan, ob euch die Hauptfiguren sympathisch sind oder nicht.

Hörverstehen
ua9f4y

John Green

Eine wie Alaska

Miles, ein Einzelkind, wechselt auf ein Internat. Dort lernt er Alaska kennen und verliebt sich in sie. Doch das ist alles andere als leicht.

Einhundertsechsunddreißig Tage vorher Eine Woche bevor ich Florida verließ, um den Rest meiner Jugend in einem Internat in Alabama zu verbringen, ließ sich meine Mutter nicht davon abbringen, eine Abschiedsparty für mich zu geben. Von gedämpften Erwartungen meinerseits zu sprechen, wäre heillos übertrieben. Zwar hatte sie mich mehr oder weniger gezwungen, alle meine „Schulfreunde" einzuladen, also den traurigen Haufen von Theatergruppenleuten und Englischstrebern, mit denen ich notgedrungen in der muffigen Highschool-Cafeteria am Tisch saß, doch ich wusste, dass keiner von ihnen kommen würde. Meine Mutter aber ließ nicht locker, so sehr klammerte sie sich an die Wunschvorstellung, ich hätte meine wahre Beliebtheit all die Jahre vor ihr geheim gehalten. Sie machte eine Riesenschüssel Artischocken-Dip, schmückte das Wohnzimmer mit grünen und gelben Girlanden, den Farben meiner neuen Schule, und kaufte zwei Dutzend Tischbomben, die sie auf dem Couchtisch arrangierte.
Und als jener letzte Freitag kam und ich fast mit Packen fertig war, saß sie ab 16:56 Uhr mit Dad und mir auf der Wohnzimmercouch, um den Ansturm des Abschiedskomitees zu erwarten. Das Komitee bestand aus zwei Personen: Marie Larson, einer schmächtigen Blondine mit rechteckiger Brille, und ihrem (nett gesagt) kräftigen Freund Will. […]

Hörverstehen
9t7t9g

Raquel J. Palacio

Wunder

August lebt mit seiner Schwester Via und seinen Eltern zusammen. Er hat in seinem Leben aufgrund eines Gendefektes schon viele Operationen am Gesicht über sich ergehen lassen müssen. Aus diesem Grund ist er noch nie zur Schule gegangen. Sein Aussehen macht ihn zum Außenseiter.

Normal Ich weiß, dass ich kein normales zehnjähriges Kind bin. Ich meine, klar, ich mache normale Sachen. Ich esse Eis. Ich fahre Fahrrad. Ich spiele Ball. Ich habe eine XBox. Solche Sachen mache ich normal. Nehme ich an. Und ich fühl mich normal. Innerlich. Aber ich weiß, dass normale Kinder nicht andere normale Kinder dazu bringen, schreiend vom Spielplatz

wegzulaufen. Ich weiß, normale Kinder werden nicht angestarrt, egal, wo sie hingehen.
Wenn ich eine Wunderlampe finden würde und einen Wunsch frei hätte, würde ich mir wünschen, ein normales Gesicht zu haben, das nie jemandem auffallen würde. Ich würde mir wünschen, dass ich die Straße entlanggehen könnte, ohne dass die Leute diese Sachen machen, sobald sie mich sehen, dieses Ganz-schnell-woanders-Hinschauen. Ich glaube es ist so: Der einzige Grund dafür, dass ich nicht normal bin, ist der, dass mich niemand so sieht.
Aber inzwischen bin ich es irgendwie schon gewohnt, dass ich so aussehe. Ich kann so tun, als würde ich nicht merken, was die Leute für Gesichter machen. Wir sind alle schon ganz gut darin: ich und Mom und Dad und Via. Nein, ich nehm das zurück: Via ist nicht so gut darin. Sie kann echt sauer werden, wenn die Leute gemein sind. […] Für Via bin ich nicht normal. Sie behauptet es, aber wenn ich normal wäre, hätte sie nicht so sehr das Gefühl, mich beschützen zu müssen. Und auch Mom und Dad halten mich nicht für normal. Sie halten mich für etwas ganz Besonderes. Ich glaube, der einzige Mensch auf der Welt, der merkt, wie normal ich wirklich bin, bin ich.
Ich heiße übrigens August. Ich werde nicht beschreiben, wie ich aussehe. Was immer ihr euch vorstellt – es ist schlimmer. […]

2 Übertragt die Tabelle mit den Adjektiven in euer Heft. Ergänzt weitere Gegensatzpaare.

Gegensätzliche Adjektive für ein Charakterprofil	
temperamentvoll	ruhig
selbstbewusst	unsicher
…	…

3 Wählt einen der Texte aus. Unterstreicht in eurer Tabelle aus Aufgabe 2 Charaktereigenschaften, die ihr der Hauptfigur zuordnen würdet.
- Vergleicht anschließend eure Ergebnisse.
- Begründet, wie ihr zu eurer Einschätzung gelangt seid.

4 Erklärt, was der Ich-Erzähler des zweiten Textes mit der folgenden Aussage meint.

> Der einzige Grund dafür, dass ich nicht normal bin, ist der, dass mich niemand so sieht. (Zeile 12–13)

5 EXTRA Stellt euch vor, ihr würdet bald auf ein Internat gehen. Beschreibt, wie eure Abschiedsparty aussehen würde.

Außenseiter in der Klasse

Charaktermerkmale aus einem Text herausarbeiten

T3 Umgang mit literarischen Texten Seite 213

1 Lest den Text. Was für einen Eindruck habt ihr von Robert? Belegt eure Meinung mit Textstellen.

Nicky Singer

Norbert Nobody oder das Versprechen

Robert Nobels Eltern sind geschieden. Er lebt bei seiner Mutter, die als Krankenschwester arbeitet. Sein Vater hat inzwischen eine neue Familie und kümmert sich wenig um seinen Sohn. In der Schule ist Robert ein Außenseiter. Durch ein Projekt mit Senioren bekommt Robert jedoch eine Aufgabe, die ihn ganz anders erscheinen lässt. Denn diese Aufgabe verlangt Mut, Tapferkeit und Zielstrebigkeit. Robert erlangt Anerkennung und kann zeigen, dass er kein Weichei ist.

Norbert ist der Klassendepp. Er ist dünn und schlaksig, Unterarme und Schenkel wie weiße Bänder lose an Ellbogen und Knie geknotet. Sein Kopf ist zu groß für den Körper und da, wo andere Leute Haare haben, hat er seine gelben flaumigen Entendaunen. Seine Augen sind blau, wobei das schwer durch die dicken Brillengläser zu sehen ist. Wenn man ihm die Brille abnimmt, und das ist nicht ungewöhnlich, wirkt er verschreckt. Nackt. Sein richtiger Name ist nicht Norbert, sondern Robert, Robert Nobel. Aber **ich** glaube, so hat ihn noch nie jemand genannt. Im Kindergarten, als seine Haare noch gelber waren als jetzt, nannten sie ihn Küken oder Kükchen. Sogar Mrs Morgan. Aber seit Niker bei uns auf der Schule aufgetaucht ist, heißt Robert bloß noch Norbert. Geistreiches Wortspiel. Norbert No Bel. Norbert No-Bells-at-All (total ohne Glocken, ohne Gebaumel, Gebamsel, du weißt schon). Norbert No-Brain (ohne Gehirn). Norbert No-Bottle (ohne Flasche, aber er meint: Norbert Feigling, und du hörst auch noch nobody mit – Norbert Niemand). **Ich** glaube nicht, dass Johnny Niker mit seinen gelockten schwarzen Haaren, den grünen Augen und seinem geschmeidigen, athletischen Körper sich je ausgemalt hat, wie das wäre, durch Norberts Brille auf die Welt zu schauen. **Ich** schon. Denn **ich** bin Norbert-No-Bottle.

Beachtet dazu den Merke-Kasten auf der rechten Seite.

2 Erklärt, aus welcher Sicht die Geschichte von Robert erzählt wird. Untersucht, ob es sich um ein erlebendes Ich oder einen außenstehenden Beobachter handelt.

3 Stellt Vermutungen an, warum am Ende des Textes die Erzählperspektive wechselt.

Merke

Erzählperspektive

In einer Geschichte wird das Geschehen von einem **Erzähler** vermittelt. Er ist nicht identisch mit dem Autor.

Der Erzähler kann aus zwei Perspektiven erzählen:
Der **Ich-Erzähler** erzählt in der 1. Person Singular: *Ich ging über die Straße.*
Der **Er/Sie-Erzähler** erzählt in der 3. Person Singular: *Er/Sie ging über die Straße.*

Aus welcher Sicht wird erzählt?

↙	↓	↘
Der Erzähler weiß über mehr als eine Figur Bescheid.	Der Erzähler weiß nur über eine Figur Bescheid.	Der Erzähler kennt keine Figur. (Er beobachtet nur.)

4 Untersucht, wie Robert in dem Text charakterisiert wird.
- Legt eine Folie über den Text oder nutzt den Online-Code.
- Unterstreicht die Textstellen zu Roberts äußeren Merkmalen gelb, Roberts Beziehungen zu anderen rot, Roberts Lebensumständen blau und Roberts inneren Merkmalen grün.

Material 67c6y9

Norbert ist der Klassendepp. Er ist dünn und schlaksig, Unterarme und Schenkel wie weiße Bänder lose an Ellbogen und Knie geknotet.
[…]
Wenn man ihm die Brille abnimmt, und das ist nicht ungewöhnlich, wirkt er verschreckt. Nackt.

Beziehung zu anderen
Lebensumstände
Äußere Merkmale
Innere Merkmale

5 Legt eine Mindmap zu Roberts Charaktermerkmalen in eurem Heft an. Ordnet eure Textstellen aus Aufgabe 4 passend zu.

→ Kapitel 3 Seite 57

6 Der Text enthält sprachliche Bilder, z. B. Metaphern. Sucht diese mit einer Partnerin oder einem Partner heraus und erklärt sie.

7 EXTRA Erklärt, was der Erzähler mit dem „geistreichen Wortspiel" meint.

8 EXTRA Verfasst einen kurzen Text, in dem ihr euch selbst charakterisiert. Verwendet dazu die vier Kategorien einer Charakterisierung aus Aufgabe 4.

Außenseiter im Alltag

Direkte und indirekte Charakterisierung unterscheiden

→ T3 Umgang mit literarischen Texten Seite 210–212

Lest noch einmal die vier Kategorien einer Charakterisierung auf Seite 61.

Hörverstehen gu8c7a

1 Lest den folgenden Text oder hört ihn euch an. Erstellt anschließend ein Charakterprofil zu Ursula Riggs. Vergleicht eure Ergebnisse miteinander.

Joyce Carol Oates

Unter Verdacht

Ursula Riggs ist eine Außenseiterin, die Jungs sonst aus dem Weg geht. Als ihr Mitschüler Matt verdächtigt wird, ein Attentat auf die Schule geplant zu haben, ist sie die einzige, die an seine Unschuld glaubt. Und so kommen sich die beiden allmählich näher.

An jenem Nachmittag im Januar versagte Ugly[1] Girl auf der ganzen Linie.
Ob es mir wehgetan hat? *Mir doch nicht.*
Ob es mir was ausgemacht hat? *Ach was.*
Ob mich jemals einer von euch hat heulen sehen? *Bestimmt nicht, noch nie.*
Hätte ich warten müssen, bis man mich in eine Mannschaft wählt, ich wäre in meiner ganzen Schulzeit jedes Mal übrig geblieben. Ich hätte am Spielfeldrand gestanden mit den anderen Verlierern, den Dicken, den Brillenschlangen, denen, die ständig über ihre eigenen Füße stolpern, und den Asthmatikerinnen, die immer gleich außer Puste waren, sobald sie ein paar Schritte rennen mussten. Aber Ugly Girl war eine der besten Sportlerinnen der Rocky River High. Sogar die Jungen mussten das zugeben, auch wenn es ihnen schwer fiel. Also benannte mich Ms. Schultz, unsere Sportlehrerin (auch so etwas wie ein Ugly Girl, großknochig, unbeholfen im Umgang mit Menschen, mit grober dunkler Haut und zerzaustem Haar), immer als Mannschaftsführerin. Sie rief „Ursula Riggs“ durch die Halle, als hätte sie noch nie bemerkt, was für ein hässlicher Name das ist. […]

Indirekte Charakterisierung: Ursula scheint unbeliebt zu sein

In meinem Juniorjahr wurde ich Spielführerin des Mädchen-Basketballteams unserer Schule. Wir haben einen Sieg nach dem anderen geholt, auch wenn ich als Teamchefin nicht gerade beliebt war. Wenn ich meine feuerrote Laune hatte, war ich nicht einmal das, was man eine gute Mannschaftsspielerin nennt. Ich war auf dem Feld, um Punkte zu machen, und die habe ich gemacht. […]
Meine Lehrer wussten nicht, wie sie mich einschätzen sollten, das war mir schon klar. Da war zum einen Ursula Riggs, eine ausgezeichnete Schülerin, ein ernsthaftes Mädchen mit Interesse für Biologie und Kunst. Zum anderen war da Ugly Girl, die sich im Sport wie ein Komantsche[2] aufführte und eine unfreundliche, sarkastische[3] Art hatte. Ugly Girl hatte ihre Launen, die von Tintenschwarz bis Feuerrot reichten. […]
Klar wusste ich, dass die Leute hinter meinem Rücken über mich redeten. Meine Eltern. Meine Klassenkameraden. Selbst so genannte Freunde. Wenn

Direkte Charakterisierung: ernsthaftes Mädchen, …

1 englisch für hässlich
2 Angehöriger eines Indianerstammes
3 boshaft spöttisch

ich mich in der Schule durch den Korridor schob, wenn ich die Cafeteria betrat – immer sah ich die Blicke, hörte ich das Geflüster, das unterdrückte Lachen. Ursula die Hässliche. Ich wusste es und es war mir egal. Hauptsache, es kommt mir keiner in die Quere, kapiert?
Die feuerrote Stimmung war wunderbar für Basketball, dann konnte Ugly Girl das Spielfeld in Brand setzen; aber die pechschwarze Stimmung war nicht so gut. Pechschwarz, das hieß, meine Füße waren Betonblöcke, und wo ich sonst Augen hatte, waren diese kleinen Glasscherben, die so wehtaten.

2 Begründet, warum man bei der Charakterisierung zwischen Ursula Riggs und Ugly Girl unterscheiden muss.

3 Baut jeweils ein Standbild zu Ursula Riggs und eins zu Ugly Girl.

→ **T5** Standbilder bauen Seite 267

4 Was erfahrt ihr indirekt durch Ursulas Aussage „Ich wusste es und es war mir egal." (Zeile 33)? Erklärt die Textstelle in einem kurzen Text.

Beachtet für eure Deutung auch den Rest des Textes.

5 Arbeitet die Charaktereigenschaften von Ugly Girl aus dem Text heraus. Unterscheidet, ob es sich um eine direkte oder indirekte Charakterisierung handelt.

Merke

Direkte Charakterisierung
Der Erzähler der Geschichte, die Figur selbst oder andere Figuren nennen die Eigenschaften der Figur.
Sie war ein sehr hilfsbereiter Mensch.

Indirekte Charakterisierung
Die Eigenschaften lassen sich aus dem Handeln der Figur, ihren Äußerungen und Gedanken sowie ihren äußerlichen Merkmalen ablesen. Die Eigenschaften werden also nicht genannt, der Leser/die Leserin muss sie sich selbst erschließen.
Sie hielt dem alten Mann die Tür auf. → Sie ist ein hilfsbereiter Mensch.

6 Untersucht die Bedeutung von Farben.
- Recherchiert, welche Bedeutung die Farben *Rot* und *Schwarz* in verschiedenen Kulturen haben.
- Besprecht, was sich verändert, wenn man von *Feuerrot* oder *Pechschwarz* spricht.

Ihr könnt dazu das Internet nutzen.

7 Was erfährt man mithilfe der Farben über den Charakter von Ursula Riggs? Erklärt dies in einem kurzen Text.

Lest noch einmal die Textstellen, in denen Farben vorkommen.

Formulierungshilfe für Charaktereigenschaften

Wenn Ursula Riggs die feuerrote Stimmung hat, dann … Wenn sie die pechschwarze Stimmung hat, dann … Die Stimmungswechsel bedeuten, dass …

○ Aufgabe 3 ◒ Aufgabe 1, 5, 6, 7 ● Aufgabe 2, 4

Ein Leben als Planet

Textstellen in Verbindung setzen

→ T3 Umgang mit literarischen Texten Seite 212

1 Lest den folgenden Text oder hört ihn euch an. Erklärt, was es bedeutet, dass Via sich in ihrer Familie wie ein Planet fühlt.

Hörverstehen ht5v5v

Raquel J. Palacio

Wunder

Via, die ältere Schwester von August, beschreibt ihre Rolle im Familienleben angesichts der Krankheit ihres Bruders.

August ist die Sonne. Mom und Dad und ich sind Planeten, die die Sonne umkreisen. Der Rest unserer Familie und Freunde sind Asteroiden und Kometen, die um die Planeten herumschweben, die die Sonne umkreisen. Der einzige Himmelskörper, der August, die Sonne, nicht umkreist, ist Daisy, und das liegt nur daran, dass sich in ihren kleinen Hundeaugen Augusts Gesicht nicht besonders von dem Gesicht jedes anderen Menschen unterscheidet. Für Daisy sehen unsere Gesichter alle gleich aus, so flach und bleich wie der Mond.

Ich habe mich daran gewöhnt, wie dieses Universum funktioniert. Es hat mir nie viel ausgemacht, denn ich habe ja nie etwas anderes kennengelernt. Ich habe immer verstanden, dass August etwas Besonderes ist und besondere Bedürfnisse hat. Wenn ich zu laut spielte und er versuchte, ein Nickerchen zu machen, wusste ich, dass ich etwas anderes spielen musste, weil er sich ausruhen musste nach irgendeiner Behandlung, die ihn geschwächt oder ihm Schmerzen bereitet hatte. Wenn ich wollte, dass Mom und Dad mir beim Fußballspielen zuschauten, wusste ich, dass sie es in neun von zehn Fällen nicht schaffen würden, weil sie August zur Sprachtherapie oder zur Physiotherapie fahren mussten oder zu einem neuen Spezialisten oder zu einer Operation.

Mom und Dad sagten immer, dass ich das verständnisvollste kleine Mädchen auf der ganzen Welt sei. Keine Ahnung, ob das stimmt, ich weiß nur, dass ich immer verstanden habe, dass es keinen Zweck hätte, sich zu beklagen. Ich habe August nach seinen Operationen gesehen: sein kleines Gesicht verbunden und geschwollen, sein winziger Körper voller Schläuche und Kanülen, die ihn am Leben halten sollten. Wenn man gesehen hat, wie ein anderer so etwas durchmacht, fühlt es sich ziemlich verrückt an, sich darüber zu beschweren, dass man das Spielzeug nicht bekommt, das man sich gewünscht hat, oder dass deine Mom deine Schulaufführung verpasst. Ich wusste das sogar schon mit sechs Jahren. Niemand hat es mir je gesagt. Ich wusste es einfach.

Ich habe mich also an Nicht-Beschweren gewöhnt, und ich habe mich daran gewöhnt, Mom und Dad nicht mit Kleinigkeiten zu belasten. Ich habe mich

Vias Wiederholung, sie würde verstehen, dass sie wenig Beachtung bekommen hat → Ist das möglich oder macht sie sich etwas vor?

daran gewöhnt, Sachen für mich allein herauszufinden: wie man Spielzeug zusammenbaut, wie ich Termine organisieren muss, damit ich nicht die Geburtstagspartys meiner Freunde verpasse, wie ich in der Schule nicht den Anschluss verliere. Ich habe nie um Hilfe bei meinen Hausaufgaben gebeten. Nie musste ich daran erinnert werden, ein Schulprojekt rechtzeitig abzuschließen oder für einen Test zu lernen. Wenn ich in einem Fach Probleme hatte, ging ich nach Hause und lernte so lange, bis ich es verstanden hatte. Wie man Brüche in Dezimalzahlen umrechnet, habe ich mir selbst beigebracht, indem ich es im Internet recherchiert habe. Ich habe jedes Schulprojekt so ziemlich komplett allein erarbeitet. Wenn mich Mom und Dad fragten, wie es in der Schule läuft, sagte ich jedes Mal „gut" – auch wenn das nicht immer stimmte. Mein schlimmster Tag, mein schlimmster Sturz, die schlimmsten Kopfschmerzen, die schlimmsten blauen Flecke, der schlimmste Krampf, das Schlimmste, was mir jemand an den Kopf geworfen hat, ist immer nichts gewesen im Vergleich zu dem, was August durchgemacht hat. Ich spiele hier übrigens nicht die Heldin: Ich weiß nur, dass es eben so ist.

Und so ist es schon immer für mich gewesen und für unser kleines Universum. In diesem Jahr aber scheint es eine Verschiebung im Kosmos zu geben. Die Galaxie verändert sich. Die Planeten fallen aus ihrer Konstellation.

2 Die unterstrichenen Textstellen heben hervor, wie Via ihre Rolle in der Familie für sich angenommen hat.
- Unterstreicht weitere Textstellen, die dazu passen.
- Legt dazu eine Folie über den Text oder nutzt den Online-Code.

Material v4856d

Arbeitstechnik

Textverbindungen sichtbar machen

Manchmal hilft es, **Sinnzusammenhänge** in einem Text zu verdeutlichen, indem man sie mit **Verbindungslinien** markiert.
Dazu werden zunächst alle Textstellen, die in einem Zusammenhang stehen, unterstrichen. Der Zusammenhang, z. B. ein bestimmtes Charaktermerkmal einer Figur, wird dann mithilfe von Verbindungslinien gezeigt.

3 Unterstreicht nun die Textstellen, in denen Vias Liebe zu ihrem Bruder deutlich wird, in einer anderen Farbe. Verbindet die Textstellen miteinander.

4 Notiert Charaktereigenschaften, die ihr aufgrund des Textauszuges Via direkt oder indirekt zuordnen könnt. Tauscht euch anschließend mit einem Partner darüber aus.

5 Beantwortet die Frage in der Randbemerkung auf der linken Seite.

○ Aufgabe 1, 2 ◒ Aufgabe 3, 4 ● Aufgabe 5

T2 Schreiben
Seite 206–208

Der Schulleiter Mr. Pomann

Aussagen mit Textstellen belegen

1 Lest den folgenden Textauszug. Schreibt anschließend aus Sicht von August einen Tagebucheintrag, in dem er diese Begegnung reflektiert.

Raquel J. Palacio

Wunder

August berichtet von seiner ersten Begegnung mit dem Leiter seiner neuen Schule.

[…] Dabei sah er überhaupt nicht so aus, wie ich ihn mir vorgestellt hatte. Ich nehme an, ich hatte erwartet, dass er einen riesigen Hintern hat. Aber das war gar nicht der Fall. Eigentlich war er ein ganz normaler Typ. Groß und dünn. Alt, aber nicht richtig alt. Er sah nett aus. Er schüttelte zuerst meiner Mom die Hand.

„Hi, Mr. Pomann, schön, Sie wiederzusehen“, sagte Mom. „Dies ist mein Sohn August.“

Mr. Pomann schaute mich direkt an, lächelte und nickte. Er streckte auch mir die Hand entgegen.

„Hi, August“, sagte er in ganz normalem Ton. „Freut mich, dich kennenzulernen.“

„Hi“, nuschelte ich und ließ meine Hand in seine fallen, während ich auf seine Füße hinunterschaute. Er trug rote Adidas-Schuhe.

„Also“, sagte er und ging vor mir in die Knie, damit ich statt auf seine Turnschuhe in sein Gesicht schauen musste, „deine Mom und dein Dad haben mir schon eine Menge über dich erzählt.“

„Was haben sie denn erzählt?“, fragte ich.

„Wie bitte?“

„Schatz, du musst deutlich sprechen“, sagte Mom.

„Was denn so?“, fragte ich und versuchte nicht zu nuscheln. Ich geb’s zu, nuscheln ist eine schlechte Angewohnheit von mir.

„Nun, dass du gerne liest“, sagte Mr. Pomann, „Und dass du ein großer Künstler bist.“ Er hatte blaue Augen mit weißen Wimpern. „Und Naturwissenschaft macht dir auch Spaß, oder?“

„Eh-eh“, sagte ich und nickte.

„Wir haben ein paar tolle Naturwissenschafts-Wahlfächer hier auf der Beecher“, sagte er. „Vielleicht nimmst du eines davon?“

„Eh-eh“, sagte ich, obwohl ich keine Ahnung hatte, was genau mit Wahlfach gemeint sein sollte.

„Also, bist du bereit für einen Rundgang?“

„Sie meinen, wir machen das jetzt?“

„Dachtest du, wir gehen ins Kino?“, antwortete er und lächelte, während er sich aufrichtete.

2 Fertigt eine Charakterisierung von Mr. Pomann an. Legt dazu eine Folie über den Text oder nutzt den Online-Code.
- Unterstreicht die Textstellen zu äußeren Merkmalen gelb, Beziehung zu anderen rot, zu den Lebensumständen blau und zu inneren Merkmalen grün.
- Fasst die Inhalte und eure Gedanken dazu in Randnotizen zusammen.
- Schreibt auf, ob ihr die Informationen direkt oder indirekt erhalten habt.

Material ha5en8

3 Belegt die folgenden Aussagen über Mr. Pomann mit einem Zitat. Orientiert euch am Beispiel.

Mr. Pomann ist ein höflicher Mann, so begrüßt er zuerst die Mutter von August: „Er schüttelte zuerst meiner Mom die Hand." (Seite 66, Zeile 4–5)

Mr. Pomann ist ein Mensch mit Humor.

Mr. Pomann begegnet Menschen sehr zugewandt und interessiert.

Viele Menschen reagieren erschrocken, wenn sie August das erste Mal sehen. Doch Mr. Pomann reagiert völlig gelassen.

Merke

Wörtliche Übernahmen aus einem Text nennt man **Zitate**. Mithilfe von Zitaten können **Textdeutungen belegt** werden.

So baut man Zitate richtig in den eigenen Text ein:
- Das Zitat steht in Anführungszeichen. Im Anschluss an die Anführungszeichen nennt man in Klammern die Seite und die Zeile der Quelle.
- Übernimmt man nur einen Teil eines Satzes, kennzeichnet man das Weggelassene mit drei Punkten in eckigen Klammern.
- Es gelten dieselben Zeichensetzungsregeln wie bei der wörtlichen Rede.

Das Zitat kann wie bei der wörtlichen Rede im Satz vorangestellt, eingeschoben oder nachgestellt werden.
Von Anfang an geht Mr. Pomann freundlich und offen auf August zu: „Mr. Pomann schaute mich direkt an, lächelte und nickte." (Seite 66, Zeile 8)
Die Textstelle „Mr. Pomann schaute mich direkt an, lächelte und nickte." (Seite 66, Zeile 8) zeigt, dass Mr. Pomann freundlich und offen auf August zugeht.
„Mr. Pomann schaute mich direkt an, lächelte und nickte." (Seite 66, Zeile 8) verdeutlicht, dass Mr. Pomann von Anfang an freundlich und offen auf August zugeht.

4 Schreibt den folgenden Satz ab. Kennzeichnet die Textzitate durch das Setzen der richtigen Satzzeichen. Ergänzt auch die Seite und Zeile.

Er trägt rote Adidas-Schuhe bemerkt August. Das verdeutlicht, dass Mr. Pomann seinen Status als Schulleiter nicht über die Kleidung hervorheben will. Außerdem reagiert er sehr humorvoll auf August ablehnende Haltung bezüglich seines Vorschlages, ihm die Schule zu zeigen Dachtest du wir gehen ins Kino?

T2 Schreiben
Seite 203–208

T5 Eine Mindmap erstellen
Seite 255

Alles kommt zusammen

Eine literarische Charakterisierung schreiben

1 Lest noch einmal alle Textauszüge zu dem Roman „Wunder" in diesem Kapitel. Bereitet eine schriftliche Charakterisierung von August vor.
- Legt dafür eine Tabelle oder Mindmap an.
- Ergänzt die Informationen zu äußeren Merkmalen, der Beziehung zu anderen, den Lebensumständen und den inneren Merkmalen.

Merke

Literarische Charakterisierung

Bei einer **literarischen Charakterisierung** untersucht man in einem Text, was man darin über eine bestimmte Figur erfährt.
Nach einer kurzen **Einleitung** beschreibt man im **Hauptteil** die unterschiedlichen Kategorien der Charakterisierung. Diese kann man z. B. nach **äußeren Merkmalen**, **Lebensumständen**, **inneren Merkmalen** und den **Beziehungen zu anderen Figuren** ordnen.
Man **unterscheidet zwischen direkter und indirekter Charakterisierung**. Die Erkenntnisse werden mit **Textzitaten** belegt. Am **Schluss** fasst man seine Hauptergebnisse noch einmal kurz zusammen und schließt mit einer persönlichen Beurteilung der Figur ab. Die literarische Charakterisierung wird im **Präsens** verfasst.

2 Schreibt eine Einleitung. Nutzt dazu die Formulierungshilfen.

Formulierungshilfen für die Einleitung

Der Roman … von … aus dem Jahr … handelt von …
Die drei Textauszüge thematisieren …

3 Schreibt nun den Hauptteil der Charakterisierung.
- Nutzt dazu eure Ergebnisse aus Aufgabe 1. Beachtet die Kategorien von Charakterisierungen. So könnt ihr die Informationen besser ordnen.
- Unterscheidet die direkten und indirekten Charaktereigenschaften und belegt diese mithilfe von Textzitaten.

Formulierungshilfen für den Hauptteil

- Der Leser erfährt …
- Des Weiteren wird deutlich, dass …
- … wird direkt/indirekt charakterisiert durch …
- Die Figur ist nicht nur …, sondern auch …
- Das kommt bei … zum Ausdruck.
- Sein Verhältnis zu … ist gekennzeichnet durch …
- Die Art, wie … darauf reagiert, lässt vermuten, …

4 Schreibt den Schluss der Charakterisierung. Fasst darin eure Ergebnisse zusammen und beurteilt die Figur. Nutzt dafür die Formulierungshilfen.

Formulierungshilfen für den Schluss

Zusammenfassend kann man sagen, dass …
Aufgrund der Textauszüge komme ich zu dem Schluss, dass … ein …
Ich persönlich glaube, dass …
Die Figur … zeigt, dass …

5 Überprüft eure Texte mithilfe der folgenden Checkliste.

Ihr könnt eure Texte auch in einer Schreibkonferenz überprüfen.

→ **T5** Die Schreibkonferenz Seite 264

Checkliste	☺	☹	Verbesserungsvorschläge
Vorarbeit • Textstellen wurden markiert. • Die Informationen wurden in einer Tabelle oder Mindmap geordnet.			…
Einleitung • Titel, Autor, Textsorte, Thema wurden genannt. • Der Inhalt wurde kurz zusammengefasst.			…
Hauptteil • Die äußeren Merkmale wurden beschrieben. • Die Lebensumstände wurden dargestellt. • Die inneren Merkmale wurden herausgearbeitet. • Die Beziehung zu anderen Figuren wurde untersucht.			…
Schluss • Die Ergebnisse wurden noch einmal zusammengefasst. • Die Geschichte wurde beurteilt.			…
Formales • Wichtige Aussagen wurden mit Zitaten belegt. • Es wurde zwischen direkter und indirekter Charakterisierung unterschieden. • Es wurde im Präsens geschrieben.			…

6 EXTRA Verfasst eine literarische Charakterisierung zu Ursula Riggs. Nutzt dazu eure Ergebnisse von Seite 62/63.

○ Aufgabe 1 ◒ Aufgabe 2, 3, 4, 5 ● Aufgabe 6 EXTRA

Außenseiter im Hier und Jetzt

Dokumentarfilme untersuchen

1 Lest die folgenden Filmkritiken von Schülern zu zwei Dokumentarfilmen zum Thema „Außenseiter".

Merke

Dokumentarfilm

Im Gegensatz zu Spielfilmen werden in **Dokumentarfilmen tatsächliche (reale) Begebenheiten und Verhältnisse** gezeigt. Darin werden häufig Ausschnitte aus der Wirklichkeit beleuchtet. Beispiele für Dokumentarfilme sind Sach-, Reise- oder Nachrichtenfilme, aber auch Tierfilme.
Dokumentarfilme können mit Sachtexten verglichen werden.

Herr Rücker – Dokumentarfilm

Inhalt

Nico Rücker ist anders als seine Klassenkameraden. In seiner Freizeit trifft sich der Achtklässler nicht mit Freunden, sondern hilft dem Hausmeister seiner Schule bei Reparaturen oder unterstützt den Rektor bei PC-Arbeiten. Von Gleichaltrigen wird er oft gehänselt. Aber er bekommt auch Anerkennung für seine Tätigkeiten, zumindest von den Erwachsenen. Es wird das Porträt eines Jungen gezeichnet, der trotz seines Andersseins einen eigenen Weg gefunden hat. Angesprochen werden zum Beispiel Themen wie die Suche nach einer eigenen Identität, Toleranz und das Zusammenleben in der Schule.

Kritik

Wir fanden den Film „Herr Rücker" sehr interessant und informativ, da es in dem Film um einen 15-jährigen Schüler geht, der neu an die Gesamtschule Solingen kommt.
Der Schüler ist sehr hilfsbereit den anderen gegenüber, aber seine Mitschüler wissen dies nicht zu schätzen und er wird immer mehr zum Außenseiter. Dadurch, dass er immer weniger Freunde hat, hat er niemanden, mit dem er was machen kann, deshalb hilft er irgendwann auch dem Hausmeister und dem Schulleiter. Da der Film im echten Leben spielt, wird er noch interessanter und klärt auch über das Leben von Außenseitern in der Schule auf. Unserer Meinung nach sollte es mehr solcher Schüler geben, da sie viel mehr und Besseres für die Schule tun und es kann nicht sein, dass sie auf Grund ihrer Taten für die Klasse bzw. Schule zu Außenseitern in dieser und im Leben außerhalb dieser werden.

Fazit

Insgesamt finden wir den Film sehr gelungen und auch sehr aufschlussreich.

Autoren: Florian H. und Jan S.

Ednas Tag – Dokumentarfilm

Inhalt

Edna ist in der sechsten Klasse, erst seit Kurzem in Deutschland und spricht nur wenig Deutsch. Während des Unterrichts ihrer Mitschüler sitzt sie in der letzten Reihe an einem Extratisch und muss die Sprache lernen. Der Kontakt zwischen ihr und ihren Mitschülern ist schwierig. Edna wird schnell aggressiv oder zieht sich zurück. Viele lehnen sie deshalb ab. Was sie in ihrem Heimatland Bosnien erlebt hat und warum sie fliehen musste – darüber wissen die Mitschüler so gut wie nichts. Der Film spricht unter anderem Themen wie Integration, Toleranz und das Zusammenleben in der Schule an.

Kritik

[…] Edna besucht eine Hauptschule in Bochum. Da sie neu in Deutschland ist, kann sie noch nicht richtig Deutsch reden. Deswegen sitzt sie neun Stunden am Tag in einer Ecke der Klasse und lernt mit ihrer Schwester die Sprache.

Ihr Alltag in der Schule ist wirklich hart für sie. Sie wird von ihren Mitschüler/innen beleidigt und eingeschüchtert. Um sich zu wehren, beleidigt sie ihre Mitschüler/innen ebenfalls und wird manchmal sogar handgreiflich.

Als die Mitschüler interviewt werden, berichten sie über Edna und ihr Verhalten.

Der Dokumentarfilm „Ednas Tag“ ist sehr realistisch. Einerseits sieht man, wie die Mitschüler/innen eine Neue in der Klasse behandeln und andererseits auch, wie man als Neue in der Klasse überreagieren kann und sogar zur Gewalt greifen kann.

Ich würde den Film für 11- bis 15-Jährige empfehlen, da es sich im Film auch um die Altersstufe handelt. […]

Fazit

Insgesamt fand ich den Film gut gedreht und sehr informativ, da man gesehen hat, wie man als Neue in der Klasse behandelt wird, wie man sich dabei fühlt und zu welchen Auswegen man vielleicht greift.

Autorin: Araniha

2 Wählt den Film aus, der euch mehr anspricht. Seht ihn euch im Internet an. Ihr könnt dazu den Surftipp nutzen.

Surftipp
h7si7x

3 Stellt die Hauptperson aus dem von euch gewählten Dokumentarfilm vor. Versetzt euch in die Person hinein und vervollständigt die folgenden Sätze.

Ihr könnt auch die Informationen von dieser Seite nutzen.

Eine Figur untersuchen

- Viele halten mich für …
- Wenn ich an Schule denke …
- In Wirklichkeit bin ich …
- In der Klasse bin ich …
- Das Schlimmste, was mir in der Schule je passierte, war …
- Das Beste, was mir in der Schule je passierte, war …
- Die meisten Mitschüler finde ich …
- Wenn ich nach der Schule nach Hause komme …
- Ich wäre gerne wie …
- Meine Eltern wollen, dass ich …
- Am meisten hasse ich …
- Wenn ich könnte, würde ich …

4 Verfasst eine eigene Filmkritik zu einem der Dokumentarfilme. Orientiert euch an den Kritiken auf dieser Seite. Geht auch auf die Charaktereigenschaften der jeweiligen Hauptfigur ein.

○ Aufgabe 1, 2 ◒ Aufgabe 3 ● Aufgabe 4

Teste dich selbst!

Üben interaktiv
z5w9z4

1 Benenne die vier Kategorien einer Figurencharakterisierung.

2 Ergänze die Tabelle mit 15 gegensätzlichen Charaktereigenschaften.

Gegensätzliche Adjektive für ein Charakterprofil	
...	...

Wie konntest du Aufgabe 1 bis 3 lösen?

😐 → Seite 203–207
🙂 → Seite 208 EXTRA

3 Lies den folgenden Text. Unterstreiche in deiner Tabelle aus Aufgabe 2 passende Adjektive für ein Charakterprofil der Hauptfigur.

Delphine de Vigan

No & ich

„Mademoiselle Bertignac, ich vermisse Ihren Namen auf der Referatsliste." Monsieur Marin fasst mich von ferne ins Auge, mit erhobener Braue und entspannt auf dem Schreibtisch liegenden Händen. Ich habe seinen Langstreckenradar nicht bedacht. Ich habe auf Aufschub gehofft und werde nun in flagranti[1] erwischt. Fünfundzwanzig Augenpaare sind auf mich gerichtet und erwarten eine Antwort. *Das Hirn* wurde bei einem Fehltritt ertappt. Axelle Vernoux und Léa Germain kichern lautlos hinter vorgehaltener Hand, ein Dutzend freudig klingelnder Armbänder an ihren Handgelenken. Wenn ich hundert Kilometer tief unter der Erdoberfläche verschwinden könnte, irgendwo in der Lithosphäre[2], das wäre mir jetzt eine echte Hilfe. Ich habe einen Horror vor Referaten, ich habe einen Horror davor, vor der Klasse zu sprechen, vor mir tut sich die Erde auf, doch nichts rührt sich, nichts bricht in sich zusammen, am liebsten würde ich ohnmächtig, hier und jetzt, wie vom Blitz gefällt würde ich in meiner vollen Kürze hinschlagen, umgeben von einem Fächer aus Turnschuhen, mit ausgebreiteten Armen, und Monsieur Marin würde an die Tafel schreiben: „Hier ruht Lou Bertignac, die stumme, asoziale Klassenbeste."
„... Ich wollte mich gerade eintragen."
„Schön. Und mit welchem Thema?"
„Die Obdachlosen."

1 auf frischer Tat
2 Gesteinsschicht der Erde

4 Bestimme, um welcher Art von Erzähler es sich bei diesem Textauszug handelt.

Wie konntest du Aufgabe 4 lösen?

😐 → Seite 213
🙂 → Seite 213 EXTRA

5 Ordne die Informationen aus dem Text, die etwas über die Hauptfigur aussagen, in die Tabelle ein. Unterscheide dabei zwischen direkten und indirekten Charakterisierungen.

Wie konntest du Aufgabe 5 lösen?

😐 → Seite 210–212
🙂 → Seite 213 EXTRA

Charaktereigenschaften von	
direkte Informationen	indirekte Informationen
...	...

6 Untersuche, was die folgenden Textmarkierungen verdeutlichen.

Als ich klein war, habe ich stundenlang vor dem Spiegel gestanden und versucht, meine Ohren wieder anzudrücken. Ich fand mich hässlich, ich fragte mich, ob man so was reparieren könne, indem man zum Beispiel jeden Tag, sommers wie winters, eine Badehaube oder einen Fahrradhelm darüber zöge, meine Mutter hatte mir erzählt, als Baby hätte ich immer mit umgeknicktem Ohr auf der Seite geschlafen. Als ich klein war, wollte ich Ampel werden, auf einer ganz großen Kreuzung, es gab nichts Ehrenhafteres und Lobenswerteres, so schien mir, als den Verkehr zu regeln, von Rot auf Grün zu springen und von Grün auf Rot, um die Menschen zu beschützen. Als ich klein war, sah ich zu, wenn meine Mutter sich vor dem Spiegel schminkte, ich verfolgte jede ihrer Gesten, den schwarzen Lidstrich, die Wimperntusche, wie sie den Lippenstrich auftrug, ich roch ihren Duft, ich wusste nicht, dass es so zerbrechlich war, ich wusste nicht, dass die Dinge aufhören können, einfach so, und nie wiederkommen.

Als ich acht Jahre alt war, wurde meine Mutter schwanger. Sie und mein Vater hatten schon lange versucht, ein zweites Kind zu bekommen. Sie war zum Gynäkologen gegangen, sie hatte Medikamente genommen, sich Spritzen geben lassen, und dann war es schließlich so weit. Ich hatte mich im Lexikon der Säugetiere über die Fortpflanzung informiert, Uterus, Eierstöcke, Samenzellen und diese ganzen Sachen, also konnte ich präzise Fragen stellen, um zu verstehen, was vor sich ging. Der Arzt hatte von einer In-vitro-Fertilisation gesprochen (das hätte ich sagenhaft gefunden, ein in einem Reagenzglas fabriziertes Brüderchen oder Schwesterchen), doch es war dann doch nicht nötig gewesen, meine Mutter wurde schwanger, als sie schon nicht mehr daran glaubten. […]
Thaïs hatte einen Mund, eine Nase, Hände, Füße, Finger und Fingernägel. Thaïs konnte die Augen öffnen und schließen, gähnen, saugen und die Arme bewegen, und diesen ungeheuren Präzisionsmechanismus hatten meine Eltern zustande gebracht. […]
Nach ein paar Tagen kamen sie nach Hause zurück. Es machte mir Spaß, Thaïs zu wickeln, sie zu baden und sie zu beruhigen, wenn sie weinte. Auf dem Nachhauseweg von der Schule beeilte ich mich, um schnell wieder bei ihnen zu sein. Als sie anfing, aus dem Fläschchen zu trinken, setzte ich mich mit einem Kissen unter dem Arm aufs Sofa und gab ihr das Abendfläschchen, man musste auf die Luftbläschen achten und darauf, wie schnell sie trank, das weiß ich noch.

7 Verbinde die Textstellen miteinander, die Lous hilfsbereite Art verdeutlichen. Lege dazu eine Folie über den Text.

8 Verfasse eine literarische Charakterisierung zu dem Text „No & ich“. Formuliere dafür eine Einleitung, einen Hauptteil und einen Schluss.

Wie konntest du Aufgabe 6 und 7 lösen?

😐 → Seite 210–212
🙂 → Seite 213 EXTRA

Wie konntest du Aufgabe 8 lösen?

😐 → Seite 203–208
🙂 → Seite 208 EXTRA

4

Es steht in der Zeitung …

Sich in Zeitungen orientieren

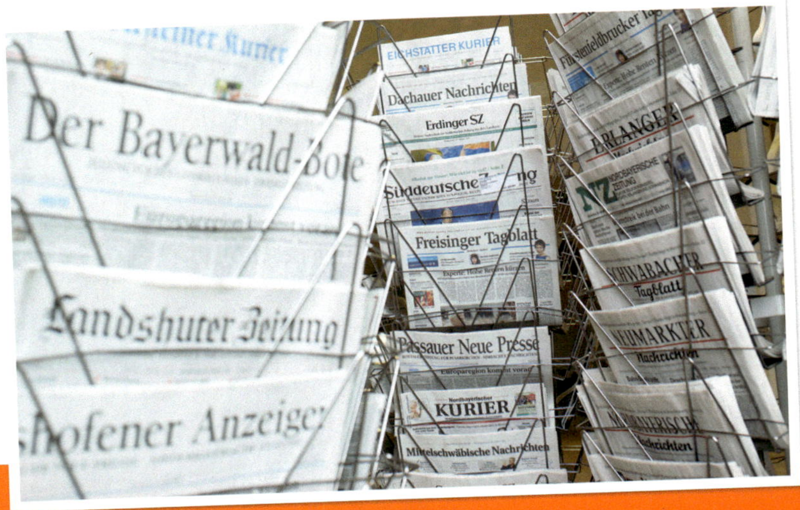

1 Seht euch das Bild oben an. Besprecht, was eine Zeitung ist und wo man Zeitungen kaufen kann.

2 Beantwortet die folgenden Fragen. Vergleicht anschließend eure Antworten.

1. Seht ihr ab und zu in eine Tageszeitung?
2. Warum gibt es Tageszeitungen?
3. Welche Informationen darin findet ihr nützlich?
4. Was lest ihr am liebsten in Tageszeitungen?
5. Würdet ihr gern jeden Tag eine Zeitung haben?
6. Über was möchtet ihr immer ausführlich informiert werden?
7. Welche Artikel interessieren euch so, dass ihr die Zeitung kaufen würdet?
8. Was sind regionale und überregionale Zeitungen?
9. Kennt ihr eine überregionale Tageszeitung?
10. Was wisst ihr über die Möglichkeit, eine Tageszeitung in der Schule zu lesen?
11. Lest ihr Tageszeitungen auch online?
12. Kennt ihr Schülerinnen oder Schüler, die an einer Schülerzeitung mitarbeiten?

3 Fasst eure Ergebnisse aus Aufgabe 2 auf einem Plakat zusammen.

4 Seht euch die Bilder an. Erklärt, welche unterschiedlichen Medien genutzt werden.

Jetzt lernt ihr, ...

- ... das Layout von Zeitungen zu beschreiben.
- ... Ressorts in Zeitungen zu untersuchen.
- ... wie Nachrichtentexte entstehen.
- ... Textsorten zu unterscheiden.
- ... unterschiedliche Frageformen anzuwenden.
- ... Schilderungen aus Reportagen herauszuarbeiten.
- ... Kommentare zu verstehen und Leserbriefe zu schreiben.
- ... eine eigene Zeitungsseite zu gestalten.

Zeitungen haben ein Gesicht

Das Layout – Gestaltungselemente erarbeiten

→ T3 Umgang mit Sachtexten Seite 223/224

1 Besprecht, was euch an der Titelseite der Aachener Nachrichten besonders gut und weniger gut gefällt.

Wetter: 5° bis 13° Wechselnd bewölkt, gelegentlich Regen

Erlebniszoo Mit den „Nachrichten" nach Hannover ▶ **Aboplus**

Glamour in Cannes Nicole Kidman als Grace Kelly ▶ **Kultur**

Aachener Nachrichten

ÜBERPARTEILICH · UNABHÄNGIG

Dienstag, 13. Mai 2014 · 70. Jahrgang · Nummer 110 · www.an-online.de · 1,30 Euro

Unfallserie in Aachen: Frau von Müllwagen erfasst

Aachen. Bei einer außergewöhnlichen Unfallhäufung ist gestern in Aachen eine Frau ums Leben gekommen, zudem hat es mehrere Verletzte gegeben.

Gegen Mittag war die 67-jährige Fußgängerin aus Aachen auf der Lützowstraße von einem Müllwagen erfasst worden, als sie vor dem Fahrzeug die Fahrbahn überqueren wollte. Kurz darauf erlag sie ihren schweren Verletzungen im Krankenhaus.

Bereits am Morgen war es auf der Kreuzung Charlottenburger Allee/Berliner Ring zu einem spektakulären Zusammenstoß eines Lkw mit einem Rettungswagen gekommen. Der Lkw-Fahrer hatte dabei Martinshorn und Blaulicht nicht bemerkt und den Rettungswagen, in dem sich noch kein Patient befand, gerammt. Insgesamt vier Personen wurden bei diesem Unfall verletzt. (hr) ▶ **Lokales**

Post hat ab sofort den Paketkasten im Angebot

Bonn. Nach einer Testphase bietet die Deutsche Post DHL ab sofort Paketkästen für den Vorgarten an. Damit könnten Kunden ihre online bestellten Produkte so selbstverständlich zu Hause empfangen wie ihre täglichen Briefe, sagte Konzernvorstand Jürgen Gerdes gestern in Bonn. Das Angebot richtet sich vor allem an die Besitzer von Ein- oder Zweifamilienhäusern. Je nach Wunsch können sie die Box kaufen oder mieten. Besonders bequem: Auch Retouren oder andere vorfrankierte Pakete und Päckchen lassen sich über den Paketkasten versenden. (dpa)

Meerestiere in Nord- und Ostsee stark gefährdet

Bonn. Fast ein Drittel der in deutschen Nord- und Ostseegebieten lebenden Meerestiere sind gefährdet. Sie stehen auf einer neuen Roten Liste, die gestern vom Bundesamt für Naturschutz in Bonn veröffentlicht wurde. Tatsächlich könnte die Zahl aber noch höher liegen. Insgesamt hatten Experten etwa 1700 Arten von Fischen, bodenlebenden Wirbellosen und Großalgen untersucht. (dpa)

Generation Kopf unten

Eltern schlagen Alarm, machen sich Sorgen um die Generation Kopf unten – Kinder und Jugendliche, die ihren Blick stets auf den Touchscreen ihres Smartphones gerichtet haben. Sie vermuten, die Geräte verhinderten „echte" Kommunikation, machten krank und einsam. Andere halten das für viel zu drastisch ausgedrückt, führen viele Gegenargumente ins Feld. Schließlich hätten Leute schon immer gegen neue Entwicklungen gewettert, seien es Schrift, Buchdruck oder Fernseher. ▶ **DIE SEITE DREI**

141 Länder foltern nach wie vor

Der aktuelle Bericht der Menschenrechtsorganisation **Amnesty International** ist bedrückend. Die Schergen der Macht lassen sich für ihre Methoden auch noch besonders harmlose Namen einfallen.

VON CHRISTOPH SATOR

Berlin. Die „Taube" klingt freundlich nach Frieden und Freiheit. Doch der Name täuscht. Die „Taube" ist eine besonders schlimme Foltermethode aus den Gefängnissen von Nordkorea: Die Hände werden dem Opfer mit Handschellen auf den Rücken gebunden, Handflächen nach außen. Dann wird das Opfer so an die Wand gekettet, dass es weder sitzen noch stehen kann, sondern knien muss. Die Schmerzen sind schnell kaum noch auszuhalten.

Eines der vielen Beispiele, wie auch im Jahr 2014 auf der Welt immer noch von Staats wegen misshandelt wird. Dem jüngsten Folterbericht von Amnesty International zufolge wird in mehr als der Hälfte der Nationen immer noch gefoltert – aktuell gibt es aus 141 Ländern „glaubwürdige Informationen". Und, als ob die Sache an sich nicht schon schlimm genug wäre, lassen sich überall die Schergen der Macht für ihre Praktiken auch noch besonders harmlose Namen einfallen.

Wie die „Fledermaus", die man aus China kennt: Das Opfer wird, wie einer der kleinen Säuger, kopfüber in die Höhe gehängt. Lange hält das niemand aus. Beim „Käfig" wiederum ist die Zelle so eng, dass der Blutstrom in Arme und Beine abgequetscht wird und die Haut sich braun verfärbt. Fließt das Blut zurück, verursacht das höllische Schmerzen.

Bei der Polizei auf den Philippinen war sogar eine Art „Glücksrad" in Betrieb, auf das verschiedene Folterpraktiken geschrieben waren. Mit einem Dreh entschieden dann die Folterknechte darüber, auf welche Art und Weise sie ihre Opfer quälten.

Aus all diesen Anlässen startet Amnesty heute eine neue Kampagne zur Ächtung der Folter weltweit: „Stop Torture!" („Stoppt Folter!") Drei Jahrzehnte nach Verabschiedung der Anti-Folter-Konvention durch die Vereinten Nationen ist die Lage nicht so, dass man zufrieden sein kann. Zwar haben – wie Deutschland seit langem – inzwischen 155 Länder die Vereinbarung ratifiziert. Aber Amnesty zufolge wird auch in „mindestens 79" dieser Staaten noch gefoltert.

> „Ein Schutz vor Folter besteht in vielen Ländern nur auf dem Papier."
> SELMIN ÇALIŞKAN, GENERALSEKRETÄRIN DER DEUTSCHEN AMNESTY-SEKTION

Die Generalsekretärin der deutschen Amnesty-Sektion, Selmin Çalişkan, meint: „Ein Schutz vor Folter besteht in vielen Ländern nur auf dem Papier. Viele Länder verwenden mehr Energie darauf, Folter zu vertuschen statt sie zu bekämpfen." In Staaten wie Nordkorea, Syrien, Mexiko oder Nigeria gehörten Misshandlungen von Häftlingen oder auch nur Verdächtigen zum System.

Zunehmend Sorge bereitet den Menschenrechtlern, dass immer mehr Regierungen versuchen, Folter mit der nationalen Sicherheit zu rechtfertigen – und in der Bevölkerung dafür auch unterstützt werden. Aus einer Umfrage, die Amnesty in 21 Ländern in Auftrag gab, geht hervor, dass zum Beispiel in China drei Viertel der Leute Folter notfalls für gerechtfertigt halten, um an „Informationen zum Schutz der Öffentlichkeit" zu kommen.

Aber auch in einigen großen Demokratien wird diese Meinung von vielen geteilt. In den USA etwa fanden 45 Prozent der Befragten, dass Folter unter gewissen Umständen in Ordnung sei. In Deutschland waren es immerhin noch 19 Prozent. In der Bundesrepublik, so viel zum Schluss, wurde in den vergangenen Jahren übrigens kein einziger Fall von Folter bekannt. (dpa)

HEUTE IM LOKALTEIL

▶ **Steuerversprechen nicht lange gehalten**

„Auf eine Erhöhung der Gewerbesteuer und der Grundsteuer wird verzichtet", hieß es in der schwarz-grünen Koalitionsvereinbarung 2009. Doch fünf Jahre später steht fest: Dieses Versprechen hielt nicht lange. Ohnehin sind von 22 Zielen nur 13 auf den Weg gebracht worden.

▶ **Preuswald: SPD will Annington verklagen**

▶ **Stadt erzeugt nun selbst Solarstrom**

KURZ NOTIERT

Aachener Indurad GmbH erhält **Innovationspreis**

Aachen. Die Aachener Indurad GmbH ist gestern Abend mit dem AC²-Innovationspreis ausgezeichnet worden. Erstmals wurde ein Jury-Sonderpreis verliehen. Dieser wurde der Aachener FEV GmbH zugesprochen. Erste Preise in den Kategorien Gründung und Wachstum gingen an die Aachener Klang-Technologies GmbH und die Modell Aachen GmbH. (-bst-) ▶ Wirtschaft

DER, DIE, DAS

WHO: Deutsche trinken **500 Bierflaschen** im Jahr

Jeder Deutsche über 15 Jahren trinkt im Schnitt 11,8 Liter reinen Alkohol im Jahr – das entspricht gut 500 Flaschen Bier. Der Verbrauch ist einem neuen Bericht der Weltgesundheitsorganisation (WHO) zufolge seit 2008 konstant geblieben, der gestern in Genf vorgestellt wurde. Zwischen 2003 und 2005 lag der Pro-Kopf-Verbrauch in Deutschland allerdings noch einen Liter höher. Männer trinken mehr als doppelt so viel wie Frauen. Während ein Mann in Deutschland im Schnitt jährlich 16,8 Liter Alkohol konsumiert, sind es bei den Frauen sieben Liter. Bier macht mehr als die Hälfte des bundesweit konsumierten Alkohols aus (53,6 Prozent), gefolgt von Wein (27,8 Prozent) und harten Getränken (18,6 Prozent).

Düsseldorfs Fettnäpfchen-OB verärgert CDU-Kollegen

„Da möchte man nicht tot über dem Zaun hängen", **lästerte Dirk Elbers über das Ruhrgebiet**. Auch sonst macht er sich unbeliebt.

VON JOHANNES NITSCHMANN

Düsseldorf. Mit einer Serie von Pleiten, Pech und Pannen sorgt der Düsseldorfer CDU-Oberbürgermeister Dirk Elbers derzeit im nordrhein-westfälischen Kommunalwahlkampf für Aufsehen. Im Ruhrgebiet haben die Sozialdemokraten die politischen Tollpatschigkeiten des 54-jährigen Christdemokraten bereits in ihre Wahlkampagne eingebaut. Die CDU-Führung ist sichtlich besorgt, womöglich ihren letzten OB in einer westdeutschen Landeshauptstadt zu verlieren.

Elbers geht im Wahlkampf an Krücken. Bei einem Tennis-Showkampf für ein Foto-Shooting auf dem Rathaus-Vorplatz hatte der hünenhafte Christdemokrat Mitte April einen Oberschenkelhalsbruch erlitten, als er im Anzug und mit Straßenschuhen auf den glitschigen Pflastersteinen ausrutschte. Seit seiner Rückkehr aus dem Krankenhaus hat Elbers keinen politischen Lauf mehr. Ein Fauxpas reiht sich nahtlos an den anderen.

Zuerst ließ der CDU-Rathauschef an den Stadtgrenzen Plakate mit dem Slogan aufstellen: „Sie verlassen den schuldenfreien Sektor." Das provokante Plakat, das an die Grenzschilder des Todesstreifens zu DDR-Zeiten erinnert, brachte selbst Parteifreunde in den Nachbarkommunen auf die Palme. Dann maßregelte Elbers vor laufender TV-Kamera seinen Pressesprecher und ließ wie seinerzeit Bundesfinanzminister Wolfgang Schäuble (CDU) den Chef raushängen: „Wenn Sie ihren Dienst tun wollen, auch weiterhin, dann kümmern Sie sich um die Journalisten."

Begeht reihenweise fatale Fehler: Der Düsseldorfer OB Dirk Elbers (CDU). Foto: dpa

Hannelore Krafts Wahlhelfer

Die fatalen Fehler machen aber weniger seine PR-Leute, sondern Elbers selbst. Auf dem Parteitag der Düsseldorfer CDU lästerte der Oberbürgermeister der Luxusmetropole über das unsägliche Elend im Ruhrgebiet. „Da möchte man nicht tot über dem Zaun hängen."

Der Konter kam von der Gelsenkirchener SPD, die in den blau-weißen Vereinsfarben des Champions-League-Dauerteilnehmers Schalke 04 Postkarten drucken ließ: „Liebe Düsseldorfer, willkommen im internationalen Fußball-Sektor!"

Längst hat auch die SPD-Landeschefin und Ministerpräsidentin Hannelore Kraft den Düsseldorfer CDU-Rathauschef zu ihrem Wahlhelfer gemacht. „Der Elbers hat keine Ahnung wie schön es hier ist", trötete Kraft bei ihrem jüngsten Wahlkampf-Auftritt über den beliebten Wochenmarkt in Gelsenkirchen-Buer. Im Internet ergießt sich Spott und Häme über den Fettnäpfchen-OB. Im Revier haben Kreative fix eine Image-Kampagne aus dem Boden gestampft: „Bochum ist schön. Hier hängt man gern überm Zaun." Die Plakate zeigen tollende Kinder am Gartenzaun im grünen Ruhrgebiet.

Bei seiner ersten Wahl zum Oberbürgermeister 2008 hatte Elbers schon im ersten Wahlgang 59,7 Prozent der Stimmen erhalten – und dabei erkennbar von dem Amtsbonus des zuvor verstorbenen CDU-OB Jochen Erwin profitiert. Nun ist der Christdemokrat trotz seines Riesenvorsprungs auf der abschüssigen Bahn – der SPD-Herausforderer Thomas Geisel wittert Morgenluft. Und die CDU wird zunehmend nervös. Manche erinnern schon daran, wie Jürgen Rüttgers 2010 seinen sicher geglaubten Sieg bei der NRW-Landtagswahl leichtfertig verspielte. Maßgebliche Strategen der CDU-Landespartei wollen sich nicht mal mehr in Hintergrundgesprächen über Elbers äußern. Einer von ihnen bemüht stattdessen den Fußball-Philosophen Jürgen Wegmann, den sie in der Branche „Kobra" nannten: „Erst hatten wir kein Glück und dann kam auch noch Pech dazu."

KONTAKT

Zeitungsverlag Aachen GmbH
Postfach 500 110, 52085 Aachen
Aboservice:
Telefon: 02 41 / 51 01 - 701
Fax: 02 41 / 51 01 - 790
Anzeigenberatung:
Telefon: 02 41 / 51 01 - 700
Fax: 02 41 / 51 01 - 790
Redaktion:
Telefon: 02 41 / 51 01 - 310
(montags bis freitags, 10 bis 18 Uhr)
Fax: 02 41 / 51 01 - 360
Verlag (Zentrale):
Telefon: 02 41 / 51 01 - 0
E-Mail: servicecenter@zeitungsverlag-aachen.de
AN im Internet:
an-online.de

2 Seht euch das Layout[1] der Titelseite genau an. Achtet dabei besonders auf Schriften und Abbildungen. Besprecht, was euch auffällt.

1 Gestaltung

3 Überlegt, warum die Titelseiten besonders gestaltet werden.

Merke

Als **Layout** bezeichnet man die Anordnung und Gestaltung von Texten und Bildern auf einer Seite. Um zum Kaufen bzw. zum Lesen anzuregen, wird auf ein besonders ansprechendes Layout geachtet.

4 Übernehmt die folgenden Fachbegriffe in euer Heft.
- Schreibt die passende Erklärung dazu.
- Ordnet die Fachbegriffe anschließend den Nummerierungen an der Titelseite der Aachener Nachrichten zu, z. B.: Zeitungskopf → Hier befindet sich der Name der Zeitung. → (1), …

Agenturkürzel | Aufmacher | Autorenzeile | Bildaufmacher | Zeitungskopf | Bildunterschriften | Kontaktinformationen | Schlagzeile | Spalten | Unterzeile

Hier befindet sich der Name der Zeitung.

Der Hauptartikel der Titelseite wird so bezeichnet.

So wird das wichtigste Bild der Titelseite genannt.

Zeitungstexte werden in einer bestimmten Anordnung gestaltet.

Hier sind Telefonnummern für Abo- und Anzeigenservice, Redaktion und Verlag angegeben.

Die Abkürzungen in den Klammern geben an, woher die Informationen des Artikels stammen.

Viele Bilder werden mit einem Text erklärt.

Es ist die Bezeichnung für Überschriften, die über längeren Texten stehen.

Diese Texte fassen längere Texte kurz zusammen. Sie stehen direkt unter der Überschrift.

Bei manchen Artikeln wird der Name des Verfassers genannt.

5 Schreibt den Text in euer Heft. Setzt die passenden Fachbegriffe ein.

Orientiert euch an den Begriffen aus Aufgabe 4.

Der ______ beinhaltet nicht nur den Namen der Zeitung, sondern auch Datum und Preis. Wichtige Artikel werden durch eine ______ hervorgehoben. Der ______ beginnt immer in der oberen Hälfte der Titelseite. Unter den Bildern stehen meist ______. In der ______ wird der Verfasser des Artikels genannt. Einen Hinweis auf die Quelle der Informationen liefert das ______.

6 Nennt die Nachrichtenagentur auf der Titelseite der Aachener Nachrichten. Informiert euch über Nachrichtenagenturen und ihre Aufgaben.

Surftipp
52w89d

Merke

Nicht alle Zeitungen recherchieren die Informationen für ihre Artikel selbst. Informationen werden auch bei **Nachrichtenagenturen** eingekauft und mit einem **Agenturkürzel** gekennzeichnet.
Bei Artikeln, die von einzelnen Redakteuren verfasst wurden, wird der Name in der **Autorenzeile** genannt. Für die weiteren Artikel sind meist **Redaktionsteams** verantwortlich.

○ Aufgabe 1, 2, 5 ◒ Aufgabe 3, 4 ● Aufgabe 6

Ordnung im Themenchaos

Ressorts von Zeitungen untersuchen

→ T3 Umgang mit Sachtexten Seite 223/224

Manche Überschriften lassen sich auch in verschiedene Ressorts einordnen.

1 Übertragt die Tabelle in euer Heft. Ordnet die folgenden Überschriften den fünf Ressorts zu.

Politik	Lokales	Wirtschaft	Sport	Kultur
Mautpläne in der Kritik	...	...	...	...
...	...	...	...	...

Rege Diskussion mit Oberbürgermeister

Mautpläne in der Kritik

Klanglich robust

Umdenken in der Flüchtlingspolitik gefordert

Das Schwarzgeld kommt zurück

Wie viel Tier verträgt der Planet?

Dynamo: Wieder Randale

Vollbremsung mit dem Bus: 17 Verletzte

Zahl der Unternehmen auf Tiefstand

EU definiert Honig-Zutaten neu

Spionage in Berlin

Tutanchamun-Maske war doch beschädigt

Familie ermöglicht Flucht aus Syrien

Überfall auf Sparkasse

Spritdiebe gefasst

Der Höhenflug des Branchenführers

Ein Ende der Exzesse bei den Dax-Bossen

Kunst wird globaler

Zum 30. Mal steigt der Hallencup

Leipziger Buchmesse eröffnet

Ohrfeige für Torwart

Ein Signal für den europäischen Film

Zwei deutsche Siege in der Königsklasse

Cinderella

2 Sammelt verschiedene regionale und überregionale Tageszeitungen. Ergänzt in eurer Tabelle aus Aufgabe 1 passende Überschriften.

3 EXTRA Führt mit einer Partnerin oder einem Partner einen Ratewettbewerb durch.
- Einer nennt Überschriften aus unterschiedlichen Ressorts.
- Der andere bestimmt, aus welchem Ressort die Überschrift stammen könnte.

Merke

In **Tageszeitungen** werden die Leserinnen und Leser über wichtige Themen informiert. Dabei sollen die Informationen zeitnah erfolgen und ausführlich genug behandelt werden. Um dies zu gewährleisten, sind Zeitungen in verschiedene **Ressorts** eingeteilt.
In jeder Tageszeitung sind die Ressorts **Politik**, **Lokales**, **Wirtschaft**, **Sport** und **Kultur** zu finden. Es gibt aber auch weitere Ressorts, die ebenfalls täglich oder aber auch nur einmal in der Woche vorkommen, z.B. **Bildung** oder **Kinder**.
Bei einigen Zeitungen wird bei den Artikeln der Titelseite auf die Ressorts im Innenteil verwiesen.

4 Sammelt eine Woche lang die Ausgaben einer Tageszeitung. Einigt euch in der Klasse auf unterschiedliche regionale und überregionale Zeitungen.
- Untersucht anschließend den Aufbau der Tageszeitung. Zählt die Anzahl der Seiten der jeweiligen Ressorts und tragt das Ergebnis in die Tabelle für den Wochenüberblick ein.
- Ergänzt auch weitere Ressorts.

Wochenüberblick der Tageszeitung: …

Ressorts	Montag	Dienstag	Mittwoch	Donnerstag	Freitag
Politik	…	…	…	…	…
Wirtschaft	…	…	…	…	…
Lokales	…	…	…	…	…
…	…	…	…	…	…

5 Vergleicht eure Tabellen zu den verschiedenen Tageszeitungen.
- Benennt Übereinstimmungen und Unterschiede. Achtet auch auf die Bereiche, die nicht täglich erscheinen.
- Untersucht die Unterschiede zwischen regionalen und überregionalen Zeitungen.
- Fasst eure Ergebnisse auf einem Plakat zusammen.

→ **T5** Ein Infoplakat erstellen Seite 256

6 Präsentiert eure Ergebnisse mithilfe der Plakate in der Klasse.

7 Recherchiert, welche Ressorts die Samstagsausgaben eurer Tageszeitungen zusätzlich anbieten. Überlegt, welche Lesergruppen sie damit ansprechen wollen.

8 EXTRA Für welches Ressort würdet ihr gerne einen Artikel schreiben? Begründet eure Entscheidung.

9 EXTRA Untersucht den Online-Auftritt eurer Tageszeitung. Wie unterscheiden sich die Ressorts im Vergleich zur gedruckten Ausgabe?

○ Aufgabe 2 ◒ Aufgabe 1, 3 EXTRA, 4, 5, 6 ● Aufgabe 7, 8 EXTRA, 9 EXTRA

T2 Schreiben
Seite 188–190

T3 Umgang mit Sachtexten
Seite 224/225

Damit wir Bescheid wissen

Entstehung und Aufbau von Zeitungstexten erfassen

1 Beschreibt mithilfe der Bilder die Arbeitsschritte von einem Ereignis bis zum Kauf einer Zeitung.

2 Lest die drei Texte. Vergleicht sie mithilfe der folgenden W-Fragen.
- **Was** ist passiert?
- **Wer** ist beteiligt?
- **Wo, wann** und **wie** hat es sich ereignet?
- **Warum** ist es passiert?
- **Woher** stammen die Informationen?

40 Katzen befreit

Herzogenrath ▪ Mitarbeiter des Veterinäramtes haben fast 40 unterernährte Katzen aus einer Wohnung in Herzogenrath gerettet. Die Besitzerin wurde in einer Obdachlosenunterkunft untergebracht.

40 Katzen aus Wohnung gerettet

Herzogenrath ▪ Mitarbeiter des Veterinäramtes haben fast 40 Katzen aus einer völlig verwahrlosten Wohnung in Herzogenrath gerettet. Die meisten Tiere waren unterernährt, einige hatten sich gegenseitig Verletzungen zugefügt, wie ein Sprecher der Städteregion Aachen gestern mitteilte. Die Wohnung war total verdreckt und durch Tierkot verunreinigt. Behördenmitarbeiter und Tierschützer fingen die Katzen ein und brachten sie in Sicherheit. Die Wohnung ist unbewohnbar, die Besitzerin wurde in einer Obdachlosenunterkunft untergebracht.

Fast 40 Katzen aus einer viel zu kleinen Wohnung befreit

Mitarbeitern des Veterinäramtes bot sich ein Bild des Jammers. Wohnung wurde zwangsgeräumt.

VON JUTTA GEESE

Herzogenrath ▪ Es war ein Bild des Jammers, das sich den Mitarbeitern des städteregionalen Veterinäramtes jetzt in Herzogenrath bot: In einer kleinen Wohnung fanden sie fast 40 Katzen vor, fast alle waren in einem desolaten[1] Allgemeinzustand und unterernährt. Einige der Tiere hatten Wunden, die sich auf Kämpfe zwischen den etwa 20 unkastrierten Katern zurückführen ließen. Mehrere Katzen waren tragend.

Die verwahrloste Wohnung war offensichtlich seit Wochen nicht mehr gereinigt worden. Fußböden und Mobiliar waren durch Tierexkremente großflächig verunreinigt. Die beißend stechende Luft führte bei den Mitarbeitern des Amtes zu Brechreiz und Reizungen der Atemwege – und die mussten sich mehrere Stunden dort aufhalten, bis alle Tiere eingefangen waren. Denn die Tierhalterin ließ nichts unversucht, die Tiere vor ihnen zu verstecken. Obwohl sie nicht in der Lage war, die Tiere ausreichend zu versorgen, zeigte sie sich uneinsichtig. Die Wohnung wurde für unbewohnbar erklärt und zwangsgeräumt.

Die Besitzerin wurde in einer Obdachlosenunterkunft untergebracht. Ob ihr eine Anzeige droht oder ein Ordnungswidrigkeitsverfahren, ist noch offen. […]

1 schlimm, furchtbar

3 Ordnet den drei Zeitungstexten die jeweilige Textsorte zu. Orientiert euch an den Informationen im Merke-Kasten.

Merke

Die **Kurzmeldung** nennt in nur wenigen Sätzen die wichtigsten Informationen zu einem Ereignis. Als Quelle werden häufig Nachrichtenagenturen genutzt.

Die **Nachricht** beantwortet alle W-Fragen und informiert allgemein über das Wichtigste eines Ereignisses.

Der **Bericht** ist die ausführlichste Form. Er beinhaltet genauere Informationen zu den Hintergründen eines Ereignisses, sowie Zitate oder Meinungen von Augenzeugen oder Experten. Die Schlagzeile lenkt die Aufmerksamkeit des Lesers auf sich. Die Unterzeile gibt einen Überblick über das Geschehene.

Die Texte werden alle im Präteritum verfasst.

4 Sucht in euren Tageszeitungen Berichte heraus. Kürzt sie zu Nachrichten.

○ Aufgabe 2 ◒ Aufgabe 1, 3 ● Aufgabe 4

Gute Fragen – gutes Interview

Interviews untersuchen und verfassen

→ **T2** Schreiben
Seite 192–194

→ **T3** Umgang mit Sachtexten
Seite 225/226

1 Seht euch das Layout des Interviews „Andy, der blinde Bergsteiger“ an. Wie wird die Dialogform hervorgehoben?

2 Lest den Anfang des Interviews. Was erfahrt ihr über Andy Holzer? Schreibt die Informationen in Stichworten auf.

Andy, der blinde Bergsteiger

VON VALENTIN FRIMMER

Ich stelle mir vor, dass Klettern für einen Blinden viel schwieriger ist als für jemanden, der sehen kann. Stimmt das?

Andy Holzer: Überhaupt nicht. Beim Klettern habe ich den Vorteil, dass ich mich auf allen Vieren bewege. Das ist für einen Blinden einfacher. Mit den Händen ertaste ich, wo ich meinen Fuß hinsetzen muss. So arbeite ich mich eine steile Wand hinauf. Meine Blindheit spielt dann keine Rolle mehr. Meine Freunde müssen mir dabei nicht helfen, und ich fühle mich einfach frei. Das ist ein geniales Gefühl.

Wann haben Sie mit dem Klettern angefangen?

Andy Holzer: Mit neun Jahren bin ich zum ersten Mal mit meinen Eltern auf einen Berg gekraxelt. An den steilen Stellen war ich auf allen Vieren unterwegs. Und plötzlich schneller als sie! Da habe ich gemerkt, dass Klettern für mich relativ simpel ist. Richtig angefangen habe ich aber erst als Erwachsener. Es war gar nicht so leicht, einen Kletterer zu finden, der einem Blinden das beibringt. Viele dachten, Blinde gehören nicht in eine steile Felswand.

Woher wissen Sie denn, wohin Sie müssen?

Andy Holzer: Ich helfe mir mit ein paar kleinen Tricks. Wenn ich zum Beispiel an einer Kante stehe, werfe ich mit kleinen Sandkörnern. Ich höre dann ziemlich genau, wo die Körner aufprallen. In meinem Kopf ergibt sich daraus ein Bild des Felsens. Außerdem rufe ich manchmal in den Berg. Am Echo meines Rufes kann ich hören, ob neben mir ein freier Raum oder eine Felswand ist. [...]

3 Lest die beiden Antworten von Andy Holzer. Formuliert passende Interviewfragen.

Andy Holzer: Vor einigen Jahren haben wir zu dritt im Himalaya-Gebirge gezeltet. Am nächsten Morgen wollten wir auf einen hohen Gipfel steigen, mehr als 8000 Meter hoch. In dieser Nacht kam aber ein heftiger Sturm auf. Unser Zelt hat es fast vom Berg gefegt. [...] Wegen des Sturms haben wir es leider nicht bis zum Gipfel geschafft.

Andy Holzer: Meistens habe ich um die anderen mehr Angst als um mich selbst. Zum Beispiel wenn ich von oben Geräusche von Steinen höre. Ich habe dann Angst um meinen Kletterpartner, der über mir in der Wand hängt. Ich denke: Hoffentlich erwischt es ihn jetzt nicht. [...] Bei zu großem Risiko drehen wir um. Wir müssen uns nichts beweisen.

4 Notiert zu den folgenden Sätzen über Andy Holzer passende Fragen.
- Verwendet dazu die beiden Frageformen aus dem Merke-Kasten.
- Überlegt euch mögliche Antworten aus der Sicht von Andy Holzer.

Bei den Expeditionen kümmert sich Andy Holzer um die Logistik und die Finanzen.

Er findet Abhängigkeiten nicht schlimm, möchte sich aber aussuchen können, von wem er abhängig ist.

Sein Bekanntheitsgrad ermöglicht es ihm, genügend Sponsoren zu finden.

Merke

Ein **Interview** ist ein Dialog. Dabei stehen die Rollen des Fragenden und des Befragten fest. Als Text wird das Interview mit Fragen und Antworten abgedruckt, die im unterschiedlichen Layout deutlich werden. Man unterscheidet zwei Frageformen:
- Die **offene Frage** fordert zum Erzählen auf:
  Welche Erinnerungen haben Sie an Ihre erste Bergbesteigung?
- Die **geschlossene Frage** erwartet konkrete Antworten:
  In welchem Jahr bestiegen Sie den Mount Everest?

5 Entwickelt aus dem folgenden Informationstext zu Andy Holzer ein Interview.
- Verwendet offene und geschlossene Fragen. Ordnet die Fragen in einer sinnvollen Reihenfolge.
- Stellt euch anschließend eure Ergebnisse vor.

Andy Holzer ist seit seiner Geburt blind. Trotzdem hat er gelernt, selbst sehr hohe Berge zu erklettern. Dabei ertasten seine Hände, wo er seine Füße hinsetzen muss. Wenn es flach wird, fehlt ihm das Zusammenspiel zwischen Händen und Füßen. Dann braucht er etwas Orientierung. So wurde er zum Beispiel auf den letzten Metern zum Gipfel des Mount Vinson, dem mit 4897 Metern höchsten Berg der Antarktis, von seinen Kollegen am Arm geführt.
Als Kind besuchte er keine Blindenschule, weil er sonst von seinem Heimatort Amlach in Osttirol ins ferne Wien hätte umziehen müssen. Andy ging mit den anderen Kindern des Dorfes zur Volksschule und fuhr wie sie Rad und Ski. Im Sommer surfte er und kletterte mit seinen Eltern und Geschwistern in den Bergen. So trainierte er früh seinen Körper und schulte seine Wahrnehmung.
Er sehnt sich nicht danach, sehen zu können. Blindheit ist für ihn nur der Ausfall einer Sinneswahrnehmung. Seine anderen Sinne arbeiten umso besser. Wie gut zum Beispiel sein Gehör funktioniert, erkennt man am folgenden Vorfall. Als eine Journalistin bei einem Interview versehentlich ein Paket Kaffee umstieß, sagte er spontan, dass 24 Bohnen auf den Boden gefallen seien. Und das stimmte genau.

6 EXTRA Erstellt mithilfe eines Textverarbeitungsprogramms verschiedene Layouts von euren Interviews.

→ **Kapitel 4** Seite 91

T2 Schreiben
Seite 194–196

T3 Umgang mit
Sachtexten
Seite 225/226

Da muss schon etwas rüberkommen

Schilderungen in Reportagen kennenlernen

1 Lest den Zeitungsartikel. Tauscht eure ersten Eindrücke dazu aus.

Am heiligen Berg: Expedition auf den Mount Kenya

VON FLORIAN SANKTJOHANSER

Naromoru ▪ Um 2.20 Uhr ruft einer der Träger durch die Zeltwand: „Aufstehen. Wir steigen auf den Gipfel."

Es sind minus 15 Grad, der heiße Schädel pulsiert, der Schmerz krallt sich in den Hinterkopf. „Jambo", hat der Fahrer vor dem Hotel in Nairobi gerufen, „willkommen in Kenia." Vier Stunden ist er nach Nordosten gefahren, bis am Horizont der große Berg erschien. 5199 Meter hoch, überbreite, dunkelgrüne Schultern.

Die Nacht im Old Moses Camp auf 3300 Meter Höhe ist kalt. Über uns spannt sich ein unfassbarer Sternenhimmel, bis zum Horizont hinab glitzert es tausendfach. Steil geht es am nächsten Morgen bergauf, bis wir einen Grat erreichen. Sanft steigt der Weg nun an, es wäre ein Spaziergang, würde nicht die Luft immer dünner werden.

Schön langsam laufen wir die letzten 500 Höhenmeter zum Shipton's Camp hinauf. Dann die schlaflose Nacht, der Weckruf und eine fürchterlich schwere Entscheidung. Sollen wir aufgeben, wie es alle Bergbücher raten?

Es ist ein kurzer Kampf, Vernunft gegen Ehrgeiz und Stolz. Die Vernunft siegt. Wir steigen ab. Der Schmerz lässt nach.

Kapitel 4
Seite 81

2 Nennt Textstellen, die nicht in einem Nachrichtentext vorkommen.

Merke

Eine **Schilderung** ist eine lebhafte Beschreibung eines besonderen Ereignisses meist aus der Ich-Perspektive. Darin werden **Sinneswahrnehmungen**, z. B. Farben oder Geräusche, **Stimmungen** und **Gedanken** beschrieben.
Die **Reportage** nutzt die Schilderung, um die persönlichen Eindrücke des Reporters wiederzugeben und den Leser so am Erlebten teilhaben zu lassen.
Als Zeitform wird häufig das Präsens verwendet.

3 Lest den folgenden Text. Notiert Textstellen, die zeigen, dass es sich um eine Reportage handelt. Ergänzt dazu die Checkliste in eurem Heft.

Checkliste: Reportage	☺	☹	Textstelle
Die Reportage beginnt mit einem interessanten Ereignis oder der Begegnung mit einem Menschen.	…	…	…
Es werden Schauplatz, Person(en) und Ereignis genannt.	…	…	…
Häufig wird am Ende der Reportage noch einmal auf den Anfang eingegangen.	…	…	…
…	…	…	…

Im Reich der schmatzenden Raufbolde …

VON LEA SIBBEL

Äste knacken, Laub raschelt, Vögel kreischen. Wenn die Waldmenschen kommen, kann von Heranschleichen keine Rede sein. Das haben die Orang-Utans gar nicht nötig. Sie haben keine natürlichen Feinde – bis auf den Orang, den Menschen. Im Tanjung Puting Nationalpark im Süden Kalimantans, dem indonesischen Teil Borneos, begegnen sich beide.

Joe Bowo liebt den Wald und die Affen. Deshalb ist er hergekommen, aus dem dicht besiedelten Java ins dünn besiedelte Klimantan. Denn nur hier auf Borneo und auf der indonesischen Insel Sumatra leben Orang-Utans in freier Natur. Am Anfang arbeitete der 47-Jährige als Ranger im Nationalpark, dann wurde er Tourguide.

„Princes and Princesses, feeding time", Joes Ruf schallt morgens, mittags und abends über das Klotok, ein traditionelles Boot, das über die Flusswege durch den Tanjung Puting schippert. Stundenlang knattert der Motor. Links und rechts zieht der Urwald vorbei: ausladende Palmen, quietschbunte Vögel und immer wieder – Affen.

4 Überarbeitet den folgenden Teil der Reportage. Ergänzt Textstellen, in denen ihr die Sinneseindrücke, Stimmungen und Gedanken schildert, z. B.: *riechen, …*

Das Klotok hält in Tanjung Harapan. Das ist ein Camp des Nationalparks. Es geht an den Holzhäusern am Ufer vorbei. Wir gehen auf einen Pfad in den Urwald. Es geht nicht weiter. Gondol steht im Weg. Gondol ist ein Orang-Utan-Männchen. Er ist 22 Jahre alt. „Seine Eltern wurden von den Menschen getötet", sagt Joe. Wir gehen über einen Trampelpfad tiefer in den Dschungel hinein.

5 Verfasst eine eigene Reportage. Wählt dazu ein besonderes Erlebnis aus. Wichtig ist, dass ihr auch wirklich daran teilgenommen habt.

Orientiert euch an eurer Checkliste aus Aufgabe 3.

6 Überarbeitet eure Reportagen mithilfe der Arbeitstechnik „Textlupe".

Arbeitstechnik

Textlupe

Es werden Gruppen von vier bis fünf Personen gebildet. Jeder erstellt zu seinem Text einen **Kommentarbogen** mit den drei Spalten:

Das gefiel mir.	*Das ist mir aufgefallen.*	*Meine Änderungsvorschläge*
…	…	…

Zusammen wird eine Zeit vereinbart, in der man die Texte kommentieren kann. Anschließend werden die Texte zusammen mit den Kommentarbögen in der Gruppe reihum gegeben.
Am Ende erhält der Verfasser seinen Text zurück und überarbeitet diesen mithilfe des Kommentarbogens.

T2 Schreiben
Seite 190–192

T3 Umgang mit
Sachtexten
Seite 225/226

Was ich dazu sagen möchte ...

Kommentare verstehen und Leserbriefe schreiben

1 Lest den Kommentar. Tauscht eure ersten Eindrücke dazu aus.

KOMMENTAR

Warnschussarrest: Schnelle Strafe ist die beste Abschreckung

VON HORST KUHNES

Das Jugendstrafrecht unterscheidet sich in einem ganz wesentlichen Punkt vom Strafrecht, das für Erwachsene gilt: Bei Jugendlichen steht der Erziehungsgedanke im Vordergrund. Das Lernen gesellschaftlicher Normen und der Ausgleich von Sozialisationsdefiziten haben eine große Bedeutung.

In NRW gibt es deshalb als ersten „Warnschuss“ die „Gelbe Karte“: Auffällige Jugendliche, die mit der Justiz in Konflikt kamen, werden an einen Tisch mit Staatsanwälten und Polizisten gesetzt. Diese machen dann unmissverständlich klar, wo der Weg enden kann: Gefängnis und Perspektivlosigkeit.

Das Problem ist allerdings: Für brutale Intensivtäter taugt dieses Instrument nicht sonderlich. Für sie muss eine Strafe spürbar sein. Besonders Jugendliche, bei denen sich erkennbar eine kriminelle Karriere abzeichnet, benötigen oftmals einen konkreten Schuss vor den Bug.

Denn Strafen, die zur Bewährung ausgesetzt werden, beeindrucken sie nicht: Sie werten solche Urteile letztlich als Freispruch zweiter Klasse. Ein bis zu vierwöchiger Arrest hinter Gittern, der neben einer Bewährungsstrafe verhängt werden kann, könnte durchaus ein solcher Schuss vor den Bug sein.

Es gibt aber auch ernst zu nehmende Einwände, die gegen einen solchen Arrest sprechen. Einer der wichtigsten: Als schnelle Krisenintervention[1] ist der Warnschussarrest nicht sonderlich geeignet. Denn bis es tatsächlich dazu käme, vergeht viel Zeit – weil zunächst die Rechtskraft des entsprechenden Urteils abgewartet werden muss und die Ladung zum Arrest-Antritt daher erst Wochen später erfolgen könnte. Dadurch aber ist für die Täter der unmittelbare Zusammenhang zwischen Tat, Verurteilung und Strafe nicht mehr ohne weiteres nachvollziehbar.

Dabei gibt es Möglichkeiten, jugendliche Gewalttäter abzuschrecken. Doch die kosten Geld: Mehr Staatsanwälte und Richter bedeuten schnellere Verfahren und raschere Verurteilungen der Täter – durchaus auch mit Warnschussarrest. Wenn Jugendliche sehen, dass einer Tat sofort die Bestrafung folgt, ist dies der beste Warnschuss.

1 Eingreifen, um mögliche Straftaten zu verhindern

2 Schreibt aus dem Kommentar die Pro- und Kontra-Argumente zum Warnschussarrest heraus. Notiert auch die Schlussfolgerung des Autors. Vergleicht anschließend eure Ergebnisse.

Merke

In einem **Kommentar** äußern sich Journalisten zu einem **aktuellen Thema** und **bewerten die Ereignisse**. Dabei können sie auch ihre eigene Meinung verdeutlichen. In der Einleitung wird der **Anlass** des Kommentars genannt, im Hauptteil wird auf die **Argumente** eingegangen und am Ende wird eine **Schlussfolgerung** gezogen. Diese Textsorte hat bei Tageszeitungen einen **festen Platz** und häufig eine **andere Erscheinungsform** als Nachrichtentexte.
Ein Kommentar soll die Leser dazu ermutigen, sich eine eigene Meinung zum Thema zu bilden und diese in Form von **Leserbriefen** deutlich zu machen.

3 Besprecht die folgenden Leserbriefe zu dem Kommentar „Warnschussarrest". Wählt den Leserbrief aus, den ihr am ehesten nachvollziehen könnt. Begründet eure Wahl.

LESERBRIEFE

Es ist schwer zu sagen, ob ein solcher Warnschuss gut oder schlecht ist. Aber die Gerichte schauen sich doch jeden Jugendlichen genau an und werden sich überlegen, in welchen Fällen ein Warnschussarrest ok ist. Ich kann mir vorstellen, dass Gerichte damit verantwortungsvoll umgehen und dass in einzelnen Fällen eine solche Maßnahme durchaus Sinn ergibt.

A. Friemdorff, Köln

Für mich ist der Warnschussarrest nicht akzeptabel. Wenn man Jugendliche hat, die den Arrest noch als eine Art von Auszeichnung empfinden, mit der sie angeben können, läuft etwas falsch. Diese Straftäter werden so mit Sicherheit nicht auf den rechten Weg zurückfinden.

C. Bolten, Duisburg

Ist nicht eine zur Bewährung ausgesetzte Strafe der bessere Weg? Während der Bewährungszeit werden Jugendliche pädagogisch begleitet. Es wird darauf geachtet, dass sie ihre Bewährungsauflagen erfüllen. Durch einen vorausgehenden Arrest könnte dies gefährdet werden.

S. Unreuter, Solingen

Wenn es mal so einfach wäre, dass der „Schock" des Warnschussarrestes von weiteren Straftaten abhalten würde. Vielleicht hätte es Sinn, wenn der Arrest direkt auf die Tat folgte. Aber so schnell sind die Gerichte nicht und so kommt der Arrest erst nach einem halben oder ganzen Jahr. Ergibt es dann noch Sinn?

K. Funker, Essen

Ich habe mir von Jugendlichen sagen lassen, dass sie erst im Jugendstrafvollzug begriffen, dass mit ihrem Leben was falsch läuft. Sie hätten ihre kriminelle Laufbahn eher beendet, wenn man sie früher inhaftiert hätte.

M. Sonter, Dortmund

4 Schreibt einen eigenen Kommentar zu einem der folgenden Themen.
- Legt dazu eine Tabelle an, in der ihr die Pro- und Kontra-Argumente sammelt.
- Überlegt euch Formulierungen, die eure eigene Meinung verdeutlichen.
- Verfasst einen zusammenhängenden Text, in dem ihr in der Einleitung den Anlass des Kommentars nennt, im Hauptteil auf die Argumente eingeht und am Ende eine Schlussfolgerung zieht.

→ **Kapitel 8** Seite 165

Helmpflicht für Radfahrer | Schulfach „Glück" | Lärmampeln in allen Klassen

5 Überarbeitet eure Kommentare mithilfe der Arbeitstechnik „Textlupe".

→ **T5** Textlupe Seite 264

6 Tauscht eure Kommentare mit jemandem, der ein anderes Thema gewählt hat. Verfasst dazu einen Leserbrief, in dem ihr eure Meinung zu dem Thema deutlich macht.

7 EXTRA Recherchiert in Tageszeitungen nach Kommentaren. Verfasst dazu einen Leserbrief.

○ Aufgabe 1 ◒ Aufgabe 2, 3, 5 ● Aufgabe 4, 6, 7 EXTRA

T2 Schreiben
Seite 188–190

T5 Eine Mindmap erstellen
Seite 255

Auf Form und Inhalt kommt es an

Informationen entnehmen und eigene Texte schreiben

1 Seht euch die Bilder an und lest die folgenden Texte. Ordnet die wichtigsten Informationen aus den Texten in einer Mindmap.

Protest für die Freilassung von Nelson Mandela

Friedensnobelpreis für Nelson Mandela

Menschen trauern um den ehemaligen Präsidenten

1 *Vor deiner Menschenliebe, vor deinem Herzensgut, vor deiner Geduld und deinem Mut verneige ich mich. Nelson Mandela! Du bist mein Held! Für dich war diese Welt ein Platz ohne Grenzen für die Rassen, ein Platz für Frieden, ohne zu hassen, ein Platz einer Zukunft für ein gutes Leben mit Nehmen und viel Geben. Danke für deine Taten! Danke Gott, dass wir Nelson hatten!*

2 Bei den ersten demokratischen Parlamentswahlen für Schwarze und Weiße vom 27. April 1994 wurde Nelson Mandela vor Frederik Willem de Klerk der Gewinner der Wahl. Mandela wird zum ersten schwarzen Präsidenten Südafrikas gewählt. Mit über 60 Prozent der Stimmen ist der Afrikanische Nationalkongress (ANC) deutlicher Sieger der Parlamentswahlen.

3 *Noch am Tag Ihrer Entlassung nach 27 Jahren Haft hielten Sie in einem Stadion in Soweto eine Rede vor 120 000 Menschen, mit der Sie schwarze wie weiße Südafrikaner für Ihre Politik der Versöhnung gewinnen wollten. Woher nahmen Sie die Kraft – nach all den Jahren der Unterdrückung?*
Nelson Mandela: Menschen, die wie ich so lange Zeit im Gefängnis saßen, wissen um die Bedeutung solcher besonderen Momente. Wenn du sie verstreichen lässt, sind sie weg – und sie kommen nicht wieder. Der Tag meiner Freilassung war so ein bedeutsamer Moment. Ich wollte etwas daraus machen, etwas sagen, was die Menschen bewegen, was von ihnen geachtet werden würde. Sehen Sie, ich war lange Zeit in einer Einzelzelle weggesperrt. Das gab mir ausreichend Gelegenheiten, mich immer wieder hinzusetzen und mich selbst aus der Distanz zu beobachten.

4 Am Abend des 5.12.2013 starb der ehemalige Präsident von Südafrika Nelson Mandela im Alter von 95 Jahren. In seinem Haus in Johannesburg war er den Folgen einer Lungenentzündung erlegen.

5 Es ist drei Uhr morgens, doch die Straßenzüge im Johannesburger Stadtteil Lower Houghton drohen vor Leben zu bersten[1]. Teilweise lediglich in Bademäntel gehüllte Menschen strömen in Richtung der Zwölften Allee; junge, womöglich direkt aus den Nachtclubs gekommene Studenten tanzen; eine Vuvuzela tönt; ein Hubschrauber fliegt über die Menge. „Nelson Mandela: Sabela uyabiza“, singt eine Gruppe, die sich durch ihre T-Shirts als Mitglieder des regierenden Afrikanischen Nationalkongresses (ANC) zu erkennen geben, eine altbekannte Hymne der Befreiungsbewegung: „Nelson Mandela: wir rufen. Antworte uns.“ Aber die Ikone antwortet nicht mehr. Der 95-jährige Gründungsvater des neuen, demokratischen Südafrikas ist wenige Stunden zuvor gestorben.

1 zerspringen, hier: sehr viele Menschen sind auf den Straßen

6 Auch Hass lässt sich überwinden. 27 Jahre lang war Mandela eingekerkert, weil er gegen die Rassentrennung kämpfte. Doch was tat er, als er freikam? Statt seine Gegner zu verfolgen, setzte er sich mit ihnen an einen Tisch und warb für Versöhnung und Gewaltfreiheit. Seiner starken Persönlichkeit, seinem Beispiel war es zu verdanken, dass ein großes Blutbad in Südafrika verhindert werden konnte.

2 Vergleicht eure Mindmap mit einer Partnerin oder einem Partner. Verbessert und ergänzt eure Ergebnisse.

3 Bestimmt die Textsorte von jedem Text.

Textsorten:
- OKRATMMEN
- WINETERIV
- FIELEEBRSR
- TAROGEPER
- THCNICHAR
- LUMDGEN

4 Verfasst einen Bericht über das Leben von Nelson Mandela. Orientiert euch an den Kriterien auf Seite 81/82.
- Überlegt euch eine interessante Schlagzeile und passende Unterzeile.
- Fasst zu Beginn eures Berichts die wichtigsten Informationen in ein bis zwei Sätzen zusammen.
- Schreibt die weiteren Informationen in einer logischen Reihenfolge auf. Achtet auf eine sachliche Sprache. Setzt Zwischenüberschriften ein.

Verwendet für euren Bericht eigene Formulierungen.

5 Überarbeitet eure Berichte mithilfe der Arbeitstechnik „Textlupe“.

→ **T5** Textlupe Seite 264

○ Aufgabe 2 ◒ Aufgabe 1, 3, 4 ● Aufgabe 5

Von der Idee zum Produkt

Einen Zeitungsartikel gestalten

→ **T3** Umgang mit Sachtexten Seite 223/224

1 Erstellt mit eurem Bericht zu Nelson Mandela einen Zeitungsartikel am Computer.
- Verwendet das Format DIN A4 mit maximal drei Spalten.
- Überlegt euch einen Namen für die Zeitung.
- Fügt den Text ein. Arbeitet mit Zwischenüberschriften.
- Recherchiert nach geeignetem Bildmaterial. Formuliert passende Bildunterschriften dazu.
- Stimmt die Schrifttypen der einzelnen Elemente aufeinander ab.

Ihr könnt das Internet nutzen.

2 Gestaltet nun eure Zeitungsseite. Orientiert euch dazu am folgenden Beispiel sowie den Tipps zum Layout auf der rechten Seite.

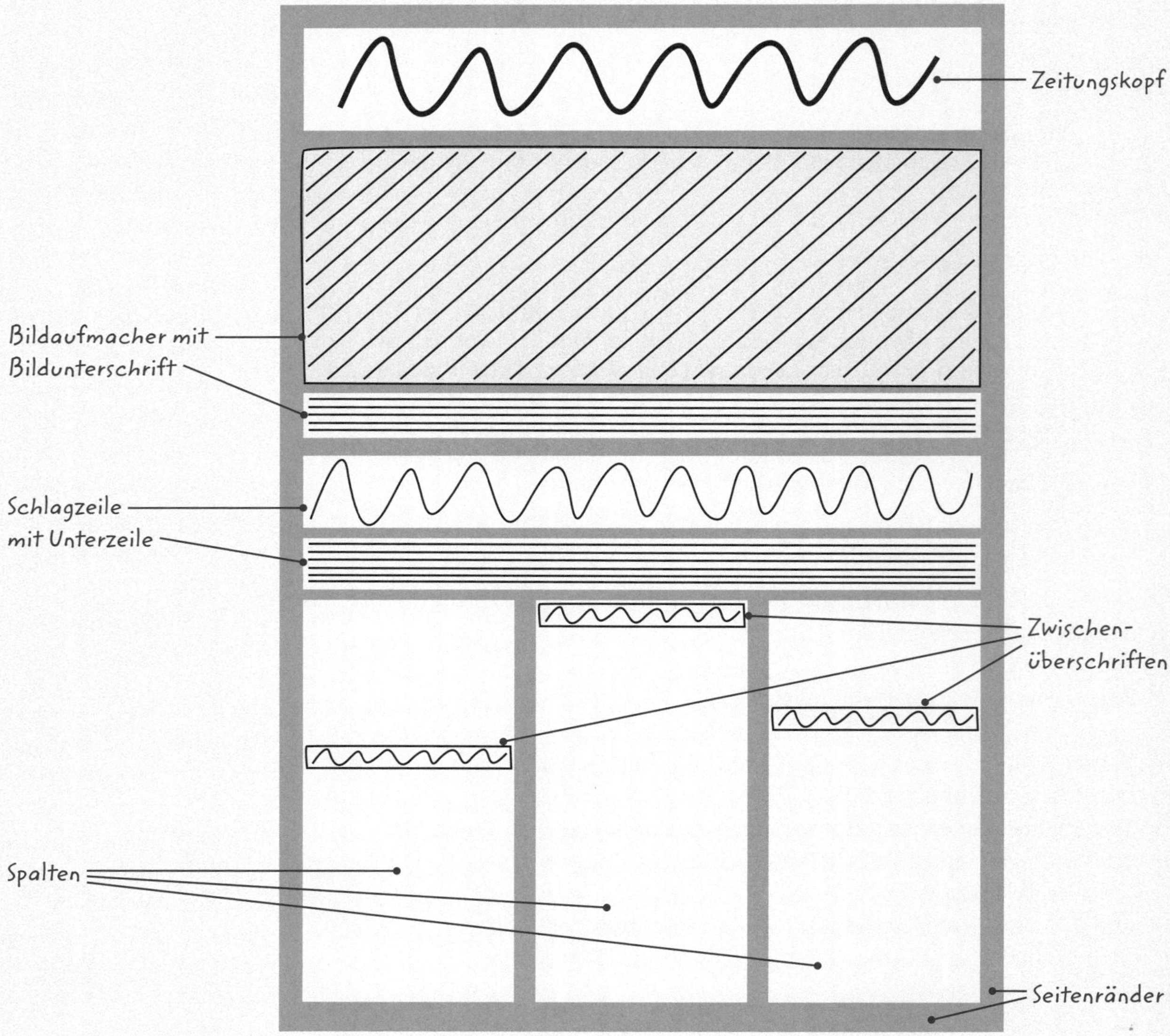

Ein Layout mithilfe des Computers erstellen

Material
b8r2cd

Was ihr zu den Schriftarten wissen solltet ...
Die gängigen Schriftarten sind *Arial* und *Times*. Wenn ihr eine Zeitungsseite gestaltet, solltet ihr eine eher kleine Schriftgröße für den Fließtext und nicht mehr als zwei Schriftarten verwenden. Ihr könnt ebenfalls zwischen *kursiv* und **fett** wählen.

Wenn ihr die Seitenränder ändern möchtet ...
Wählt unter *Seitenlayout* den Unterpunkt *Seitenränder* und verändert sie wie gewünscht.

Wenn ihr den Text in Spalten einteilen möchtet ...
Geht auf *Seitenlayout* und klickt den Unterpunkt *Spalten* an. Dort könnt ihr die Spaltenanzahl wählen.

Wenn ihr den Blocksatz aussucht ...
Markiert den Text und klickt in der Menüleiste auf *Blocksatz*. Unter *Extras* und *Sprache* solltet ihr die *Automatische Silbentrennung* anklicken, damit die Wörter nicht zu sehr auseinandergezogen werden.

Wenn ihr Schriftgrößen variieren möchtet ...
Bei einer Zeitungsseite stechen die Schlagzeilen immer optisch hervor. Wählt deshalb für den Seitenkopf, die Schlagzeile und andere Überschriften verschiedene Schriftgrößen aus.

Wenn ihr ein Bild einfügen möchtet ...
Zum Einfügen von Bildern geht ihr folgendermaßen vor: Klickt im Menü auf *Einfügen* und wählt den Unterpunkt *Grafik*. Hier könnt ihr die Quelle des Bildes auswählen. Ein Doppelklick auf das gewählte Bild – und es wird auf der Seite eingefügt. Ihr verschiebt es mithilfe der Maus oder ändert seine Größe, indem ihr auf die rechte Maustaste klickt.

Wenn der Text um das Bild herumfließen soll ...
Wenn ihr möchtet, dass der Text um das Bild herumfließt, dann wählt *Seitenlayout*, danach *Zeilenumbruch* und klickt *Passend* an.

Wenn ihr eine Bildunterschrift erstellen möchtet ...
Klickt das Bild mit der rechten Maustaste an und wählt *Beschriftung einfügen*. Gebt in das Dialogfeld euren Text ein und bestätigt es mit *OK*.

Wenn die Rechtschreibung und Grammatik überprüft werden soll ...
Dazu klickt ihr auf *Überprüfen* und dann auf *Rechtschreibung und Grammatik*.

Aufgabe 1, 2

Teste dich selbst!

Üben interaktiv
ni8749

1 Nenne drei Bestandteile des Layouts einer Titelseite. Erkläre jeweils ihre Funktion.

2 Erkläre, woher die Informationen in den Zeitungstexten stammen.

Wie konntest du Aufgabe 1 bis 3 lösen?

→ Seite 223/224
→ Seite 224 EXTRA

3 Ordne die Überschriften den Ressorts in Tageszeitungen zu. Ergänze passende Ressorts zu den Überschriften, die nicht zuzuordnen sind.

Politik	Lokales	Wirtschaft	Sport	Kultur	...
...	...	...	...	...	...

- Im Bundestag wird weiter verhandelt
- Camper aus Leidenschaft
- Die Nachfrage ist riesig
- Handball-Team ist gut gerüstet
- Gefährliche Stelle wird durch Ampel entschärft
- Hervorragende Leistungen und Riesenapplaus
- Winzige Teilchen und lange Botschaften

Wie konntest du Aufgabe 4 lösen?

→ Seite 224–226
→ Seite 226 EXTRA

4 Überprüfe, ob die folgende Nachricht alle W-Fragen beantwortet. Schreibe dazu den Text in dein Heft und unterstreiche die entsprechenden Stellen.

Polizei rettet Hundewelpen

Bei einer Routinekontrolle fand die Polizei im Kofferraum eines PKW 35 Hundewelpen vor. Die Beamten hatten am frühen Samstagmorgen auf der A4 das Auto eines 40-Jährigen angehalten und die vier bis acht Wochen alten Welpen entdeckt.

Wie konntest du Aufgabe 5 lösen?

→ Seite 188/189
→ Seite 190 EXTRA

5 Erweitere die Nachricht aus Aufgabe 4 mit eigenen Ideen zu einem Bericht.

Wie konntest du Aufgabe 6 lösen?

→ Seite 194
→ Seite 195/196 EXTRA

6 Ergänze die folgende Reportage. Setze dazu Textstellen ein, die den Kriterien einer Schilderung entsprechen.

Die Sonne schickt ihre ersten Strahlen über die Wiesenlandschaft. Die Luft ist ___. Die Tautropfen an den Grasstängeln ___. Sie erinnern an ___. Die frische Luft erwärmt sich schnell. Schon kann man den Duft des violetten Sommerflieders ___. Die ersten Bienen und Schmetterlinge tauchen auf. Sie ___.

7 Ordne die folgenden Fragen aus einem Interview in die Tabelle ein. Ergänze anschließend jeweils zwei weitere Fragen.

geschlossene Fragen	offene Fragen
…	…

- Wie kamen Sie zu dieser Sportart?
- Wann beginnt die nächste Trainingseinheit?
- Wie fühlten Sie sich bei Ihrem ersten Sieg?
- Bleibt Ihnen noch genügend Zeit für die Familie?
- Welchen Rekord halten Sie zurzeit?
- Zu welchem Verein werden Sie wechseln?

Wie konntest du Aufgabe 7 lösen?
☹ → Seite 225/226
☺ → Seite 226 **EXTRA**

8 Ordne die Erklärungen zu Kommentaren den passenden Begriffen zu.

Argumente werden genannt	Schluss
Anlass wird vorgestellt	Verantwortlich
fester Ort und besonderes Layout	Hauptteil
Name des Autors steht immer dabei	Erkennbarkeit
Folgerung wird gezogen	Einleitung

Wie konntest du Aufgabe 8 lösen?
☹ → Seite 190/191
☺ → Seite 192 **EXTRA**

9 Wähle einen Leserbrief aus. Ergänze Sätze, in denen du die Meinung des Leserbriefschreibers verdeutlichst.

LESERBRIEFE

Gut, es gibt ein neues Säugetiergutachten, das Zootieren mehr Platz verschaffen soll. Aber sind wir doch mal ehrlich: Ist nicht ein 100 Quadratmeter großes Wasserbecken trotzdem für Eisbären noch eine schreckliche Beschränkung? …

Andrea Mertens, Köln

Das neue Säugetiergutachten und die darin enthaltenen Verbesserungen für die Tiere unterstützen noch mehr meine Auffassung, Zoos mit Großtieren zu erhalten. Reisen, um diese Tiere live zu erleben, ist für viele Menschen nicht möglich …

Tonio Hamacher, Bonn

Wie konntest du Aufgabe 9 lösen?
☹ → Seite 190/191
☺ → Seite 192 **EXTRA**

10 Nenne zwei Textsorten aus der Zeitung, die du gerne liest oder lesen möchtest. Begründe deine Wahl.

Wie konntest du Aufgabe 10 lösen?
☹ → Seite 224–226
☺ → Seite 226 **EXTRA**

5

Werbung ist überall

Sich in der Welt der Werbung orientieren

1 Beschreibt, was ihr auf den Bildern seht.

2 Für welche Produkte könnten die Bilder werben? Begründet eure Entscheidung.

Es gibt mehrere Antwortmöglichkeiten.

3 Welche Werbung gefällt euch gut? Begründet, warum es eure Lieblingswerbung ist.

4 Welche Werbung mögt ihr überhaupt nicht? Begründet eure Entscheidung.

5 Tauscht euch darüber aus, was ihr von Werbung haltet.

Jetzt lernt ihr, ...

... die Merkmale von Werbung zu erkennen.

... die Absicht von Werbung herauszufinden.

... Bilder in Werbeanzeigen zu untersuchen.

... sprachliche Mittel in der Werbung zu unterscheiden.

... Bild und Text in Werbeanzeigen zu analysieren.

... Werbespots zu untersuchen.

... Werbeformen des Internets zu untersuchen.

... ein Fantasieprodukt zu bewerben.

Das möchten wir haben

Werbung kennenlernen

→ **T3** Umgang mit Sachtexten Seite 226

1 Was bezweckt Werbung? Bildet Vierergruppen und legt ein Placemat an. Beantwortet die Fragen in den vier Ecken.

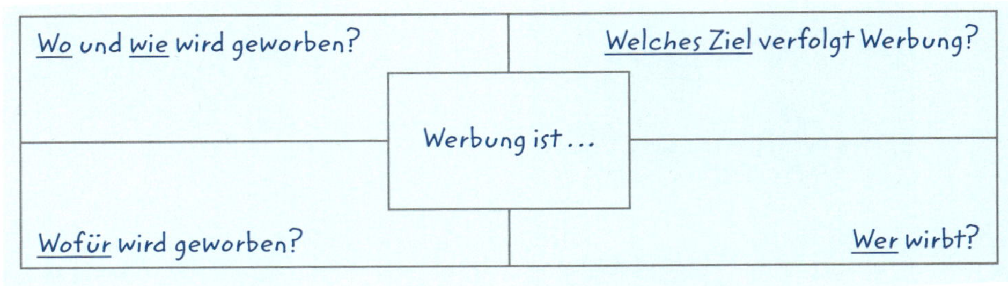

2 Erarbeitet eine Definition zu dem Begriff „Werbung".
- Besprecht dafür eure Antworten und Kommentare zu den vier Fragen in Aufgabe 1.
- Einigt euch auf das Ergebnis und notiert es in der Mitte des Placemats.

Formulierungshilfen für die Definition „Werbung"

Häufig findet man Werbung …
Werbung möchte, dass …
Es gibt viele Formen von Werbung …

Arbeitstechnik

Placemat

1. Vorbereiten
Ein Blatt Papier wird in vier Felder aufgeteilt. In der Mitte wird ein fünftes Feld, das sogenannte Gemeinschaftsfeld, ergänzt. In den vier Feldern werden Fragen oder auch Aufgaben notiert.

2. Durchführen
Jedes Gruppenmitglied schreibt Kommentare oder Antworten in das jeweilige Feld, das vor ihm liegt. Danach wird das Placemat im Uhrzeigersinn gedreht, so dass jedes Gruppenmitglied jede Fragestellung einmal bearbeitet hat.

3. Auswerten
Anschließend werden die Ergebnisse gemeinsam besprochen. Die Gruppenmitglieder einigen sich auf die Ergebnisse der jeweiligen Frage und notieren diese im Gemeinschaftsfeld.

4. Präsentieren
Die Ergebnisse der Gruppen werden in der Klasse vorgestellt.

3 Präsentiert eure Definition von Werbung in der Klasse.

4 Seht euch die Bilder an. Benennt die Gegenstände, auf denen die Werbung zu finden ist. Notiert sie in eurem Heft, z. B.: *Litfaßsäule, …*

5 Überlegt, welche Werbeträger ihr noch kennt. Notiert sie in eurem Heft.

Denkt auch an die digitalen Medien.

6 Untersucht, welche Werbemittel für die jeweiligen Werbeträger verwendet wurden. Ergänzt sie in eurem Heft, z. B.: *Litfaßsäule → Plakate, …*

Merke

Unter **Werbeträgern** versteht man Medien oder Gegenstände, auf denen die Werbung zum Verbraucher „getragen" wird.
Fernsehen, Plakatwand, Zeitung, Radio, Feuerzeug, …

Werbemittel sind die Werbeformen, die in oder auf den verschiedenen Werbeträgern verwendet werden.
Plakate (auf Litfaßsäulen, …), Werbespots (im Fernsehen, …), Aufkleber (auf Autos, …)

7 Erstellt ein Werbetagebuch für einen Tag. Seht euch dazu auf eurem Schulweg die Werbung bewusst an. Sammelt gemeinsam in einer Tabelle eure Beobachtungen.

Wann?	Werbeträger	Werbemittel	Wofür?
7.00 Uhr	Radio	Werbespot	Rockkonzert
…	LKW	bedruckte Plane	Milch und Joghurt
…	…	…	…

8 EXTRA Habt ihr schon einmal ungewöhnliche Werbeträger oder Werbemittel gesehen? Berichtet davon.

○ Aufgabe 1, 3, 4, 5 ◒ Aufgabe 2, 6 ● Aufgabe 7, 8 EXTRA

T3 Umgang mit Sachtexten Seite 226–228

Nichts ist dem Zufall überlassen

Die Absicht von Werbung untersuchen

1 Seht euch das Bild an. Beschreibt die Wirkung mithilfe der folgenden Fragen.
- Habt ihr ein gutes Gefühl beim Betrachten der Anzeige? Wenn ja, welches?
- Welche Gründe gibt es für euch, das Produkt zu kaufen?
- Worauf richtet sich eure Aufmerksamkeit?
- Was macht die Anzeige für euch interessant?

T5 Tandemlesen Seite 260

2 Lest den folgenden Text im Tandem. Notiert anschließend die vier Schritte des AIDA-Modells in eurem Heft.

Attention → Aufmerksamkeit erregen
I…
D…
A…

Das AIDA-Modell

Werbung soll Menschen dazu bewegen, ein Produkt zu kaufen. Das sogenannte AIDA-Modell beschreibt, was Werbung bewirkt und was zum Kauf der Produkte anregen soll.
Zunächst muss die Werbung die Aufmerksamkeit (Attention) der möglichen Käufer auf sich ziehen. Dies geschieht auf unterschiedliche Art und Weise,

z. B. durch Bilder, kurze Texte oder auch in gesprochener Form. Der Käufer nimmt die Werbung wahr, sei es kurz und unbewusst oder auch in Form eines längeren Verweilens. Überraschende oder ungewöhnliche Details ziehen dabei besonders die Aufmerksamkeit auf sich.
Nachdem der Verbraucher auf ein Produkt aufmerksam geworden ist, muss nun das Interesse (**I**nterest) daran geweckt werden. Ein positives Gefühl oder die Einzigartigkeit eines Produktes bewirkt, dass der Betrachter die Werbung nicht gleich wieder vergisst, sondern sich genauer damit auseinandersetzt.
Wenn das Interesse geweckt ist, folgt meist der Besitzwunsch (**D**esire). Beim Verbraucher muss das Verlangen entstehen, das jeweilige Produkt unbedingt besitzen zu wollen, da es ihm das Gefühl vermittelt, z. B. cool, stark und glücklich zu sein. Häufig werden Versprechen wie „Dieses Produkt macht dich beliebter, zufriedener, erfolgreicher …" in der Werbung genutzt, um den Besitzwunsch zu verstärken.
Ziel der Werbung ist, dass der Verbraucher am Ende zum Kauf (**A**ction) bewegt wird. Auch dabei werden unterschiedliche Tricks verwendet, z. B. Angebote oder Neuheiten. Ist dieser Schritt vollzogen, war die Werbung erfolgreich.

3 Ordnet die vier Schritte des AIDA-Modells den Fragen aus Aufgabe 1 zu.

4 Überlegt, wen die Werbeanzeige auf der linken Seite ansprechen soll. Begründet eure Entscheidung.

5 Besprecht, was man an der Anzeige ändern müsste, damit sie euren Eltern gefallen könnte.
- Welche Überschrift würde eure Eltern interessieren?
- Was für ein Bild könnte eure Eltern ansprechen?
- Welche Farben würden dazu passen?

6 Habt ihr schon mal ein Produkt aufgrund einer Werbeanzeige gekauft?
- Bringt die Werbeanzeige mit oder fertigt eine Skizze an.
- Untersucht sie mithilfe des AIDA-Modells.
- Stellt eure Ergebnisse in der Klasse vor.

7 EXTRA Gestaltet zum AIDA-Modell ein Infoplakat. Verwendet als Beispiel eine Werbeanzeige.

→ **T5** Ein Infoplakat erstellen Seite 256

8 EXTRA Seht euch einen Werbespot im Fernsehen an. Beschreibt die Wirkung mithilfe der folgenden Fragen.
- Habt ihr ein gutes Gefühl beim Ansehen des Werbespots? Wenn ja, welches?
- Möchtet ihr das Produkt kaufen? Wenn ja, warum?
- Weshalb seid ihr darauf aufmerksam geworden?
- Was macht den Werbespot für euch interessant?

○ Aufgabe 2 ◒ Aufgabe 1, 3, 7 EXTRA ● Aufgabe 4, 5, 6, 8 EXTRA

Das sieht man!

Bilder von Werbeanzeigen untersuchen

→ **T3** Umgang mit Sachtexten Seite 226–228

1 Seht euch die folgende Werbeanzeige an. Beschreibt, was darauf dargestellt wird. Wie wirkt die Anzeige auf euch? Was fällt euch besonders ins Auge?

2 Erklärt, wie die Anzeige aufgebaut ist. Beantwortet die folgenden Fragen. Nutzt dazu auch die Informationen aus dem Merke-Kasten.
- Was ist abgebildet?
- Was fällt euch als erstes auf?
- Wo befindet sich der Text?
- Mit welchen Mitteln erzeugt die Anzeige Aufmerksamkeit?

Merke

Bilder in Werbeanzeigen sollen **Aufmerksamkeit** erzeugen. Sie können überraschen, mit Bekanntem Vertrauen schaffen oder manchmal auch irritieren.
Bei der Untersuchung von Werbeanzeigen sollte man auf folgende Dinge achten:
- **Bezüge zum Bild** (Texte können das Bild bestätigen oder dem Bild scheinbar widersprechen)
- **Wichtige Begriffe**, die auf die Werbebotschaft verweisen
- **Sachinformationen** über das Produkt

Nicht in jeder Werbeanzeige sind alle Bestandteile enthalten.

3 Untersucht die Bestandteile der Werbeanzeige genauer. Ordnet dafür die folgenden Fachbegriffe richtig zu. Nutzt die Informationen aus dem folgenden Merke-Kasten.

Headline | zentrales Produktbild | Werbetext | Werbeslogan

Merke

Werbeanzeigen bestehen in der Regel aus vier Bestandteilen.
1. Die **Headline** (Aufmacher, Überschrift oder Schlagzeile) soll die Aufmerksamkeit des Betrachters wecken.
2. Das **zentrale Produktbild** zieht den Blick des Betrachters auf sich. Es kann sich dabei auch um das Produkt selbst handeln.
3. Der **Werbetext** ist ein Fließtext mit weiteren Erklärungen zu dem Produkt.
4. Der **Werbeslogan** ist meist ein kurzer Satz, der eng mit dem Produkt oder dem Unternehmen verbunden ist. Der Slogan steht häufig neben dem Logo, dem Firmenzeichen des Unternehmens.

4 Was passt zu welcher Farbe? Überlegt, welche Adjektive zu den folgenden Farben passen könnten. Notiert sie in eurem Heft, z. B.: *rot: warm, aufregend, …*

rot · gelb · orange · grün · blau · weiß · rosa

5 Untersucht die Farben in der Werbeanzeige auf der linken Seite genauer. Orientiert euch am folgenden Merke-Kasten und an euren Ergebnissen aus Aufgabe 4.

Merke

Farben helfen dabei, etwas wiederzuerkennen oder Dinge zu unterscheiden. Sie unterstützen die Erinnerungsfähigkeit und erzeugen Stimmungen und Gefühle. **Farben** werden in der Werbung **bewusst eingesetzt**, um gewünschte Gedankenverbindungen (Assoziationen) auszulösen. Die Wirkung auf den Menschen entsteht durch seine Erfahrungen mit diesen Farben, z. B. die Erinnerung an die Natur oder an Gewohnheiten im Alltag.
blau → Himmel, Wasser → Adjektive: frisch, kühl, … z. B. Hustenbonbons

6 Mit welchen Produkten verbindet ihr die folgenden Farben? Tauscht euch darüber aus.

lila · magenta · blau/gelb · orange/weiß

7 Wählt eine Werbeanzeige aus einer Zeitschrift aus. Untersucht ihren Aufbau genauer. Achtet besonders auf die Farben, die in der Anzeige verwendet werden. Stellt eure Ergebnisse in der Klasse vor.

8 EXTRA Entwerft eine Werbung für ein Sportgerät, das Jugendliche anspricht. Überlegt, welche Einzelheiten ihr abbilden möchtet und wie sie dargestellt werden können. Wählt passende Farben für die Werbung aus.

9 EXTRA Zeichnet ein Bild oder fotografiert eure Werbung für das Sportgerät.

○ Aufgabe 1, 4, 9 EXTRA ◒ Aufgabe 2, 3, 5 ● Aufgabe 6, 7, 8 EXTRA

Das liest man!

Texte von Werbeanzeigen untersuchen

T3 Umgang mit Sachtexten Seite 226–228

1 Lest die folgenden Werbeslogans. Erklärt, welche ähnlichen Merkmale sie aufweisen.

- Pack den Tiger in den Tank!
- Wohnst du noch oder lebst du schon?
- Intel inside.
- Mit dem Verwöhnaroma.
- Bei diesen Preisen muss man reisen.
- Geiz ist geil!
- Geschmack ist King.
- Die wahrscheinlich längste Praline der Welt.
- Haribo macht Kinder froh und Erwachsene ebenso.
- Für fröhliche Früchtchen!

2 Untersucht die Slogans nun genauer. Notiert sie in eurem Heft und benennt die sprachlichen Mittel, die verwendet wurden. Nutzt die Informationen aus dem Merke-Kasten, z. B.: *Pack den Tiger in den Tank! → Metapher, ...*

Merke

Werbeslogans (englisch für Werbespruch) weisen häufig bestimmte Merkmale auf: **kurz und bündig, interessant, einprägsam, verständlich, markenbezogen** und **witzig**.
Zur Strategie der Werbung gehört die bewusste Auswahl von **sprachlichen Mitteln**.
- **Anglizismen**: Wörter aus dem Englischen
- **Neologismen**: Wortneuschöpfungen
- **Alltags- und Jugendsprache**
- **Alliteration**: Aneinanderreihung von Wörtern mit dem gleichen Anfangslaut
- **Paradoxon**: Widerspruch
- **Metapher**: bildlicher Ausdruck
- **Superlative**: Steigerung
- **Reim**
- **Ellipse**: Verkürzung eines Satzes
- **Rhetorische Frage**: Frage, auf die keine Antwort erwartet wird, da die Antwort auf der Hand liegt.

Surftipp
r4q2xd

3 Sammelt Werbeslogans aus Zeitungen, Zeitschriften oder im Internet. Ordnet sie den sprachlichen Mitteln zu. Notiert zu jedem sprachlichen Mittel ein passendes Beispiel.

4 Vergleicht eure Ergebnisse aus Aufgabe 3 miteinander. Habt ihr für ein sprachliches Mittel besonders viele Beispiele gefunden?

5 Die Werbesprache enthält häufig Attribute. Überprüft dies an den Slogans in Aufgabe 1. Bestimmt die dort vorkommenden Attribute.

Merke

Unter einem **Attribut** versteht man die **Beifügung** oder nähere **Bestimmung** zu einem Bezugswort (meist einem Nomen/Substantiv). Attribute sind keine Satzglieder. Sie können nicht frei im Satz verschoben werden, sondern bleiben bei ihrem Bezugswort.
Attribute können unterschiedliche Formen haben. Man unterscheidet:
- **attributive Adjektive und Partizipien**: *ein **himmlischer** Genuss, bei **strahlendem** Sonnenschein*
- **attributives Adverb**: ***sehr** elegant, **extra** billig, ein **besonders** kompetenter Berater*
- **präpositionales Attribut**: *die Marke **mit dem gewissen Extra***
- **Genitivattribut**: *das schönste Gefühl **der Welt***
- **Attributsätze** (als Nebensatz): *ein Vergleich, **der sich lohnt***

6 Untersucht eure Werbeslogans aus Aufgabe 3. Bestimmt die Attribute.

7 Manche Attribute lassen sich in andere Attributformen umwandeln. Erprobt solche Umformungen mit den Slogans aus Aufgabe 5 und 6. Notiert sie in eurem Heft, z. B.: ein Vergleich, der sich lohnt → ein lohnender Vergleich, …

8 Beschreibt, wie sich die Werbeslogans durch die Umformung verändern.

9 Erfindet einen Werbeslogan für eins der folgenden Produkte.
- Formuliert zunächst eine neutrale Beschreibung des Produkts.
- Überlegt euch anschließend einen „knackigen" Werbeslogan.
- Verwendet in eurem Werbeslogan sprachliche Mittel und Attribute.

Surftipp
3vq5vx

Ihr könnt auch den Surftipp zur Erstellung von Slogans nutzen.

10 EXTRA Erstellt ein Infoplakat mit den wichtigsten sprachlichen Mitteln, die in der Werbung genutzt werden. Ergänzt dazu eigene Beispiele.

→ **T5** Ein Infoplakat erstellen Seite 256

T3 Umgang mit Sachtexten Seite 226–228

Kapitel 5 Seite 98/99

Und alles zusammen

Das Zusammenspiel von Bild und Text in Werbeanzeigen analysieren

1 Seht euch die Werbeanzeige an. Achtet dabei auf das Bild und den Text. Benennt die vier Schritte des AIDA-Modells.

>> Zweisitzer retten die Welt.
Der smart fortwo. Überraschend geringe CO_2 Emissionen.
Helden haben es nicht leicht. Gut, wenn man ein Auto fährt, das dabei hilft, die Welt zu retten. Eins das unsichtbar werden kann. Oder eines mit eingebautem Schutzschild. Oder mit einem CO_2 Ausstoß von 86 g/km (kombinierter Wert).
Auch das hilft die Welt zu retten. Alles was man braucht ist die Lizenz zum Fahren.
Der smart fortwo cdi. Für Helden gebaut.
www.smart-klasse.de

2 Erklärt, was euch an der Anzeige besonders anspricht.

3 Untersucht den Inhalt der Werbeanzeige.
- Beschreibt, was ihr auf dem Bild seht.
- Zeichnet das Logo in euer Heft.
- Notiert den Werbeslogan und die Headline in eurem Heft.

4 Analysiert die Gestaltung der Werbeanzeige.
- Beschreibt, wie das Bild und der Text in der Anzeige angeordnet sind.
- Überlegt, was euch als erstes aufgefallen ist.
- Beschreibt die Schriften, ihre Größen und Farben sowie andere Besonderheiten.

5 Fasst den Inhalt des Fließtextes mit eigenen Worten zusammen.

6 Welche Wirkung hat die Werbeanzeige auf euch?
- Wählt aus den folgenden Adjektiven passende aus.
- Ergänzt auch eigene Adjektive.

humorvoll | seriös | abenteuerlich | dynamisch | vertrauenserweckend

sachlich | neutral | negativ | ungesund | stark | natürlich | cool

Klärt unbekannte Begriffe mit einem Wörterbuch.

7 Stellt Vermutungen darüber an, was Kunden an der Anzeige besonders ansprechen könnte.

8 Seht euch das folgende Bild an. Beschreibt mithilfe von Adjektiven, wie es auf euch wirkt.
- Besprecht, wofür mit dem Bild geworben werden könnte.
- Einigt euch auf eine Idee und entwerft eine Werbeanzeige zu dem Bild. Ihr könnt dazu den Online-Code nutzen.
- Formuliert einen Werbeslogan, eine Headline und einen Werbetext.
- Welche Firma könnte hinter dieser Werbung stehen? Entwickelt ein Logo dazu.

Material g5a5rx

9 Präsentiert eure Ergebnisse aus Aufgabe 8 in der Klasse.

10 EXTRA Recherchiert nach einer Werbeanzeige, in der es einen Widerspruch zwischen Bild und Text gibt.

○ Aufgabe 1, 2, 6 ◒ Aufgabe 3, 4, 5, 7, 9 ● Aufgabe 8, 10 EXTRA

Gleich geht's weiter …

Werbespots und ihre Wirkung untersuchen

T3 Umgang mit Medien Seite 229

Surftipp c8uf3p

1 Seht euch die Bilder aus dem Fernsehwerbespot an oder nutzt den Surftipp. Kennt ihr den Werbespot? Tauscht euch darüber aus.

„Sag es mit deinem Projekt“, 2014 von der Hornbach Baumarkt AG

2 Nennt den Höhepunkt des Werbespots.

3 Untersucht den Inhalt des Werbespots genauer. Fasst die Handlung mit eigenen Worten zusammen.
- Nennt das Produkt, die Marke oder das Unternehmen, für das geworben wird.
- Beschreibt, welche Personen vorkommen und wo die Handlung spielt.
- Überlegt, an wen sich der Werbespot richtet. Beachtet dazu die Darsteller, Kleidung und Gegenstände.

4 Erklärt, welche Wirkung der Werbespot auf euch hat.

Formulierungshilfen für die Wirkung von Werbespots

Der Werbespot von … wirkt auf mich …
- informativ.
- gefühlsbetont.
- …

5 EXTRA Beschreibt, wie der Werbespot aufgebaut ist. Geht dabei auf die verwendeten filmischen Mittel ein, z. B. Kameraeinstellungen oder Kameraperspektive.

T3 Umgang mit Medien Seite 229

6 Untersucht mithilfe der Arbeitstechnik „Gruppenmix" einen Werbespot eurer Wahl nach Inhalt, Gestaltung und Wirkung. Ihr könnt dazu die Aufgaben 2 bis 5 nutzen.

→ T5 Gruppenmix Seite 259

7 Lest die folgenden Kommentare. Kommt euch so etwas bekannt vor? Wie reagiert ihr, wenn gerade ein spannender Film durch Werbung unterbrochen wird? Tauscht euch darüber aus.

8 Untersucht die Werbeformen, die während euren Lieblingssendungen ausgestrahlt werden. Übernehmt dafür die folgende Tabelle in euer Heft und ergänzt sie für eine Woche. Vergleicht anschließend eure Ergebnisse.

Name der Sendung/ Sendezeit	Werbe- block	Countdown Spots	Flankierer	Product Placement	Sponsoring
...	...	...	...	...	...

Merke

Im Fernsehen gibt es unterschiedliche Formen von Werbung.
Werbeblock: Sendungen werden unterbrochen, um mehrere Werbespots am Stück zu senden.
Countdown Spots: Sendungen werden kurz unterbrochen. In dem Spot läuft die Zeit rückwärts, damit der Zuschauer genau weiß, wann das Programm fortgesetzt wird.
Flankierer: Darunter versteht man Spots, die direkt vor oder nach einer Sendung gezeigt werden. Es handelt sich dabei immer um den gleichen Spot.
Product Placement: Bestimmte Produkte werden unauffällig in einer Sendung platziert.
Sponsoring: Vor oder nach der Sendung läuft der Hinweis: „Diese Sendung wurde unterstützt/präsentiert von …"

9 EXTRA Kennt ihr schlechte oder nervige Werbespots? Nennt zwei Beispiele und erläutert, was euch an den Spots nicht gefällt.

Verklickt nochmal!

Werbung im Internet untersuchen

→ **T3** Umgang mit Medien Seite 230

1 Führt einen Selbstversuch durch: Wie viel Werbung entdeckt ihr beim Surfen im Internet?
- Recherchiert dazu nach den folgenden Begriffen.

Heiserkeit | Liebeskummer | Autorennen | Muttertagsgeschenk

- Notiert, welche Werbung bei der Recherche auftaucht und in welcher Form sie erscheint.
- Vergleicht eure Ergebnisse in der Klasse.

2 Stellt Vermutungen an, ob es einen Zusammenhang zwischen dem jeweils gesuchten Begriff und der angezeigten Werbung gibt.

Wenn eure Zuordnung richtig ist, ergeben die Buchstaben ein Lösungswort.

3 Ordnet den folgenden Begriffen die passenden Erklärungen zu.

1 **Layer Ad** (engl. Schicht-Anzeige) **IN**

2 **Pop-up** **RN**

3 **Banner** **WE**

4 **Skyscraper** (engl. Wolkenkratzer) **U**

Der Werbeinhalt ploppt auf, öffnet sich in einem zusätzlichen Browserfenster und überlagert die aufgerufene Internetseite. **ET**

Diese Werbeform fällt besonders durch ihr hohes Format auf. Sie wird oftmals seitlich der Inhalte einer Internetseite platziert. **NG**

Der Werbeinhalt wird rund um den Inhalt („content") einer Internetseite platziert. Diese Werbeform entspricht einem digitalen Plakat. **RB**

Animierte Werbeform, die sich wie eine Schicht kurzfristig direkt und rahmenlos oder auch mit transparentem Hintergrund über den Seiteninhalt legt. **TE**

4 Sammelt zu den Internetwerbeformen aus Aufgabe 3 Beispiele.

5 Lest den Merke-Kasten und den folgenden Text. Kennt ihr diese Situation? Nehmt dazu Stellung. Begründet eure Meinung mit Argumenten und Beispielen.

Merke

Targeting (engl. für „Zielgruppenansprache") und **Tracking** (engl. für „verfolgen, kennzeichnen") sind technische Maßnahmen, die das Nutzerverhalten im Internet beobachten. So wird dem Nutzer genau angepasste Werbung gezeigt, z. B.:
Der Nutzer sucht neue Turnschuhe. → Es wird die Werbung für neue Turnschuhe präsentiert.

„Warte mal, nicht wegklicken!“

„Na, toll … Das ist ja eine unendliche Liste! Woher wissen die denn, dass du ’ne neue Sporttasche suchst? Mir hast du das eben erst erzählt!“

„Keine Ahnung.“

„Ich find das unheimlich …“

„Wieso? Das ist doch total praktisch. Die schlagen mir jetzt lauter coole Taschen vor. Letzte Woche hatte ich schon mal geguckt, was es so gibt.“

„Das heißt, die wissen noch, was du letzte Woche am Rechner eingegeben hast? Das geht die doch gar nichts an.“

6 Formuliert ein Gegenargument und belegt es ebenfalls mit einem Beispiel.

7 Kennt ihr Werbespots, die nur im Internet vorkommen? Nennt Beispiele.

8 Seht euch den Werbespot mithilfe des Surftipps an. Führt anschließend die Umfrage in der Klasse durch. Notiert die Ergebnisse an der Tafel.

Surftipp
bs3ba2

Klassenumfrage

- Wer kennt den Spot?
- Woher kennt ihr den Spot?
- Wurde er euch empfohlen?
- Wo habt ihr den Spot gesehen?

9 Besprecht, wie der Werbespot auf euch wirkt. Tauscht euch darüber aus, ob euch der Spot gefällt und was ihr daran gut oder schlecht findet.

10 Überlegt, was diese Form der Internetwerbung von Plakaten oder Fernsehwerbung unterscheidet. Nutzt dazu die Informationen aus dem Merke-Kasten.

Merke

Virales Marketing ist eine Form von Werbung, die durch das Weitererzählen von Zuschauern oder Kunden funktioniert. Die Beobachter werden dazu angeregt, Werbebotschaften wie einen „Virus“ im Internet zu verbreiten und so das Unternehmen und seine Produkte bekannt zu machen.

11 EXTRA Stellt Vermutungen an, wie es wäre, wenn es im Fernsehen oder Internet keine Werbung geben würde.
- Welche Auswirkungen hätte das für das Fernsehen oder Surfen im Internet?
- Nach welchen Kriterien würde man Produkte dann kaufen?

Meine Werbung ist die Beste

Ein Fantasieprodukt bewerben

→ **T2** Schreiben
Seite 196/197

1 Entwickelt eine Werbekampagne für etwas, das man nicht kaufen kann. Seht euch zunächst das Bild an. Bearbeitet die folgenden Aufgaben in Gruppenarbeit.

2 Legt eine Liste an. Notiert, welche Produkte man nicht kaufen kann. Einigt euch auf ein Produkt, z. B.: *Gesundheit, Glück, Freizeit, ...*

3 Sammelt zunächst Ideen zu eurem Produkt.
- Wie oft soll es benutzt werden, z. B.: *3× täglich, einmal im Monat, ...*
- In welcher Form wird das Produkt vorkommen, z. B.: *als Spray, Getränk, ...*

4 Überlegt euch nun, wie die Verpackung von eurem Produkt aussehen soll, z. B.: *runde Spraydose, eckiger Becher, ...*
- Legt die Form und Größe der Verpackung fest, z. B.: *Wochenpackung, Monatspackung, ...*
- Ordnet eurem Produkt passende Adjektive zu. Entscheidet euch dann für ein oder zwei passende Farben, z. B.: *rosarot, hellgrün, ...*

5 Überlegt euch, wer das Produkt kaufen könnte. Benennt die Zielgruppe; z. B.: *Gesundheit für kranke Katzenbesitzer, Glück für ängstliche Fahrradfahrer, ...*

6 Gebt eurem Produkt einen Namen.

7 Formuliert mithilfe eurer Ergebnisse aus Aufgabe 2 bis 6 einen Werbeslogan für euer Produkt. Verwendet dazu auch die sprachlichen Mittel der Werbung. Achtet darauf, in eurem Slogan euer Produkt durch Attribute zu veranschaulichen.

→ **Kapitel 5** Seite 102/103

8 Gestaltet nun eine passende Werbeanzeige. Erstellt dazu ein Werbeplakat mit einer Headline, einem zentralen Produktbild und eurem Slogan. Ihr könnt auch einen kurzen Werbetext einfügen.

Ihr könnt eure Werbeanzeige auch am Computer erstellen.

9 Präsentiert eure Ergebnisse in der Klasse. Führt dazu einen Museumsrundgang durch.

Arbeitstechnik

Einen Museumsrundgang durchführen

Schritt 1
Man hängt die Ergebnisse einer Projektarbeit wie in einem Museum auf. Alle Schülerinnen und Schüler sehen sich nach und nach die Bilder in Ruhe an.

Schritt 2
Aus jeder Gruppe stellt sich jeweils eine Person vor jedes Bild. Die Gruppenmitglieder, die vor ihrem eigenen Produkt stehen, erklären dies kurz und stehen für Erklärungen und Fragen zur Verfügung.

Schritt 3
Nach einer Weile rücken die Gruppen zu dem nächsten Bild weiter. Das nächste Gruppenmitglied, das nun vor dem eigenen Produkt steht, erklärt dieses kurz und steht ebenfalls für Erklärungen und Fragen zur Verfügung.

Die Gruppen rücken so lange weiter bis alle Bilder besprochen wurden.

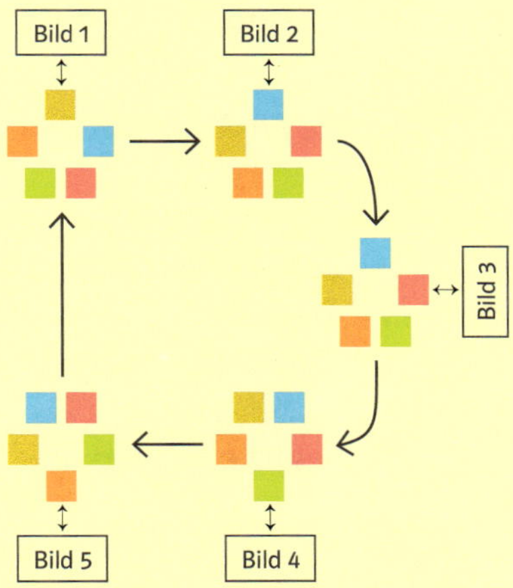

10 EXTRA Wählt Aufgabe A oder B aus.
A Plant für euer Produkt einen kurzen Werbespot. Nehmt ihn auf und präsentiert ihn in eurer Klasse.
B Sammelt Ideen, wie ihr am besten für euer Produkt im Internet werben könntet. Überlegt euch dazu eine passende Werbeform.

Ihr könnt den Werbespot auch als Theaterszene vorspielen.

11 EXTRA Stimmt ab, welche Werbeanzeige ihr am besten findet. Begründet eure Auswahl.

○ Aufgabe 1, 2, 3, 4, 5, 6 ◒ Aufgabe 7, 8, 9, 11 EXTRA ● Aufgabe 10 EXTRA

Teste dich selbst!

Üben interaktiv
zv42uu

1 Erkläre mit eigenen Worten den Begriff „Werbung".

2 Ordne die folgenden Begriffe der richtigen Bedeutung zu.

Werbemittel	Werbeträger
Werbeformen, die in oder auf den verschiedenen Werbeträgern verwendet werden können.	Medien oder Gegenstände, auf denen die Werbung zum Verbraucher „getragen" wird.

3 Ordne die folgenden Beispiele den Begriffen „Werbemittel" und „Werbeträger" zu. Ergänze zu jedem Begriff jeweils zwei weitere Beispiele.

Fernsehen | Radio | Internet | Werbeprospekt | Aufkleber

Plakat | Fernsehspot | Radiospot | Aufschrift auf einem T-Shirt

4 Erläutere das AIDA-Modell, indem du zu jeder Frage ein passendes Beispiel nennst.
- Wie wird in der Werbung die Aufmerksamkeit auf ein Produkt gelenkt?
- Was macht eine Anzeige interessant?
- Löst die Anzeige ein positives Gefühl in dir aus? Wenn ja, welches?
- Was bringt dich dazu, das Produkt zu kaufen?

Wie konntest du Aufgabe 1 bis 5 lösen?
😐 → Seite 226/227
😊 → Seite 228 EXTRA

5 Ordne die Begriffe auf den rosa Kärtchen der Anzeige zu.

Werbeslogan

zentrales Produktbild

Werbetext

Headline

6 Untersuche die Werbeanzeige aus Aufgabe 5 genauer. Beantworte dazu die folgenden Fragen.
- Was wird in der Anzeige dargestellt?
- Welche Farben wurden gewählt?
- Wie ist die Schrift angeordnet?
- Was springt direkt ins Auge?
- Welches Gefühl löst die Anzeige bei dir aus?

7 Würdest du das Produkt kaufen? Begründe deine Entscheidung.

8 Ordne die sprachlichen Mittel den Werbeslogans zu.

Sprachliche Mittel	Werbeslogans
Wörter aus dem Englischen (Anglizismen)	Ich bin ein Gourmeggle.
Wortneuschöpfung (Neologismus)	Fast so nah, als wär man da.
Alltags- und Jugendsprache	Spiel, Spaß, Spannung, Schokolade.
Steigerung (Superlative)	Share moments. Share life.
Reim	Essen fürs Ich.
Alliteration	Wäscht so weiß, weißer geht's nicht!

Wie konntest du Aufgabe 6 bis 8 lösen?
😐 → Seite 226/227
😊 → Seite 228 EXTRA

9 Nenne zwei Werbeformen im Internet und erkläre sie.

10 Erkläre den Begriff „virales Marketing" mit eigenen Worten.

Wie konntest du Aufgabe 9 und 10 lösen?
😐 → Seite 230
😊 → Seite 230 EXTRA

11 Ein Auftraggeber bittet dich, für ein neues Produkt zu werben. Entscheide dich für eins der Produkte und gestalte eine Werbeanzeige dafür. Orientiere dich dabei an den folgenden Fragen.
- Für welche Zielgruppe ist das Produkt gedacht?
- Wie soll die Verpackung aussehen (Form, Farbe)?
- Welcher Name passt zu dem Produkt?
- Welcher Slogan passt zu dem Produkt?
- Welche Headline könnte die Anzeige haben?

Handy | Eis | Schokoriegel | Kopfhörer

Wie konntest du Aufgabe 11 lösen?
😐 → Seite 196/197
😊 → Seite 197 EXTRA

6

Liebesbotschaften früher und heute

Die Vielfalt der Sprache(n) untersuchen

1 Seht euch die Bilder an. Führt dazu ein Murmelgespräch, in dem ihr über die folgende Frage sprecht.

Auf welchem Weg lässt sich eine Liebesbotschaft eurer Meinung nach gut vermitteln?

In einem Murmelgespräch tauscht ihr euch leise mit eurem Tischnachbarn aus. Nach ein paar Minuten werden die Gesprächsergebnisse in der Klasse besprochen.

2 Kennt ihr weitere Möglichkeiten, jemandem seine Liebe zu gestehen?

3 Ordnet die Liebesbotschaften den Sprachen zu.

Te quiero | Ik hou van jou | 我爱你 | Amo te

Niederländisch | Portugiesisch | Spanisch | Japanisch

4 Spricht jemand in eurer Klasse noch andere Sprachen? Sammelt weitere Übersetzungen für den Satz „Ich liebe dich".

5 Seht euch auf eurem Schulweg, in der Schule oder in der Stadt nach Liebesbotschaften um. Bringt Fotos davon in den Unterricht mit oder berichtet davon.

Jetzt lernt ihr, ...

- ... Formen des Sprachwandels zu untersuchen.
- ... Wörterbücher zu verwenden.
- ... die Geschichte der Sprache zu erforschen.
- ... Liebesbotschaften in verschiedenen Sprachen zu vergleichen.
- ... Liebesbotschaften aus dem Mittelalter zu verstehen.
- ... Liebesgedichte aus unterschiedlichen Zeiten zu vergleichen.
- ... die Einflüsse digitaler Medien auf die Sprache zu erkennen.
- ... Jugendsprache zu untersuchen.

So erfuhr man es damals und heute

Phänomene des Sprachwandels kennenlernen

T4 Sprachbetrachtung und Sprachwandel Seite 246–248

1 Lest die Kurznachricht, die Merve an Jakob geschrieben hat. Fasst zusammen, welche Gefühle Merve darin beschreibt.

Kurznachricht

8. FEBRUAR 2015

hiii jakob,
jetzt biste schon seit einer woche im urlaub, und ich denk einfach so mega oft an dich: wie du mich morgens anlächelst, omg. wie du neulich gegrinst hast, als du dich im unterricht zu mir umgedreht hast. wie deine augen dabei geleuchtet haben. hast mich immer zum lachen gebracht lol. du bist wirklich voll süß! ich bin total traurig, dass du noch so lange an der nordsee bleibst. komm mal wieder online!
gute n8! hdgdl :-*
merve ^^

21:52

2 Welche Formulierungen, die typisch für die heutige Sprache sind, verwendet Merve? Schreibt sie heraus.

3 Schreibt eine Antwort von Jakob an Merve.

4 Lest den Brief von Maria Theresia. Beschreibt, wie er auf euch wirkt.

Maria Theresia lebte von 1717 bis 1780. Sie war Fürstin und Königin von Böhmen und Ungarn. 1736 heiratete sie Franz Stephan, der später deutscher Kaiser wurde.

8. Februar 1736

Durchlauchtigster Herzog, vielgeliebter Bräutigam!

Euer liebden Schreiben hat mich sehr gefreut, bin auch ganz persuadiert[1], dass Sie lieber selbes persönlich als schriftlich versichert hätten, wie nicht zweifle Euer Liebden ein gleiches von mir auch glauben werden. Ist wohl gut, dass nicht auf lange ist, und hoffe, dass es ins Künftige zu einer beständigeren und gewünschteren Einigkeit dienen wird, die versichere, dass Zeit meines Lebens verbleiben werde,
Euer Liebden getreueste Braut

Maria Theresia.

1 überzeugt

5 Nennt Textstellen, an denen man erkennt, dass es sich bei Maria Theresia und ihrem Bräutigam um Menschen eines hohen Standes handelt.

6 Übersetzt in Partnerarbeit den Brief in die heutige Sprache. Vergleicht eure Ergebnisse anschließend mit einem anderen Paar.

7 Vergleicht die Sprache der Kurznachricht und die des Briefes miteinander. Übertragt dazu die folgende Tabelle in euer Heft und ergänzt sie.

	Kurznachricht	Brief von 1736
Anredeform	Du-Form	Sie-Form
Auffällige Formulierungen und Begriffe	...	...
Kosenamen	...	...
Wörter aus anderen Sprachen	...	...

Merke

Phänomene und Ursachen des Sprachwandels

Sprache verändert sich ständig. Man nennt dieses Phänomen **Sprachwandel**.
Der Grund dafür ist, dass im Laufe der Zeit manche Wörter immer seltener verwendet werden und ihre Bedeutung in Vergessenheit gerät.
Einige Wörter entwickeln sich neu oder werden aus anderen Sprachen übernommen. Die Wörter passen sich dabei an die deutsche Sprache an.
Man nennt sie **Lehnwörter**: *flirten*
Andere Wörter bleiben unverändert. Man nennt sie **Fremdwörter**: *Kommunikation*
Im Laufe der Zeit änderten sich auch der **Sprachstil** und zum Teil auch die Grammatik. So wird heute z. B. immer seltener der Genitiv verwendet:
Anna kam schnellen Schrittes daher. → *Anna kam mit schnellen Schritten.*

8 Wenn sich die Sprache verändert, kann dies unterschiedliche Gründe haben. Ordnet die Beispiele in die Tabelle ein. Ergänzt weitere Beispiele.

Nutzt dazu auch die Texte auf der linken Seite.

Duzen statt Siezen | :-) | Rendezvous | Smartphone | hdgdl

flirten | App | Cybermobbing | lol | charmant | funzen

Gründe für den Sprachwandel	Beispiele
Neue technologische Entwicklungen	...
Einflüsse anderer Sprachen (z. B. Französisch, Latein, Englisch)	...
Neue Kommunikationsgewohnheiten (Kurznachricht statt Brief)	...
Gesellschaftlicher Wandel	...

9 EXTRA Schreibt einen Antwortbrief von Franz Stephan an Maria Theresia. Versucht dabei, ihre Sprache nachzuahmen.

Die Sprache der Liebe

Verschiedene Wörterbücher benutzen

→ **T4** Sprachbetrachtung und Sprachwandel Seite 249/250

1 Seht euch das Bild an und lest den Text. Habt ihr alte Schätze auf dem Dachboden oder im Keller? Berichtet davon.

Jonas schleppt gerade eine Kiste altes Spielzeug auf den Dachboden. Oben angekommen sieht er sich um und stellt fest, dass er nicht der Erste ist, der hier ausgediente Sachen abstellt: Omas alter Fernsehsessel, Papas alter Bildschirm und ganz hinten in der Ecke ein alter Koffer, der sofort seine Neugier weckt. Jonas öffnet ihn und entdeckt ein Bündel Briefe, die ganz alt aussehen. Von wann und von wem die wohl sind?
„Von Johannes. Für Louise" steht auf einem Umschlag. Johannes und Louise müssen seine Urgroßeltern gewesen sein. Oma erzählt manchmal von ihnen. Vorsichtig zieht Jonas einen Brief aus dem Umschlag und beginnt zu lesen.

2 Lest nun den Brief von Jonas' Urgroßvater. Beschreibt, wie der Sprachstil des Briefes auf euch wirkt.

12. Oktober 1915

Herzliebste Louise,

heute Nacht brach ein ungeheuerliches Gewitter hernieder, und nun weht's eisig. Große, aber auch wohlige Stürme kamen auch über mich, als ich am Vormittage Deinen Brief erhielt. Mir wurd warm und eine große Freude durchdrang mein Herz, weil Du mir diese Zeilen schriebst.
Ich las sie am Strand, an unserem Platze. Zu schnell verrann die Zeit und die Zahl der noch nicht gelesenen Zeilen, drum wiederholt ich sie dreimal, viermal, unzählige Male. Eine alte Dame schaute mich mit ihrem Parapluie in der Hand an und ich bemerkte, wie ich versonnen lächelte, den wiedereinsetzenden Regen gar nicht spürend.
Welch eine Wonne, von Dir geliebt zu werden. Ach Louise, könntest Du doch bei mir sein. Trotz Wind und Wetter wäre es wohlig und die Trübsal verschwände. Wenn Du wüsstest, wie ich mich nach Dir sehne, ich gäbe alles hin für Dich, hier bei mir. Und wenn Du dann herausträtest auf den Trottoir, könnt auch die Sonne sich nicht länger verstecken.
Versprich mir nichts, als diese eine Freude, dass unsere Liebe ewig währt. Mögest Du, meine Holde, mir diesen einzigen Wunsch nicht verwehren. Schreibe mir, ob Du an mich denkst. Ich gedenke Deiner täglich, ach stündlich, mehr noch jede Minute.

Dein Johannes

3 Schreibt aus dem Brief die Textstellen heraus, die ihr nicht gleich verstanden habt. Überlegt, wie ihr die Bedeutung der Begriffe klären könntet.

4 Im Folgenden findet ihr Erklärungen für drei Begriffe aus dem Brief. Ordnet sie den jeweiligen Nachschlagewerken zu. Nutzt dazu den Merke-Kasten.

1 2 3 4 5

Parapluie […'ply:] der (auch: das); -s, -s <lat.-fr.>: *(veraltet)* Regenschirm

1 6 5

hold [hɔlt] <Adj.>: *(dichter. veraltend)* anmutig, lieblich, von zarter Schönheit: komm doch, du holdes Mädchen!

7

5

Trübsal
1. Kreuz, Last, Leid, Qual, Schmerz; *gehoben:* Drangsal, Kümmernis, Pein, Weh
2. Bekümmerung, Jammer, Kummer, Trauer, Traurigkeit; *gehoben:* Betrübnis, Gram, Harm, Herzeleid, Herzweh, Seelenschmerz

5

Merke

In einem **Bedeutungswörterbuch** findet man die Grundbedeutung deutscher Begriffe sowie Beispiele, die den richtigen Gebrauch der Wörter angeben.

Ein **Fremdwörterbuch** enthält Begriffe, die aus anderen Sprachen in das Deutsche entlehnt wurden. Zudem werden die Begriffe erklärt.

In einem **Synonymwörterbuch** stehen Begriffe mit gleicher oder ähnlicher Bedeutung. Man kann es nutzen, um Texte abwechslungsreicher zu formulieren.

Die meisten Textverarbeitungsprogramme haben eine Synonymfunktion, z. B. Thesaurus. Dazu klickt man mit der rechten Maustaste auf ein geschriebenes Wort und erhält eine Liste mit Synonymen.

Alle Wörterbucharten findet man auch im Internet.

5 In Lexikoneinträgen werden viele Informationen genannt. Ordnet die folgenden Erklärungen den nummerierten Angaben aus den Lexikoneinträgen in Aufgabe 4 zu, z. B.: 2 → Artikel, …

Seht euch das Abkürzungsverzeichnis der jeweiligen Wörterbücher an.

Artikel | Aussprache in internationaler Lautschrift | Beispielsatz

Herkunft des Begriffes (z. B. aus dem Französischen) | Wortart

Genitiv Singular und Nominativ Plural | Sprachstil/zeitliche Einordnung

6 EXTRA Spielt mit den verschiedenen Wörterbüchern das Lexikonspiel.

→ **Kapitel 7** Seite 143

○ Aufgabe 1, 2, 3 ◒ Aufgabe 4 ● Aufgabe 5, 6 EXTRA

T4 Sprachbetrachtung und Sprachwandel Seite 251

Ein Brief aus der Vergangenheit

Die Geschichte der Sprache erforschen

1 In dem Brief auf Seite 118 schreibt Johannes: „Welch eine Wonne, von dir geliebt zu werden." Nennt Synonyme für das Wort „Wonne".

2 Lest den Wörterbucheintrag zum Begriff „Wonne". Besprecht, welche Informationen darin enthalten sind.

Mittelhochdeutsch — Indogermanisch — Althochdeutsch — Altenglisch

Wonne Das Substantiv Wonne *mhd.* wünne, wunne, *ahd.* wunn[i]a, *aengl.* wynn gehört zu der unter → *gewinnen* dargestellten *idg.* Wurzel *u̯en[ə] – „umherziehen, streifen, nach etwas suchen oder trachten".
Wonne bedeutet zunächst „Verlangen, Lust, Freude, Genuss", dann „was Genuss, Freude bereitet", anfänglich mehr in materiellem Sinne, später auch in geistigem. Schon in *ahd.* Zeit konnte das Substantiv Wonne auch für das damit verwandte, bereits damals aussterbende *ahd.* winne „Weide[platz]" in dessen Bedeutung eintreten.

Merke

Die **Etymologie** gibt Auskunft über die **Geschichte eines Wortes**. Man erfährt, woher ein Wort stammt und wie es sich im Laufe der Zeit verändert hat.
Man kann die Entwicklung eines Wortes in einem **Sprachenstammbaum** veranschaulichen.

3 Vervollständigt den Sprachenstammbaum zum Begriff „Wonne". Nutzt die Informationen aus dem Wörterbuchartikel. Zeichnet den Stammbaum dafür in euer Heft.

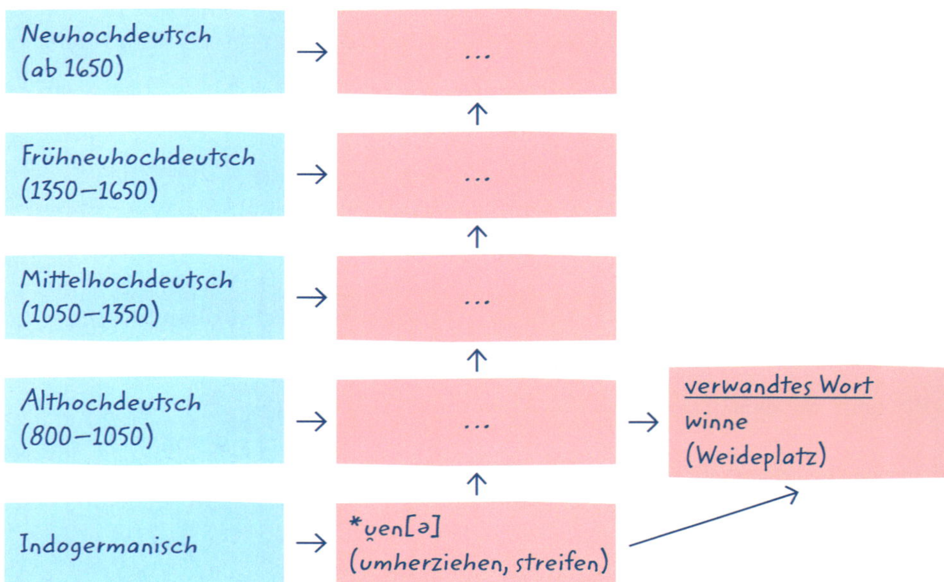

4 Vergleicht die verschiedenen Sprachstufen in dem Sprachenstammbaum. Welche Lautveränderungen stellt ihr fest? Ergänzt dazu den folgenden Text.

Das Wort „Wonne“ stammt vom indogermanischen ___.
Aus ___ wurde zwischen 800 und 1050 das Wort ___. Dies beginnt nun mit dem Buchstaben ___.
Im Mittelhochdeutschen wurde der Buchstabe ___ durch ___ ersetzt.
Daraus wurde ab 1350 das Wort ___, das auch heute noch verwendet wird.

5 Das althochdeutsche Wort „wunn[i]a“ wurde auch als Begriff für „Weideplatz“ verwendet. Auch das heutige Wort „wohnen“ ist damit verwandt. Erklärt, wie die Begriffe zusammenhängen. Vergleicht dazu ihre Bedeutung.

6 Jonas' Urgroßvater nennt seine Frau in seinem Liebesbrief „meine Holde“. Zeichnet mithilfe des folgenden Lexikoneintrags einen Sprachenstammbaum für das Wort „hold“.

hold Das *gemeingerm.* Adjektiv *mhd.* holt, *ahd.* hold „günstig, gnädig, ergeben, dienstbar, treu“, *gotisch* hulþs „gnädig“, *aengl.* hold „gnädig, günstig, angenehm, treu“, *schwedisch* huld „gnädig, freundlich“ gehört wahrscheinlich im Sinne von „geneigt“ zu der unter → *Halde* dargestellten Wortgruppe. Das Adjektiv hold liegt auch dem Namen der Sagen- und Märchengestalt Frau Holle (s. Holle) und der Bildung Unhold (*mhd.* unholde „der Böse, Teufel“, *ahd.* unholdo „böser Geist“) zugrunde.

7 EXTRA Schlagt die folgenden Begriffe in einem etymologischen Wörterbuch nach. Erstellt dazu einen Sprachenstammbaum.

Hochzeit | Paar | Gatte | Frau | Mann

Ihr könnt auch das Internet nutzen.

Surftipp
2b269w

T4 Sprachbetrachtung und Sprachwandel Seite 251

Ihr könnt auch im jeweiligen Sprachwörterbuch oder im Internet nachsehen.

Te quiero – Ich liebe dich

Liebesbotschaften in verschiedenen Sprachen vergleichen

1 In den Sätzen fehlen einzelne Wörter. Ordnet die folgenden Begriffe der passenden Sprache zu. Schreibt die Sätze dazu in euer Heft.

أنا | love | älskar | seni | aime | Ik | Volim | Ti

Englisch	I	___	you
	Ich	liebe	dich
Französisch	Je	t'	___
	Ich	dich	liebe
Türkisch	___	seviyorum	
	Dich	liebe ich	
Kroatisch	___	te	
	Liebe ich	dich	
Schwedisch	Jag	___	dig
	Ich	liebe	dich
Italienisch	___	amo	
	Dich	liebe ich	
Arabisch	أحبك	___	
	Liebe dich	ich	
Niederländisch	___	hou van	jou
	Ich	liebe	dich

Achtet auf ähnliche Wörter und auf die Stellung der Wörter im Satz.

2 Vergleicht die Sätze aus Aufgabe 1 miteinander. Welche Gemeinsamkeiten und Unterschiede fallen euch auf?

3 Erklärt Gemeinsamkeiten und Unterschiede zwischen den Sprachen mithilfe des Sprachenstammbaums.

Merke

Sprachen lassen sich unterschiedlichen **Sprachfamilien** zuordnen.
Das Deutsche gehört wie das Englische zur Gruppe der **germanischen Sprachen**. Diese haben denselben Ursprung wie z. B. die **romanischen Sprachen** (Französisch, Spanisch, …), nämlich das **Indoeuropäische**.
Das Türkische und das Arabische gehören zu anderen Sprachfamilien. Das Türkische zur Gruppe der **Turksprachen**, das Arabische zu den **semitischen Sprachen**.

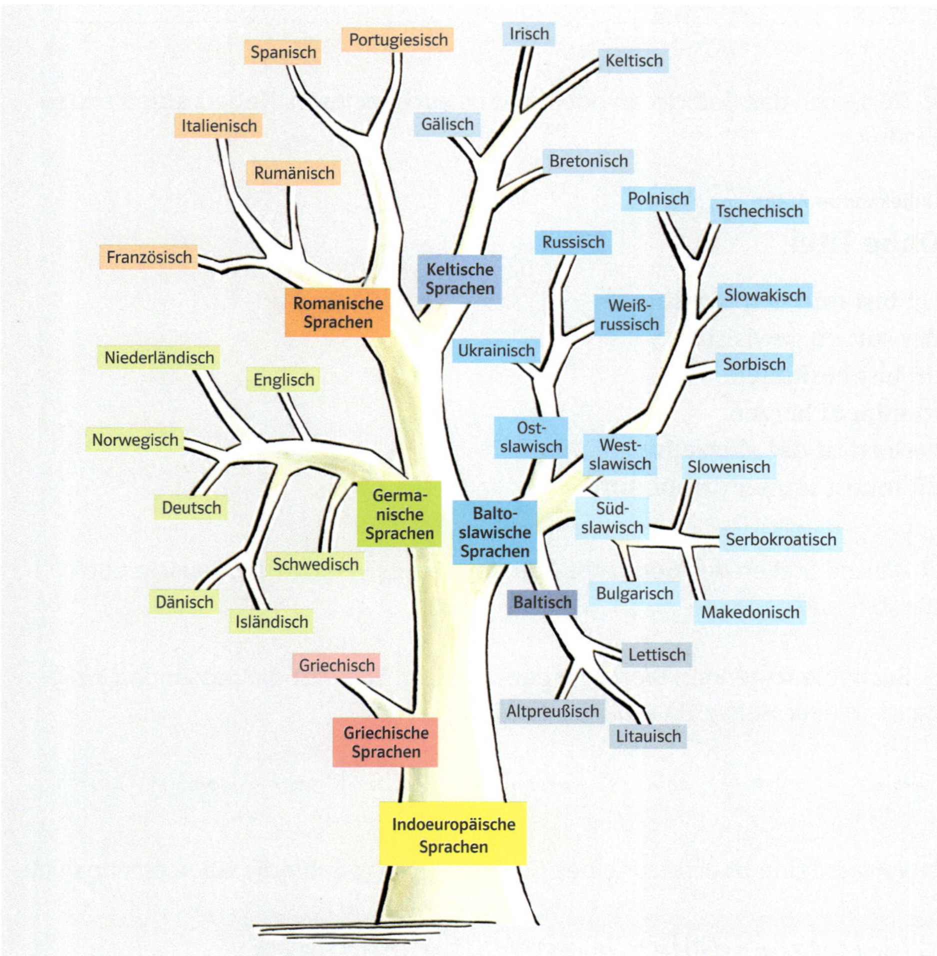

4 EXTRA Sprecht ihr neben Deutsch noch eine weitere Sprache? Gebt euren Mitschülern doch einmal eine kurze Einführung, z. B. in die Bereiche Alphabet oder Satzbau. Nennt die Unterschiede zum Deutschen.

5 EXTRA Informiert euch im Internet über die Verwandtschaft von anderen Sprachfamilien, z. B. den Turksprachen. Stellt eure Ergebnisse der Klasse vor.

○ Aufgabe 1 ◒ Aufgabe 2 ● Aufgabe 3, 4 EXTRA, 5 EXTRA

Dû bist mîn, ich bin dîn.

Liebesbotschaften aus dem Mittelalter untersuchen

→ **T3** Umgang mit literarischen Texten Seite 221/222

1 Beschreibt, was ihr auf dem Bild auf der rechten Seite seht. Beachtet dabei auch die Informationen aus dem Merke-Kasten.

Merke

Im Mittelalter entstand der sogenannte **Minnesang**. **Minne** bedeutet Liebe oder auch verehrendes Denken an jemanden. Mit den Liebesgesängen bedachten Sänger meistens höhergestellte Frauen, die sie verehrten.
Diese Minnelieder sind die ersten uns überlieferten Liebesgedichte in deutscher Sprache.

2 Hört euch das Gedicht an oder lasst es euch vorlesen. Notiert euren ersten Eindruck.

Hörverstehen b3e36s

Vokale mit ˆ werden lang gesprochen. Das **z** wird wie ein **s** gesprochen.

Unbekannter Autor

Ohne Titel

Dû bist mîn, ich bin dîn:
des solt dû gewis sîn.
dû bist beslozzen
in mînem herzen:
verlorn ist daz slüzzelîn:
dû muost immer drinne sîn.

3 Welche Stellen des Gedichtes habt ihr bereits verstanden? Tauscht euch darüber aus.

4 Sucht die folgenden Wörter in dem Gedicht. Schreibt die passenden Wortpaare in euer Heft, z. B.: *mein → mîn, …*

mein | *sollst* | *dein* | *verschlossen* | *Schlüssel* | *sein* | *musst*

5 Verfasst eine Übersetzung des Gedichtes. Nutzt dafür die Übersetzungshilfe.

Übersetzungshilfe für mittelalterliche Texte

Mittelhochdeutsch	Heutiges Deutsch
î	ei
îu	eu/äu
uo	u

6 Hört euch das Gedicht an oder lasst es euch vorlesen. Notiert euren ersten Eindruck.

Walter von der Vogelweide

Ohne Titel

Herzeliebez frowelîn,
got gebe dir hiute und iemer guot!
kund ich baz gedenken dîn,
des hete ich willeclîchen muot.
waz sol ich dir sagen mê,
wan daz dir nieman holder ist?
owê dâ von ist mir vil wê.

Sie verwîzent mir daz ich
so niedere wende mînen sanc.
daz si niht versinnent sich
waz liebe sî, des haben undanc!
Sie getraf diu liebe nie.
die nach dem guote und nach der schoene
minnent, wê wie minnent die? […]

Hörverstehen
4cv8fn

7 Wählt Aufgabe A oder B aus.

A Untersucht, welche Gefühle in dem Gedicht angesprochen werden. Notiert passende Textstellen.

B Vervollständigt die Übersetzung des Minnegedichtes, indem ihr die neuhochdeutschen Wörter für die markierten Stellen in die Lücken eintragt.

Ihr könnt ein Etymologisches Wörterbuch als Hilfe verwenden.

___ kleine Frau,
Gott segne dich ___ und immerdar!
___ ich es besser in Worten sagen,
wie ich dein gedenke,
von Herzen gern würde ich es tun.
Was kann ich dir noch mehr ___,
als dass dich keiner so lieb hat wie ich?
Ach, das bringt mir viel ___.

Man wirft mir vor, dass ich
an Niedere meinen Sang wende.
O, dass sie ___ begreifen,
was wahre Liebe ___; verwünscht
sollen sie sein!
Die wahre Liebe hat sie nie getroffen,
die nur um des Reichtums und der
___ Willen lieben.
Ach, wie kläglich lieben sie.

Merke

Sprachen verändern sich ständig. Die deutsche Sprache entwickelte sich ab dem 11./12. Jahrhundert vom **Althochdeutschen** zum **Mittelhochdeutschen**. Daraus entstand etwa im 13./14. Jahrhundert das **Frühneuhochdeutsche**, aus dem sich im 16./17. Jahrhundert unsere heutige Sprache, das **Neuhochdeutsche**, entwickelte.

Ich denke dein.

Liebesgedichte unterschiedlicher Zeiten vergleichen

T3 Umgang mit literarischen Texten Seite 221/222

Hörverstehen
3af4ht

Albert Ostermaier

always on my mind

ob ich mich im auto im
kreisverkehr um die
inseln dreh & plötzlich
aus dem wagen spring
den motor laufen lasse &
mir ist als müsste ich
abgeschnallt völlig
durchgeknallt um mein
leben rennen egal ob
ichs eilig hatte &
noch immer schwitze
während ich regungslos
an der haltestelle sitze
& mit offenen augen
penne die straßenbahn
beim abfahren verpasse
weils mir egal ist oder ich
ohne mich zu erschrecken
mir den mund verbrenne
an räucherstäbchen die
nach erdbeeren schmecken
morgens die rote tasse
weils deine ist nicht aus
den händen lasse & dabei
vergess sie unter die
maschine zu halten mich
in sie versenke während
der kaffee ins leere fließt
ans rauschen des meeres
denke mich nicht von
der stelle rühr wozu auch
wenn mir der sinn nach
dir steht & die welt egal
wo ich bin sich dreht
denn du bists die sie für
mich bewegt.

Hörverstehen
7tg5cw

Johann Wolfgang von Goethe

Nähe des Geliebten

Ich denke dein, wenn mir der Sonne Schimmer
Vom Meere strahlt;
Ich denke dein, wenn sich des Mondes Flimmer
In Quellen malt.

Ich sehe dich, wenn auf dem fernen Wege
Der Staub sich hebt;
In tiefer Nacht, wenn auf dem schmalen Stege
Der Wandrer bebt.

Ich höre dich, wenn dort mit dumpfem Rauschen
Die Welle steigt.
Im stillen Haine geh' ich oft zu lauschen,
Wenn alles schweigt.

Ich bin bei dir, du seist auch noch so ferne,
Du bist mir nah!
Die Sonne sinkt, bald leuchten mir die Sterne.
O wärst du da!

1 Lest die beiden Gedichte oder hört sie euch an. Sprecht über euren ersten Eindruck.

2 Stellt Vermutungen darüber an, aus welcher Zeit die beiden Gedichte jeweils stammen könnten. Begründet eure Überlegungen.

3 Vergleicht die Gedichte mithilfe der Arbeitstechnik „Partnerpuzzle“. Übertragt dazu die folgende Tabelle in euer Heft und ergänzt sie.

	Albert Ostermaier: Always on my mind	Johann Wolfgang von Goethe: Nähe des Geliebten
Thema	…	…
Form (Strophen, Reimschema, Metrum)	…	…
Auffällige Begriffe	…	…
Auffällige Schreibweisen	…	…
Satzbau	…	…

Arbeitstechnik

Partnerpuzzle

Vorbereitung

Für diese Arbeitstechnik sitzt man zu viert an einem Gruppentisch.

Ablauf

1. Einzelarbeit: Jeder Schüler bearbeitet die Aufgabe leise für sich.

2. Partnerarbeit 1: Besprecht euer Ergebnis mit eurem Sitznachbarn. Helft euch bei Verständnisfragen und ergänzt jeweils eure Lösungen.

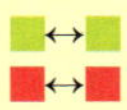

3. Partnerarbeit 2: Stellt nun jeweils eurem Gegenüber eure Ergebnisse vor. Notiert die wichtigsten Punkte und stellt Fragen, wenn ihr etwas nicht versteht.

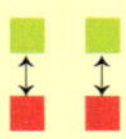

4. Partnerarbeit 3: Tauscht euch nun noch einmal mit eurem Sitznachbarn aus und vergleicht, ob ihr die Erklärungen eures Gegenübers richtig verstanden habt.

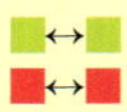

Schlussphase

5. Klärt offene Fragen in der Klasse und fasst die Ergebnisse zusammen.

4 EXTRA Wählt eines der beiden Gedichte aus. Verfasst dazu eigene Verse. Versucht dabei, einen ähnlichen Sprachstil wie der Autor zu verwenden.

Vom Brief zur SMS

Sprachwandel durch digitale Medien bewerten

T4 Sprachbetrachtung und Sprachwandel Seite 246–248

1 Gebt wieder, welche Gefühle Heinrich Heine in seinen Briefen beschreibt und von welchen Problemen er berichtet.

Heinrich Heine (1797–1856) war ein berühmter deutscher Dichter. Er lebte einen großen Teil seines Lebens in Frankreich. Dort lernte er seine Frau Mathilde kennen, die er in seinen Briefen Nonotte nannte.

Heinrich Heine

An Mathilde Heine

Geliebte Nonotte!

Ich habe noch keine Nachricht von Dir erhalten, und ich fange schon an, mich darüber recht zu beunruhigen. Ich bitte Dich dringend, mir so bald als möglich zu schreiben [...]. Ich werde hier wahrscheinlich noch vierzehn Tage bleiben, und bei meiner Abreise werde ich meine Vorsichtsmaßnahmen treffen, damit Deine Briefe nach Paris zurückgesandt werden, falls sie zu spät anlangen sollten. [...]

Ich denke beständig an Dich, und ich vermag nicht ruhig zu sein. Unbestimmte und trübe Sorgen quälen mich Tag und Nacht. Du bist die einzige Freude meines Lebens – mache mich nicht unglücklich!

Hamburg, den 27. August 1844

Meine liebe Nonotte!

Endlich, Gott sei Dank, endlich habe ich Deinen Brief erhalten. Es war letzten Sonntag, in dem Momente, wo ich es vor Unruhe nicht mehr aushalten konnte, wo ich in eine Anspannung versunken war, von welcher Du Dir keine Vorstellung machen kannst. Bei dem bloßen Anblick Deines Briefes jauchzte mein Herz, ich trällerte, ich tanzte und ich ging ins Theater, um mich an Gesang und Tanz zu ergötzen. [...]

Ich befinde mich besser, seit ich Nachrichten von Dir habe; schreibe mir oft, sonst versinke ich wieder in meine schwarze Laune. [...]

Von Herzen
Dein armer Mann
Henri Heiné

2 Heute haben wir durch das Internet und Mobiltelefone ganz andere Kommunikationsmittel zur Verfügung. Benennt, was sich dadurch verändert hat.

3 Schreibt die folgende Kurznachricht um, indem ihr alle Abkürzungen und Zeichen ausformuliert und auf eine korrekte Schreibweise achtet.

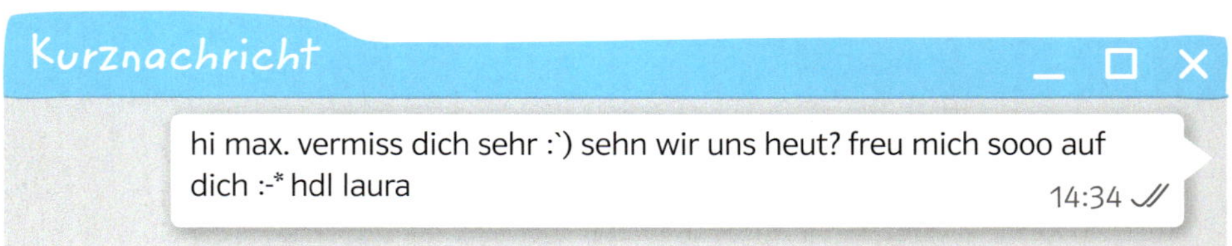

4 Vergleicht in Partnerarbeit eure umformulierten Kurznachrichten. Überlegt, warum man in Kurznachrichten so viele Abkürzungen und Emoticons verwendet.

Merke

Unsere Sprache hat sich auch durch moderne Kommunikationsmittel verändert. So sind **neue Schreibweisen und Zeichensysteme** entstanden:
- **Emoticons** sind Zeichen (icons), die Gefühle (emotions) ausdrücken: :-) oder :-(
- Häufig werden feststehende **Abkürzungen** verwendet: *hdgdl → hab dich ganz doll lieb* oder *lol → laughing out loud*
- Außerdem werden in der schriftlichen Kommunikation per E-Mail oder Kurznachrichten **mündliche Formulierungen** verwendet: *sehn* statt *sehen*, *freu mich* statt *Ich freue mich*
- Häufig werden alle Wörter klein geschrieben.

5 Moderne Kommunikationsmittel – Chance oder Risiko für unsere Sprache?
- Verdeutlicht eure Meinung zunächst mithilfe einer Positionslinie zu den folgenden Behauptungen.
- Diskutiert die Fragestellung, indem ihr auf die genannten Behauptungen und Argumente eingeht.

→ **T5** Positionslinie Seite 270

6 EXTRA Verfasst eine schriftliche Stellungnahme zu der Frage aus Aufgabe 5. Entscheidet euch dazu für eine Position.

→ **Kapitel 8** Seite 164–167

→ T4 Sprachbetrachtung und Sprachwandel Seite 247–249

Hey chicka, du bist echt hamma!

Jugendsprache untersuchen

1 Stellt euch vor, eure Großeltern würden die folgenden Nachrichten lesen. Erklärt, was die Jugendlichen sich hier mitteilen.

• Lilly

12. November 2015 15:04

hey chicka, du bist echt hamma. Hab dein neues pic gelikt.

Süße, hab's leider voll vercheckt, dich zu callen. fail. fänd's aber cool, wenn wir uns heute treffen würden.

Kurznachricht

15. DEZEMBER 2015

Hi Joel, was geht? Bock heute nach der Schule zu chillen? HDGGGGDL Maria
10:52

2 Jugendsprache verändert sich ständig. Tauscht euch darüber aus, welche der Formulierungen ihr verwendet und welche ihr nicht gebraucht.

3 Schreibt jugendsprachliche Begriffe, die ihr momentan verwendet, auf kleine Kärtchen. Notiert eine „Übersetzung" dazu. Sortiert die Kärtchen gemeinsam nach Lebensbereichen.

4 Wählt Aufgabe A oder B aus.

A Ordnet die jugendsprachlichen Begriffe aus den drei Nachrichten sowie eure selbst gesammelten Wörter in die Tabelle ein. Berücksichtigt dabei die Merkmale von Jugendsprache aus dem Merke-Kasten auf der rechten Seite.

Übertreibungen/ Intensivierungen	Metaphern	Bedeutungs-umkehrungen	Anglizismen	Ausrufe-wörter
echt hamma	hamma (Hammer)	…	…	…

B Schreibt einen eigenen Liebesbrief in aktueller Jugendsprache.

Merke

Unter **Jugendsprache** versteht man die Sprache, die Jugendliche untereinander verwenden. Sie dient der Verständigung innerhalb einer Gruppe und der Abgrenzung zu anderen Gruppen.

Merkmale von Jugendsprache sind:
- **Übertreibungen/Intensivierungen**: *mega* cool, *super* hübsch
- **Metaphern**: *abgehen*, sich auf einen Stuhl *pflanzen*
- **Bedeutungsumkehrungen**: ein *pervers* guter Film, *übelst* gute Laune
- **Anglizismen** (Wörter, die aus dem Englischen oder Amerikanischen entlehnt wurden): *dissen, geflasht*
- **Ausrufewörter**: *boah, hey*

Jugendsprache wandelt sich ständig und kann von Region zu Region unterschiedlich sein. Auch innerhalb der Jugendsprache gibt es weitere Untergruppen, z. B. die Sprache des HipHop.

5 Manche Wörter, die ursprünglich aus dem Englischen stammen, werden an die deutsche Grammatik angepasst. Seht euch das folgende Beispiel an. Nennt weitere Beispiele für Anglizismen.

Zeitform	Person	Wortform
Präsens	ich	like
	du	likst
	er/sie/es	likt
Präteritum	ich	likte
Perfekt	ich	habe gelikt

6 Überlegt, warum Jugendliche eine eigene Sprache entwickeln.

7 EXTRA Erstellt ein „Wörterbuch der Jugendsprache", z. B. in Form eines Vokabelheftes.

abgehen	sich ereignen, passieren
Babo	Boss, hoch angesehene Person
Bimo	Kurzform für „Bis morgen"
Bling, bling	auffällig
...	...

8 EXTRA Fragt eure Eltern oder Großeltern nach typischen Begriffen aus ihrer Jugend. Schreibt diese und ihre „Übersetzung" auf und stellt sie in der Klasse vor.

Teste dich selbst!

Üben interaktiv
9434sm

1 Lies den Brief von Bettina Brentano an ihren späteren Ehemann Achim von Arnim. Schreibe Textstellen heraus, die man heute anders formulieren würde.

Wie konntest du Aufgabe 1 lösen?
Seite 221/222
Seite 222 EXTRA

Bettina Brentano und Achim von Arnim waren deutsche Schriftsteller. Sie heirateten 1811 und hatten gemeinsam sieben Kinder.

Bettina Brentano

An Achim von Arnim

Frankfurt, April 1808

Eine einzige Minute Deiner Einsamkeit, lieber Arnim, die Du mir zuweilen in Deinen Briefen mit lieblicher Treue beschreibst, kann mich so erfreuen, dass ich dieses Gefühl nicht um deine Gegenwart tauschen möchte, und Gott weiß doch, wie lieb ich Dich hab und weiß, wie ich täglich darin fortarbeite und es mir fest versprochen hab, nie zu rasten in dieser Liebe, mag auch geschehen, was will in Deinem Leben.
So geht mir's auch mit Deinen Liedern; ich gewinne diese täglich lieber, sie sind mir wie Strahlen von Deinem Gemüt, die sich durch ihre Kraft fest vor das innere Aug gepflanzt haben, und wer das äußere Aug zutut und Dich, seinen Freund, bedenken will, wie ich oft tue, dem stellen sie sich also dar und erleuchten ihm die Lieblichkeit Deiner Seele. […]
Adieu, mein lieb Leben, das ich teuer achte. Adieu, Hand und Mund, die ich drück und küsse.
Bettine.

2 Nenne drei Gründe dafür, dass Sprache sich wandelt. Belege sie mit passenden Beispielen.

Wie konntest du Aufgabe 2 lösen?
Seite 246/247
Seite 247/248 EXTRA

3 Nenne Nachschlagewerke, die du nutzen kannst, um die Bedeutung des Begriffes „Gemüt" zu erklären.

Wie konntest du Aufgabe 3 lösen?
Seite 249/250
Seite 250 EXTRA

4 Übersetze den Brief von Bettina Brentano in die heutige Sprache.

Wie konntest du Aufgabe 4 lösen?
Seite 221/222
Seite 222 EXTRA

5 Lies den folgenden Lexikoneintrag aus einem Bedeutungswörterbuch. Notiere, welche Informationen hinter den markierten Bestandteilen des Eintrags stecken.

Wie konntest du Aufgabe 5 lösen?
Seite 249/250
Seite 250 EXTRA

Ge|müt [gə'my:t], das; -[e]s, -er:
1. <ohne Plural> a) Gesamtheit der geistigen und seelischen Kräfte eines Menschen: sie hat ein kindliches, liebevolles Gemüt. Syn.: Seele. b) Empfänglichkeit für Eindrücke, die das Gefühl ansprechen: er hat viel Gemüt; das rührt uns an, ist etwas fürs Gemüt.
2. Mensch (in Bezug auf seine geistig-seelischen Regungen): er ist ein heiteres, ängstliches Gemüt; der Vorfall beunruhigte die Gemüter.

6 Erstelle auf Grundlage des folgenden Lexikoneintrags aus einem etymologischen Wörterbuch einen Sprachenstammbaum zu dem Begriff „treu“.

Wie konntest du Aufgabe 6 lösen?
→ Seite 251
→ Seite 251 **EXTRA**

treu Die heutige Form geht auf mhd. triuwe zurück, das im 14. Jh. neben gleichbedeutendes älteres mhd. getriuwe, ahd. gitriuwi (daraus nhd. getreu) trat. Vgl. aus anderen germ. Sprachen got. triggws „treu, zuverlässig“, aengl. [ge]trīewe „treu, ehrlich“ (engl. true „treu, wahr, richtig, echt“) und schwed. trygg „sicher, getrost“. [...] Die Wortgruppe gehört zu dem unter Teer dargestellten idg. *deru- „Eiche, Baum“, zu dem auch die unter Trost [...] und trauen [...] behandelten Wörter gehören. Das Adjektiv ‚treu‘ bedeutet demnach eigentlich „stark, fest wie ein Baum“. Zu ‚treu‘ gebildet ist Treue (mhd. triuwe, ahd. triuwa, got. triggwa, niederl. trouw, aengl. trēow [...]). Zum Substantiv stellt sich das Verb **betreuen** (mhd. betriuwen „in Treue erhalten, schützen“). [...]

7 Erkläre mithilfe des Lexikoneintrags, wie die Begriffe *Treue*, *Teer* und *Baum* zusammenhängen. Vergleiche dazu die Bedeutung der Wörter.

8 Nenne die Sprachfamilien, zu denen das Deutsche, das Französische und das Türkische gehören.

Wie konntest du Aufgabe 7 und 8 lösen?
→ Seite 249/250
→ Seite 250 **EXTRA**

9 Erkläre, woran man erkennt, dass das folgende Liebesgedicht aus der heutigen Zeit stammt. Notiere passende Textstellen dazu.

Stefan Dörsing

Liebesgedicht

Die Welt schaut für mich manchmal aus,
wie n Blick durch beschlagene Fensterscheiben,
und das einzige, was mich manchmal erkennen lässt,
dass ich lebe
ist Adrenalin –
und du – Duuu, nur Du,
denn wenn ich an dich denke,
dann zeigst du mir,
wie ich meine beschlagenen Fensterscheiben öffnen kann
um mir ne klare Sicht der Dinge zu verschaffen,
und wenn ich an dich denke,
dann zeigst du mir,
wie ich die frische Morgenluft,
im tiefsten Winter,
durch meine Lungenflügel strömen lassen und genießen kann,
wie ich –
BEAT –
es zu betrachten habe,
um es als Wassereis zu deklarieren.
Und ich denk an dich
BEAT
Und ich denk an dich
BEAT
Und ich denk an dich [...]

10 Nenne Beispiele, die zeigen, wie digitale Medien unsere Sprache verändern. Nimm Stellung zu diesen Veränderungen.

Wie konntest du Aufgabe 9 und 10 lösen?
→ Seite 246/247, 249
→ Seite 247/248, 249 **EXTRA**

7

Vielerorts Deutsch

Rechtschreibung und Zeichensetzung

1 Ordnet die Länder den Farben in der Karte oben zu.

Deutschland · Österreich

Italien · Schweiz · Belgien

Luxemburg · Liechtenstein

In diesem Kapitel wird auf jeder Doppelseite ein Phänomen zur Rechtschreibung oder Zeichensetzung bearbeitet. Das Besondere dabei ist, dass ihr nicht alle Aufgaben lösen müsst. Auf jeder Doppelseite gibt es einen ✓ Eingangs-Check, mit dessen Hilfe ihr prüft, ob ihr bei den Themen noch etwas mehr Übungen benötigt oder bereits fit seid. Bei ein bisschen mehr Übungsbedarf wählt ihr die 😐-Aufgaben. Ansonsten könnt ihr die kniffeligen 😊-Aufgaben bearbeiten.

2 Kennt ihr die typischen Farben der einzelnen Länder? Ordnet die Trikots der Kinder ihren Ländern zu.

3 In den Ländern ist auch Deutsch eine der Amtssprachen. Habt ihr schon einmal eins dieser Länder besucht? Berichtet davon.

4 Besprecht, woran es liegen kann, dass in einem Land mehrere Sprachen gesprochen werden.

Jetzt lernt ihr, ...

- ... die Großschreibung zu beachten.
- ... häufige Fehlerquellen in der Rechtschreibung zu vermeiden.
- ... die Getrennt- und Zusammenschreibung zu unterscheiden.
- ... Fremdwörter zu erkennen und zu erklären.
- ... die Zeichensetzung richtig anzuwenden.
- ... Attribute und Satzglieder zu untersuchen.
- ... verschiedene Nebensatzarten zu erkennen und zu bilden.

→ **T4** Rechtschreibung
Seite 237/238

Liechtenstein

Die Großschreibung beachten

✓ Eingangs-Check: Liechtenstein

Achtet auf die Satzanfänge.

1 Schreibt den Text in der richtigen Groß- und Kleinschreibung in euer Heft.

das durchwandern des landes liechtenstein ist für sportliche auch zu fuß möglich, denn man stößt schnell an seine landesgrenzen. es misst an der breitesten stelle 12,36 kilometer und an seiner längsten 24,56 kilometer. wer am frühen morgen an der einen grenze losgeht, kann nachmittags das land schon wieder verlassen, wenn er immer geradeaus geht. im wesentlichen sind die grenzen liechtensteins natürliche, im westen verläuft der rhein und im osten befinden sich die alpen.
mit dem zug kommt man nicht besonders weit. nur 9,5 kilometer beträgt die strecke, die von der österreichischen bundesbahn betreut wird. wer den bus benutzt, fährt mit dem liechtenstein bus, einer tochterfirma des schweizer postautos.
das kleine fürstentum hat keine landeseigene währung. bezahlt wird mit schweizer franken.

2 Überprüft euren Eingangs-Check mithilfe der Lösungsseite 150. Habt ihr mehr als drei Fehler, bearbeitet die 😐-Aufgaben. Habt ihr drei Fehler oder weniger, bearbeitet die ☺-Aufgaben.

😐 Ein Tag in Liechtenstein

Man erkennt Nomen/Substantive häufig an ihren **Nomensignalen**, z. B. Artikel, Adjektive, Zahlwörter, Pronomen, …

Merke

Nomen/Substantive erkennen

Eigennamen und **Nomen/Substantive** werden großgeschrieben. Sie bezeichnen Lebewesen, Gegenstände, z. B. Flüsse: *Rhein*, Länder: *Österreich*, oder abstrakte Begriffe, z. B. Wahrnehmungen oder Gefühle: *Freude, Hilfe*
Bei **mehrteiligen Eigennamen** schreibt man alle Wörter groß außer Artikel, Präpositionen und Konjunktionen: *Vereinigte Staaten von Amerika*

Zeitangaben gibt es als **Nomen/Substantiv** und als **Adverb**.
- Als **Nomen/Substantiv** werden die Zeitangaben großgeschrieben: *der Morgen, am Abend, der nächste Tag, …*
- Die **Zeitadverbien** werden kleingeschrieben: *gestern, heute, früh* sowie *morgens, mittags, abends, …*
- Bei **Verbindungen** wird das zweite Wort großgeschrieben, da es wie ein **Nomen/Substantiv** verwendet wird: *heute Morgen, …* eine Ausnahme ist: *heute früh*

Verben und Adjektive können zu Nomen/Substantiven werden. Dies nennt man **Nominalisierung/Substantivierung**. Man erkennt diese häufig an den Nomensignalen: *sein Lachen, im Besonderen, etwas Neues, …*

1 Kreist die großgeschriebenen Wörter in eurem Text aus dem Eingangs-Check ein. Begründet mithilfe des Merke-Kastens, warum sie großgeschrieben werden.

2 Übertragt die folgende Tabelle in euer Heft. Ordnet die Nominalisierungen/Substantivierungen aus dem Text ein. Unterstreicht anschließend das Nomensignal. Ergänzt anschließend die anderen Spalten in der Tabelle.

Nominalisierungen/ Substantivierungen	Wortart des Nomensignals	Grundwort	ursprüngliche Wortart
Das Durchwandern (Zeile 1)	Artikel	durchwandern	Verb
im …	…	…	…
…	…	…	…

3 Verfasst einen Text über einen Besuch in Vaduz. Verwendet anstelle der Uhrzeiten andere Zeitangaben, z. B. am Morgen, nachmittags, später, …
Heute Morgen bin ich früh aufgestanden …

2015
18
Sonntag
Woche 42

7:00 aufstehen, gemütliches Frühstück
8:30 mit dem Bus nach Vaduz
9:30 bis 11:00 Uhr Stadtführung, anschließend Mittagessen
bis 16:00 Uhr Bummel durch Vaduz
18:30 Uhr Abendessen im Hotel

OKTOBER

☺ Urlaub in Liechtenstein

1 Überlegt euch zu den folgenden Bildern jeweils zwei Werbeslogans für eine Reise nach Liechtenstein. Verwendet für jeden Satz eine Regel zur Groß- und Kleinschreibung aus dem Merke-Kasten, z. B.: *Beim Wandern Erholung und Ruhe in einmaliger Landschaft genießen!, …*

→ Kapitel 5
Seite 102

→ **T4** Rechtschreibung
Seite 238/239

Die Schweiz

Häufige Fehlerquellen vermeiden

✓ Eingangs-Check: Schweizer Besonderheiten

1 Entscheidet, ob „seid" oder „seit", „end-" oder „ent-" und „-i-" oder „-ie-" eingesetzt werden muss. Schreibt die Sätze richtig in euer Heft.

Seid/Seit ihr bereit für eine Reise durch die Schweiz?

Wenn ihr gerne wandert, seid/seit ihr in den Schweizer Alpen herzlich willkommen.

Erst im Jahr 1971 endschied/entschied sich auch die Schweiz für ein Frauenwahlrecht.

In der Ferienzeit ist der Stau vor dem berühmten Tauerntunnel oft endlos/entlos.

In den Schweizer Alpen endspringt/entspringt der Rhein.

Seid/Seit vielen Jahren reisen Bergsportler in dieses Land.

Immer wieder/wider sieht man in den Schweizer Bergen Gemsen.

Die Sonne spiegelt sich im Genfer See wieder/wider.

Bis 1865 wiedersetzte/widersetzte sich das Matterhorn einer Erstbesteigung.

2 Überprüft euren Eingangs-Check mithilfe der Lösungsseite 150. Habt ihr mehr als zwei Fehler, bearbeitet die 😐-Aufgaben. Habt ihr zwei Fehler oder weniger, bearbeitet die ☺-Aufgaben.

😐 Die wundervolle Schweiz

Merke

seit oder seid?
Das Wort ***seit*** wird bei Zeitangaben verwendet. Es stellt einen Zeitraum dar:
Seit *gestern sind wir in der Schweiz.*
Bei dem Wort ***seid*** handelt es sich um die 2. Person Plural des Verbs *sein*. Es kann auch als Hilfsverb verwendet werden: *Ihr* ***seid*** *in der Schweiz. Ihr* ***seid*** *in der Schweiz angekommen.* (Hilfsverb)

end- oder ent-?
Die Vorsilbe ***end-*** wird verwendet, wenn man die Bedeutung von dem Wort „Ende" abgeleitet werden kann: *Die Reise wurde* ***end****gültig abgesagt.*
In allen anderen Fällen wird die Vorsilbe ***ent-*** verwendet: ***ent****werfen,* ***ent****schließen*

wieder oder wider?
Das Wort bzw. die Vorsilbe ***wieder*** hat die Bedeutung von „noch einmal" oder „erneut": *Der Film ist eine* ***Wieder****holung. Immer* ***wieder*** *scheint dort die Sonne.*
Das Wort bzw. die Vorsilbe ***wider*** hingegen bedeutet „gegen" oder „entgegen":
Ich ***wider****rufe meinen Urlaub.*

1 Schreibt das folgende Gedicht ab. Setzt dabei „seit" oder „seid" richtig ein.

Sei_ ihr in der Schweiz sei_, habt ihr viel erlebt.
Sei_ gewandert und geschwommen,
Habt ein Sonnenbad genommen,
Wisst, sei_ wann das Schweizer Messer
Als Werkzeug dient dem Draußenesser
Und so viele Dinge mehr, die ihr in ein Album klebt.

2 Wie werden die folgenden Wörter richtig geschrieben? Notiert sie in eurem Heft. Ordnet den Wörtern anschließend die richtige Bedeutung zu.

Widerstand/Wiederstand	weggehen, wegnehmen
widerkommen/wiederkommen	erscheinen, erblühen
widerholen/wiederholen	unaufhörlich
widersprechen/wiedersprechen	etwas entgegnen
endstehen/entstehen	zielstrebig sein
endfernen/entfernen	Gegenwehr
endschlossen/entschlossen	zurückkehren
endlos/entlos	etwas noch einmal machen

☺ Skiurlaub in der Schweiz

1 In dem Text sind einige Fehler enthalten. Schreibt den Text im Partnerdiktat richtig in euer Heft. Benennt für die falsch geschriebenen Wörter die jeweilige Regel zur Rechtschreibung.

→ T5 Partnerdiktat Seite 272

Im Text sind 9 Fehler enthalten.

Skiferien leichtgemacht

Entlich ist es so weit, wir reisen wider zum Skifahren in die Schweiz. Seid zehn Jahren fahren wir schon an den gleichen Ort. Meine Schwester Carola aber kommt nur wiederspenstig mit. Sie sagt: „Ihr seit mir zu langweilig." In der letzten Zeit ist sie lieber mit ihren Freunden zusammen. Doch unsere Eltern kommen ihr sehr endgegen und sie darf seid zwei Jahren ihre beste Freundin mitnehmen.
Ich habe mich mit dem Sohn unserer Gastgeber angefreundet und die Widersehensfreude ist jedes Mal groß. Zwischen uns ist eine Freundschaft endstanden, so dass Simon auch schon einmal bei uns war.

→ T4 Rechtschreibung
Seite 239/240

Belgien

Zusammen- und Getrenntschreibung

✓ Eingangs-Check: Ardennen und Hohes Venn

1 Entscheidet, ob die markierten Wörter getrennt- oder zusammengeschrieben werden. Schreibt den Text richtig in euer Heft.

Die Ardennen und das hohe Venn in Belgien bieten Gelegenheit für viele Aktivitäten. Man kann z. B. die Berge hoch wandern und an Fahrradtouren teil nehmen. Im Vergnügungspark kann man Achterbahn fahren oder Lose ziehen. In den Seen, die zum Teil groß räumige Sandstrände haben, wird gebadet, und auf den Flüssen kann man Kanu fahren. Im Oktober und November bewundert man orange rote Wälder. Kulturell Interessierte besichtigen die Kathedrale von Malmedy und können sich dort das Glockenspiel aus dem 18. Jahrhundert an hören. Kulinarische Genießer müssen beim Essen des bekannten Ardennen-Schinkens unbedingt dabei sein.

2 Überprüft euren Eingangs-Check mithilfe der Lösungsseite 150. Habt ihr mehr als zwei Fehler, bearbeitet die 😐-Aufgaben. Habt ihr zwei Fehler oder weniger, bearbeitet die ☺-Aufgaben.

😐 Spielerisch durch Belgien

Merke

Zusammen- und Getrenntschreibung

Nomen/Substantive und **Verben** werden **getrennt** geschrieben: *Schlange stehen*
Dies gilt **nicht** für **Nominalisierungen**: *das Eisessen, das Schlittschuhlaufen*
Manchmal wird das Nomen/Substantiv nicht mehr als solches wahrgenommen. Diese Wörter werden ebenfalls **zusammengeschrieben**: *stattfinden, teilnehmen*

Bei einer **übertragenen Bedeutung** werden **zwei Verben zusammengeschrieben**. Man erkennt dies an der Betonung: *Vielleicht wird er in diesem Schuljahr sitzenbleiben.*
Partikeln und **Präfixe** können Verben vorangestellt werden. Sie geben ihnen eine **neue Bedeutung**.
Partikeln können vom Verb **getrennt** stehen: *auskennen → ich kenne mich aus*
Präfixe wie be-, ent-, er-, ge-, miss-, ver- und zer- können **nicht** vom Verb **getrennt** werden: *bereisen, verlaufen*
Verbindungen mit dem Verb „sein" werden **getrennt** geschrieben: *dabei sein, lieb sein*
Adjektive und Verben werden **getrennt** geschrieben, außer bei einer **übertragenen Bedeutung**: *Du musst dieses Wort großschreiben.*

Zwei Adjektive werden **zusammengeschrieben**, wenn:
- das erste Adjektiv bedeutungsverstärkend oder vermindernd ist: *schwerkrank*
- der erste Bestandteil mit dem nachfolgenden Adjektiv gleichrangig ist: *nasskalt*

Wenn ein längerer Ausdruck verkürzt wird, kann dieser ebenfalls zusammengeschrieben werden: *mehrere Zentimeter dick → zentimeterdick*

1 Spielt das Atomium[1]-Spiel mit einer Partnerin oder einem Partner. Übertragt dazu die folgenden Spielfelder jeweils auf ein Blatt Papier.

Atomium-Spiel

Material: 2 Spielfiguren, 1 Würfel, Spielfeld
Spielregeln: Jeder Spieler würfelt einmal. Der Spieler mit der höheren Zahl beginnt und sucht sich ein Spielfeld aus. Er setzt seine Figur auf das erste Feld und entscheidet, ob die Wörter dort getrennt- oder zusammengeschrieben werden. Der andere Spieler überprüft die Antwort. Ist die Antwort richtig, rückt der erste Spieler auf das nächste Feld vor. Wenn nicht, muss er auf dem Spielfeld verbleiben und kann in der folgenden Runde ein Feld vorrücken.
Der andere Spieler spielt auf dem zweiten Spielplan und geht dabei ebenso vor.
Gewonnen hat der, der als Erster im Ziel ist.

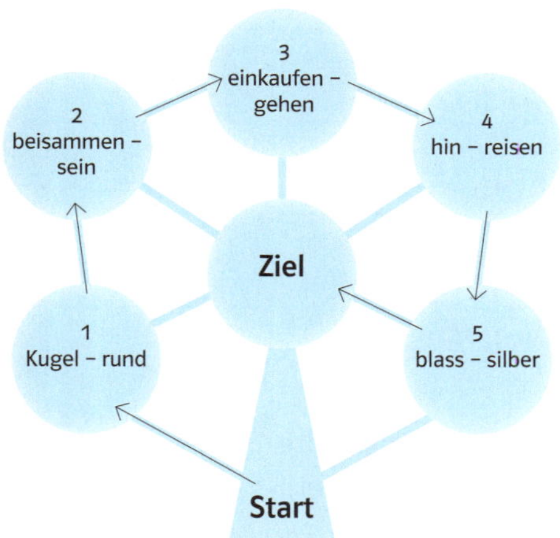

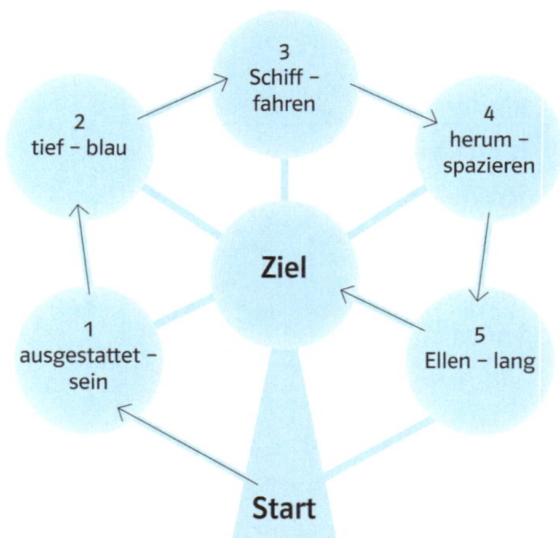

2 Bildet mit den richtigen Wörtern aus dem Atomium-Spiel jeweils einen Satz und schreibt ihn auf.

3 EXTRA Die Spielfelder haben die Form des Atomiums in Brüssel. Recherchiert nach weiteren Informationen darüber.

☺ Belgische Wortbandwürmer

1 Lest die folgenden Wörter. Bestimmt ihre Wortart. Nennt jeweils zwei weitere Beispiele.

aus, hin, herum, zurück, weg	hell, dunkel, tief, blass
laufen, fahren, denken, schauen	gelb, blau, grün, lila

2 Bildet mit den Wörtern aus Aufgabe 1 fünf neue Wörter, z. B.: ausgehen. Verfasst damit einen Text über Aktivitäten in Belgien.

1 Gebäude in Brüssel, der Hauptstadt Belgiens

Überprüft eure Antworten mithilfe eines Wörterbuchs.

Ihr könnt auch das Internet nutzen.

T4 Rechtschreibung
Seite 240/241

Kleines Italien

Fremdwörter richtig schreiben

✓ Eingangs-Check: Kleines Italien

Beachtet die Präfixe und Suffixe.

1 Schreibt die Fremdwörter in euer Heft. Unterstreicht den Wortteil, an dem man erkennt, dass es sich um ein Fremdwort handelt, z. B.: Subjektivität, …

Diskussion | Revolution | transportieren | Extremität | Patient

Ihr könnt ein Fremdwörterbuch zur Hilfe nehmen.

2 Erklärt die Fremdwörter aus Aufgabe 1 mit eigenen Worten, z. B.:
Subjektivität → Einseitigkeit, …

3 Wie werden die folgenden Wörter geschrieben? Notiert sie richtig in eurem Heft.

v oder w	ph oder f
lang■eilig	Pro■■i
Italienisch■okabeln	Pro■■et
■ampir	■■antombild
■ischtuch	■■aserschreiber
La■■a	Biogra■■ie

4 Überprüft euren Eingangs-Check mithilfe der Lösungsseite 150. Habt ihr mehr als fünf Fehler, bearbeitet die 😐-Aufgaben. Habt ihr fünf Fehler oder weniger, bearbeitet die ☺-Aufgaben.

😐 Unterwegs in Südtirol

Merke

Bei **Fremdwörtern** ist die Aussprache einiger Buchstaben anders, z. B. wird *v* wie *w* und *ph* wie *f* gesprochen:
Vase, Philosoph

Manche Fremdwörter erkennt man an ihren **Präfixen** (Anfangsbausteinen) oder ihren **Suffixen** (Endbausteinen).
- **Präfixe**: *Adoption, Experiment, Rezept* (diese werden betont gesprochen)
  Weitere wichtige Präfixe sind: *dis-, extra-, inter-, prä-, pro-, sub-, trans-, …*
- **Suffixe**: *Telefonat, Funktion, Kultur* (diese werden ebenfalls betont gesprochen)
  Weitere wichtige Suffixe sind: *-tät, -ant, -ent, -ient, -ik, -and, …*

1 Lest den Text auf der rechten Seite. Schlagt in einem Fremdwörterbuch Begriffe nach, die ihr nicht versteht.

Die deutsche Sprache wird in erster Linie im Norden Italiens, in Südtirol, gesprochen. Das Gebiet besteht hier aus zwei Provinzen, Bozen (ital. Bolzano) und Trient (ital. Trento). In Südtirol werden diverse Sprachen gesprochen: Italienisch, Deutsch und Ladinisch. Deutschsprachige Männer tragen dort aus Tradition häufig eine blaue Schürze.

Neben der Natur ist auch die Kultur eine Reise nach Südtirol wert. Denn Archäologen entdeckten prähistorische Funde, Relikte aus der Römerzeit, historische Architektur und Kunst. Einer der bekanntesten Funde ist die Gletschermumie „Ötzi“, die im Archäologiemuseum in Bozen zu sehen ist. Zu Forschungszwecken wurde seine Physiologie genau untersucht.

2 Ordnet die Fremdwörter aus dem Text den jeweiligen Fehlerschwerpunkten zu.

Fehlerschwerpunkte Fremdwörter	Fremdwörter aus dem Text/ weitere Fremdwörter
v gesprochen *w*, z. B. *violett*	Provinzen, …
ph gesprochen *f*, z. B. *triumphieren*	…
i gesprochen *ie*, z. B. *lila*	…
Silben am Wortanfang (Präfixe), z. B. *sub-*, *ex-* oder *kom-*	…
Silben am Wortende (Suffixe), z. B. *-ant*, *-sion*, *-tät* oder *-ion*	…

3 Ergänzt zu jedem Fehlerschwerpunkt zwei weitere Beispiele.

☺ Italienische Spiele

1 Spielt das Lexikonspiel. Jeder sollte mindestens einmal Spielleiter sein.

Lexikonspiel

Material: Fremdwörterbuch, Zettel, Stifte
Spielregeln:
1. Ein Spielleiter (wird nach jeder Runde gewechselt) sucht sich aus dem Wörterbuch einen unbekannten Begriff aus.
2. Jeder Spieler denkt sich eine Bedeutung für diesen Begriff aus und schreibt diese auf einen Zettel. Der Spielleiter schreibt die richtige Erklärung auf seinen Zettel.
3. Die Zettel werden eingesammelt und gemischt. Der Spielleiter liest nun nacheinander die Vorschläge vor. Die Mitspieler raten, welche die richtige Bedeutung ist.
4. Alle, die richtig geraten haben, bekommen einen Punkt. Die Spieler, die falsch getippt haben, bekommen keinen Punkt, dafür aber die Mitspieler, die sich die falsche Erklärung ausgedacht haben. Der Spielleiter bekommt keine Punkte.
5. Wer am Ende die meisten Punkte hat, hat gewonnen.

Facettenreiches Deutschland

Zeichensetzung in komplexen Sätzen üben

T4 Rechtschreibung
Seite 241/242

✓ Eingangs-Check: Die Hauptstadt Berlin

1 Ordnet die Fachbegriffe den Markierungen in dem Satz zu. Begründet eure Entscheidung.

Nebensatz | Prädikat | Hauptsatz | Subjekt

Man verschafft sich auf bequeme Art einen Überblick über Berlin, wenn man eine Stadtrundfahrt mit einem der Busse unternimmt.

2 Schreibt den folgenden Text ab. Markiert die Subjekte und die Prädikate in unterschiedlichen Farben. Unterstreicht anschließend die Nebensätze.

Ausflugsschiffe sind bei Berlinbesuchern sehr beliebt und verschiedene Anbieter machen auf den Flüssen Spree und Havel entsprechende Angebote. Ebenso ist der Wannsee ein lohnenswertes Ziel.
Die berühmten Museen auf der Museumsinsel gehören zum Pflichtprogramm, wenn man sich für Kultur interessiert.
Neben Sightseeing, Kultur und Entspannung sollte ein Reisender nicht vergessen, das/dass sich auch ein Besuch des über 100 Jahre alten Kaufhaus des Westens (KDW) lohnt.

3 Bestimmt, bei welchen Sätzen in Aufgabe 2 es sich um Satzreihen und bei welchen es sich um Satzgefüge handelt.

4 Entscheidet, ob im letzten Satz „das" oder „dass" verwendet werden muss. Begründet eure Wahl.

5 Überprüft euren Eingangs-Check mithilfe der Lösungsseite 151. Konntet ihr die Aufgaben schwer lösen, dann bearbeitet die ☺-Aufgaben. Konntet ihr die Aufgaben leicht lösen, dann bearbeitet die ☺-Aufgaben.

☺ Abwechslungsreiches Deutschland

1 Schreibt die folgenden Sätze in euer Heft und markiert die Prädikate.
- Setzt die Kommas richtig ein.
- Entscheidet, ob „dass" oder „das" verwendet werden muss.

Die Reisenden die immer mit dem Flugzeug in ferne Länder fliegen kennen die Vielfalt Deutschlands nicht. Steigende Besucherzahlen der deutschen Mittelgebirgsregionen wie dem Sauerland und dem Harz machen deutlich das/dass auch diese einige Attraktionen zu bieten haben. Im Osten Deutschlands besichtigt man schöne Städte wie Dresden und Leipzig auf der Mecklenburger Seenplatte kann man segeln und paddeln. Im Norden geht man in der Nord- oder Ostsee baden im Süden wandert man im Gebirge das/dass auf der deutschen Seite bis zu 2962 Meter hoch ist.

Merke

Hauptsätze (Aussagesätze) können alleine stehen. Sie haben ein **Subjekt** und ein **Prädikat**. Das Prädikat (bzw. der finite Teil) steht an **zweiter Satzgliedstelle**: *Die Gruppe erreichte Berlin am frühen Morgen.*
Nebensätze können nicht alleine stehen, sie sind dem Hauptsatz untergeordnet. Im Nebensatz steht das **Prädikat am Ende**. Zwischen Hauptsatz und Nebensatz wird ein **Komma** gesetzt: *Ich fahre nach Berlin, **da** ich gern die Museumsinsel besuchen möchte.*

Eine Verbindung von Hauptsatz und Nebensatz nennt man **Satzgefüge**: *Besucher interessieren sich für die Hauptstadt, weil es dort viel zu entdecken gibt.* (HS + NS)

Eine Verbindung von Hauptsätzen nennt man **Satzreihe**: *In der Stadt gibt es besondere Gebäude, aber es gibt auch besondere Menschen.* (HS + HS)

Die Sätze werden häufig durch **Konjunktionen** (Verbindungswörter) verknüpft.
Bei Satzgefügen: *weil, da, damit, dass, obwohl, wenn, nachdem, indem, …*
Bei Satzreihen: *und, oder, aber, sondern, denn, …*

Die **Konjunktion *dass*** steht nach Verben des Meinens, Sagens, Denkens und Wahrnehmens: *Er fürchtet, **dass** er die Gruppe verloren hat.*
Das **Relativpronomen *das*** leitet einen Nebensatz ein. Es bezieht sich auf das vorausgehende Nomen/Substantiv und kann durch „dieses", „jenes" oder „welches" ersetzt werden: *Das Museum, **das** Frida besuchte, war das schönste.*

2 Unterstreicht nun in eurem Text die Hauptsätze. Bestimmt, ob es sich um ein Satzgefüge oder eine Satzreihe handelt.

☺ Land der Dichter und Denker

1 Schreibt die folgenden Sätze ab und setzt die Kommas ein. Unterstreicht die Nebensätze. Notiert zu jedem Satz die Struktur, z. B.: Viele Dichter, die berühmt wurden, kamen aus deutschsprachigen Ländern. → HS + NS + HS, …

Hauptsatz = HS
Nebensatz = NS

Zu den berühmtesten Dichtern und Denkern gehören Goethe und Schiller die sich auch persönlich kannten und die eine enge Freundschaft verband. Während Goethe der nicht nur Schriftsteller sondern auch Politiker war in Weimar lebte unterrichtete Schiller an der Universität in Jena die heute seinen Namen trägt.

○ Aufgabe 1☺ ◒ Aufgabe 2☺ ● Aufgabe 1☺

Luxemburg

T4 Rechtschreibung
Seite 243/244

Attribute und Satzglieder erkennen

✓ Eingangs-Check: Sehenswertes in Luxemburg

1 Bestimmt in den folgenden Sätzen die unterstrichenen Satzglieder.

Luxemburg: Schlösser, Festungen und Ritterspiele

Die zahlreichen Schlösser und Burgen Luxemburgs erinnern an die große Macht der luxemburgischen Herrscher im Mittelalter. Neben den bekannten restaurierten Schlössern entdeckt man auch eine Vielzahl majestätischer Schlossruinen mit ihren Mythen und Legenden. Mittelalterfeste, Konzerte und Ritterspiele geben Gelegenheit, die Schlösser in Luxemburg in einem authentischen[1] Rahmen zu besuchen. Liebhaber historischer Wanderungen folgen dem nationalen Wanderweg „Tal der 7 Schlösser" entlang des idyllischen Eischtals. Dort entdeckt man sieben wunderschöne Schlösser in einer ruhigen und atemberaubenden Landschaft.

1 echt

Kapitel 5
Seite 103

2 Schreibt die Attribute aus den unterstrichenen Satzgliedern heraus.

3 Lest den Text einer Partnerin oder einem Partner einmal mit und einmal ohne die Attribute vor. Beschreibt, wie sich die Wirkung des Textes verändert.

4 Überprüft euren Eingangs-Check mithilfe der Lösungsseite 151. Habt ihr mehr als drei Fehler, bearbeitet die 😐-Aufgaben. Habt ihr drei Fehler oder weniger, bearbeitet die 🙂-Aufgaben.

😐 Mit dem Sightseeing-Zug durch die Stadt

Der Satz darf durch die Umstellprobe nicht sinnlos werden.

Merke

Das Satzglied, das auf die Frage *„Wer oder was?"* Auskunft gibt, ist das **Subjekt**. Zum Subjekt gehören alle Wörter, die nach der Umstellprobe zusammenbleiben.

Objekte sind Satzglieder, die Informationen in einem Satz ergänzen. Sie können aus Nomen/Substantiven und/oder Pronomen bestehen. Man unterscheidet:
- Akkusativobjekte, die mithilfe der Frage *Wen oder was?* ermittelt werden können.
- Dativobjekte, die mithilfe der Frage *Wem?* ermittelt werden können.
- Genitivobjekte, die mithilfe der Frage *Wessen?* ermittelt werden können.

Adverbialbestimmungen nennen die **genaueren Umstände** eines Geschehens. Sie geben Auskunft über: **räumliche** *(Wo?, Wohin?, …)* und **zeitliche** *(Wann?, Wie lange?, …)* **Umstände** und die **Gründe** *(Warum?, Wieso?, …)* bzw. die **Art und Weise** *(Wie?, Wobei?, …)* eines Geschehens.

1 Schreibt den Text ab. Ergänzt dabei die fehlenden Wörter. Entscheidet, ob es sich dabei um ein Attribut, ein Subjekt, ein Objekt oder eine Adverbialbestimmung handelt.

an den historischen Stellen der alten Festung | früheren

Die Besichtigungstour | Der Sightseeing-Zug | Ihnen

Die Geschichte des ___ „Gibraltars[2] des Nordens" lebt wieder vor ___ auf, während Sie ___ vorbeifahren und über Kopfhörer ein Stereo-Hörspiel aus alten Zeiten miterleben.
___ fährt täglich von 10.00 Uhr bis 18.00 Uhr im 30-Minuten-Takt am Place de la Constitution in Luxemburg-Stadt ab. ___ dauert ca. 50 bis 55 Minuten.

2 britisches Überseegebiet an der Südspitze Spaniens

Merke

Ein **Attribut** ist eine Beifügung oder nähere Bestimmung zu einem Bezugswort (meist Nomen/Substantiv). Attribute sind keine Satzglieder und können nicht frei im Satz verschoben werden. Sie bleiben bei ihrem Bezugswort und können mithilfe von *Was für ein/e …?* erfragt werden. Attribute können auch die **Form eines Nebensatzes** haben.

→ **Kapitel 5** Seite 103

☺ Werbung für ein kleines Land

1 Schreibt die folgenden Sätze in euer Heft. Bestimmt die Satzglieder und markiert die Attribute.

Luxemburg besitzt im Stadtkern ultramoderne Gebäude, die sich in ein traditionelles Stadtbild einfügen.

Luxemburg ist eine Stadt, die mit dem gewissen Extra aufwartet.

Luxemburg verfügt über eine beeindruckende Vielfalt, die sich in einer einzigen Stadt konzentriert.

2 Verkürzt einen der Sätze aus Aufgabe 1 zu einem Werbeslogan. Benennt, welche Wortarten dabei wegfallen und wie sich dadurch die Wirkung verändert, z. B.: Luxemburg ist eine Stadt, die besonders grün ist. → Luxemburg – eine besonders grüne Stadt!, …

→ **Kapitel 5** Seite 102

3 EXTRA Entwickelt einen Werbeslogan zu eurer Heimatstadt. Gestaltet dazu ein Werbeplakat.

→ **T5** Ein Infoplakat erstellen Seite 256

○ Aufgabe 1☺ ◒ Aufgabe 1☺ ● Aufgabe 2☺, 3 EXTRA☺

Österreich

T4 Rechtschreibung
Seite 245

Nebensatzarten erkennen

✓ Eingangs-Check: Berühmtes aus Österreich

1 Erklärt, wie sich die gleichfarbigen Sätze jeweils voneinander unterscheiden.

Johann Strauß komponierte viele berühmte Walzer.	Johann Strauß komponierte viele Walzer, die berühmt wurden.
Nach einer Wanderung in den Bergen kann man in fast jeder Hütte einen Kaiserschmarrn essen.	Nachdem man in den Bergen eine Wanderung gemacht hat, kann man in fast jeder Hütte einen Kaiserschmarrn essen.
Oft schauen sich viele Salzburgreisende die Burg oberhalb der Altstadt an.	Wer nach Salzburg reist, schaut sich oft die Burg oberhalb der Stadt an.
Eine Stadtführung durch Innsbruck erklärt immer die Bedeutung des goldenen Dachl.	Eine Stadtführung durch Innsbruck erklärt, was das goldene Dachl bedeutet.

2 Lest den Merke-Kasten. Entscheidet, ob es sich bei den Nebensätzen aus Aufgabe 1 um Subjekt-, Objekt-, Adverbial- oder Attributsätze handelt.

Merke

Es gibt unterschiedliche **Nebensatzarten**, die je nach Funktion unterschieden werden. **Der Adverbialsatz** ersetzt die Adverbialbestimmung in einem Satz und kann unterschiedliche Funktionen haben, z. B. Adverbialsatz der Zeit, des Ortes, des Grundes oder der Art und Weise. Er wird meist mit einer Konjunktion eingeleitet:
*Wir müssen jetzt gehen, **da** wir noch in ein echtes Wiener Kaffeehaus wollen.*

Der **Attributsatz** tritt an die Stelle eines Attributs. Er tritt fast immer in Form eines Relativsatzes auf und bezieht sich meist auf ein Nomen/Substantiv oder Pronomen:
*Das **Hundertwasserhaus**, das ich sehen will, steht in Wien.*

Nicht nur einzelne Wörter können Subjekt oder Objekt sein, sondern auch ganze Sätze. Einen **Subjektsatz** kann man mithilfe von *Wer oder was?* erfragen:
Es ist doch klar, dass ich nach Österreich komme.

Einen **Objektsatz** kann man mithilfe von *Wen, wem, wessen oder was?* erfragen:
Viele wissen nicht, dass Wien auch eine sehr grüne Stadt ist.

3 Überprüft euren Eingangs-Check mithilfe der Lösungsseite 151. Konntet ihr die Aufgaben schwer lösen, dann bearbeitet die ☹-Aufgaben. Konntet ihr die Aufgaben leicht lösen, dann bearbeitet die ☺-Aufgaben.

☺ Sportliches Österreich

1 Schreibt die folgenden Sätze in euer Heft und unterstreicht die Nebensätze. Bestimmt, um welche Nebensatzart es sich handelt.

Wer die Vierschanzentournee der Skispringer besucht, kommt in Österreich nach Innsbruck und Bischofshofen.

Bevor man beim Skirennen am berühmten Hahnenkamm teilnehmen kann, muss man hart trainieren.

Viele wissen, dass seit 2014 auch wieder Formel-1-Rennen in Österreich stattfinden.

Julia Dujmovits, die bei den Olympischen Spielen 2014 in Sotschi die Goldmedaille holte, startet beim Snowboard-Parallelslalom.

2 Bildet aus den folgenden Hauptsätzen ein Satzgefüge. Bestimmt die Funktion des Nebensatzes, z. B.: *Der früher sehr erfolgreiche Skirennfahrer Hermann Maier betreibt heute eine Skischule. → Hermann Maier, der früher ein sehr erfolgreicher Skirennfahrer war, betreibt heute eine Skischule. (Attributsatz), ...*

Die wunderschöne Hauptstadt Wien bietet an der Donau viele Wassersportmöglichkeiten.

Vor dem Baden in den österreichischen eiskalten Bergseen sollte man sich etwas abkühlen.

☺ Urlaub in Österreich

1 Beschreibt, was ihr auf den Bildern seht. Für welchen Urlaub würdet ihr euch entscheiden? Begründet eure Wahl.

2 Wählt ein Bild aus. Verfasst dazu vier Satzgefüge (HS, NS). Lasst eine Partnerin oder einen Partner die Art des Nebensatzes nach seiner Funktion bestimmen.

Eingangs-Checks – So ist es richtig

✓ Eingangs-Check: Liechtenstein

Seite 136, Aufgabe 1

Das Durchwandern des Landes Liechtenstein ist für Sportliche auch zu Fuß möglich, denn man stößt schnell an seine Landesgrenzen. Es misst an der breitesten Stelle 12,36 Kilometer und an seiner längsten 24,56 Kilometer. Wer am frühen Morgen an der einen Grenze losgeht, kann nachmittags das Land schon wieder verlassen, wenn er immer geradeaus geht. Im Wesentlichen sind die Grenzen Liechtensteins natürliche, im Westen verläuft der Rhein und im Osten befinden sich die Alpen.

Mit dem Zug kommt man nicht besonders weit. Nur 9,5 Kilometer beträgt die Strecke, die von der Österreichischen Bundesbahn betreut wird. Wer den Bus benutzt, fährt mit dem Liechtenstein Bus, einer Tochterfirma des Schweizer Postautos.

Das kleine Fürstentum hat keine landeseigene Währung. Bezahlt wird mit Schweizer Franken.

✓ Eingangs-Check: Schweizer Besonderheiten

Seite 138, Aufgabe 1

Seid ihr bereit für eine Reise durch die Schweiz? Wenn ihr gerne wandert, **seid** ihr in den Schweizer Alpen herzlich willkommen. **Seit** vielen Jahren reisen Bergsportler in dieses Land. In der Ferienzeit ist der Stau vor dem berühmten Tauerntunnel oft **endlos**. In den Schweizer Alpen **entspringt** der Rhein. Erst im Jahr 1971 **entschied** sich auch die Schweiz für ein Frauenwahlrecht. Immer **wieder** sieht man in den Schweizer Bergen Gemsen. Die Sonne spiegelt sich im Genfer See **wieder**. Bis 1865 **widersetzte** sich das Matterhorn einer Erstbesteigung.

✓ Eingangs-Check: Ardennen und Hohes Venn

Seite 140, Aufgabe 1

Die Ardennen und das hohe Venn in Belgien bieten Gelegenheit für viele Aktivitäten. Man kann z. B. die Berge **hochwandern** und an Fahrradtouren **teilnehmen**. Im Vergnügungspark kann man **Achterbahn fahren** oder **Lose ziehen**. In den Seen, die zum Teil **großräumige** Sandstrände haben, wird gebadet, und auf den Flüssen kann man **Kanu fahren**. Im Oktober und November bewundert man **orangerote** Wälder. Kulturell Interessierte besichtigen die Kathedrale von Malmedy und können sich dort das Glockenspiel aus dem 18. Jahrhundert **anhören**. Kulinarische Genießer müssen beim Essen des bekannten Ardennen-Schinkens unbedingt **dabei sein**.

✓ Eingangs-Check: Kleines Italien

Seite 142, Aufgabe 1 und Aufgabe 2 (Beispiellösung)

Diskussion → Meinungsaustausch oder Gespräch über ein Problem oder Thema
Revolution → Aufstand oder Umsturz
transportieren → an einen anderen Ort bringen
Extremität → 1. Extremsein; 2. Gliedmaße
Patient → Kranker oder Leidender

Aufgabe 3

v oder w	ph oder f
langweilig	Profi
Italienischvokabel	Prophet
Vampir	Phantombild
Wischtuch	Faserschreiber
Lava	Biographie

✓ Eingangs-Check: Die Hauptstadt Berlin

Seite 144, Aufgabe 1

Man verschafft sich auf bequeme Art einen Überblick über Berlin, wenn man eine Stadtrundfahrt mit einem der Busse unternimmt.

Subjekt Prädikat Hauptsatz Nebensatz

Aufgabe 2 bis Aufgabe 4

Ausflugsschiffe sind bei Berlinbesuchern sehr beliebt und verschiedene Anbieter machen auf den Flüssen Spree und Havel entsprechende Angebote. (Satzreihe)
Ebenso ist der Wannsee ein lohnenswertes Ziel. (einfacher Hauptsatz)
Die berühmten Museen auf der Museumsinsel gehören zum Pflichtprogramm, wenn man sich für Kultur interessiert. (Satzgefüge) → Bei **wenn** handelt es sich um eine Konjunktion.
Neben Sightseeing, Kultur und Entspannung sollte ein Reisender nicht vergessen, **dass** sich auch ein Besuch des über hundert Jahre alten Kaufhaus des Westens (KDW) lohnt. (Satzgefüge) → Bei **dass** handelt es sich um eine Konjunktion. Zudem folgt es auf ein Verb des Denkens.

Subjekt Prädikat Nebensatz

✓ Eingangs-Check: Sehenswertes in Luxemburg

Seite 146, Aufgabe 1 und Aufgabe 2

Luxemburg: Schlösser, Festungen und Ritterspiele

Die zahlreichen Schlösser und Burgen Luxemburgs (Subjekt) erinnern an die große Macht (Akkusativ Objekt) der luxemburgischen Herrscher im Mittelalter. Neben den bekannten restaurierten Schlössern entdeckt man auch eine Vielzahl majestätischer Schlossruinen mit ihre Mythen und Legenden. Mittelalterfeste, Konzerte und Ritterspiele (Subjekt) geben Gelegenheit, die Schlösser in Luxemburg in einem authentischen Rahmen zu besuchen. Liebhaber historischer Wanderungen (Subjekt) folgen dem nationalen Wanderweg „Tal der 7 Schlösser" (Dativ Objekt) entlang des idyllischen Eischtals (Adverbiale Bestimmung des Ortes). Dort entdeckt man sieben wunderschöne Schlösser (Akkusativ Objekt) in einer ruhigen und atemberaubenden Landschaft (Adverbiale Bestimmung des Orts).

Attribute

Aufgabe 3 (Beispiellösung)

Attribute gestalten einen Text lebendiger. Sie veranschaulichen ihr Bezugswort. Ohne Attribute erscheint der Text sachlich und nüchtern.

✓ Eingangs-Check: Berühmtes aus Österreich

Seite 148, Aufgabe 1

Die Hauptsätze in der rechten Spalte wurden zu einem Satzgefüge aus Haupt- und Nebensatz umformuliert. Dabei ist der Sinn des Satzes erhalten geblieben.

Aufgabe 2

Johann Strauß komponierte viele Walzer, die berühmt wurden. → Attributsatz
Nachdem man in den Bergen eine Wanderung gemacht hat, kann man in fast jeder Hütte einen Kaiserschmarrn essen. → Adverbialsatz
Wer nach Salzburg reist, schaut sich oft die Burg oberhalb der Stadt an. → Subjektsatz
Eine Stadtführung durch Innsbruck erklärt, was das goldene Dachl bedeutet. → Objektsatz

Nebensatz

Teste dich selbst!

Üben interaktiv
m3pg6a

Wie konntest du Aufgabe 1 lösen?
→ Seite 237
→ Seite 238 EXTRA

1 Schreibe den folgenden Text mit der richtigen Groß- und Kleinschreibung in dein Heft.

liechtenstein liegt in der mitte europas. die 36 600 liechtensteiner leben in einer konstitutionellen erbmonarchie.
das kleine fürstentum hat keine landeseigene währung. bezahlt wird mit schweizer franken. das reisen nach liechtenstein bedeutet für die meisten europäer also, dass sie in einer anderen währung bezahlen müssen.
doch eine reise verspricht viel schönes. egal zu welcher jahres- oder tageszeit, ob morgens, mittags oder abends. das sechstkleinste land europas hat immer und für jeden etwas zu bieten.
vielleicht buchst du noch heute mittag deine nächste reise.

Wie konntest du Aufgabe 2 lösen?
→ Seite 238/239
→ Seite 239 EXTRA

2 Entscheide, was die Wortanfänge und Wörter bedeuten.
- Formuliere eine Regel für den übrigbleibenden Wortanfang.
- Nenne zu jedem Wortanfang bzw. Wort jeweils zwei Beispiele.

seid | wider- | wieder- | end- | ent- | seit

ab dem Zeitpunkt | Ende | 2. Person Plural | gegen, entgegen | noch einmal

Wie konntest du Aufgabe 3 lösen?
→ Seite 239/240
→ Seite 240 EXTRA

3 Zusammen oder getrennt? Bestimme die Wortart der einzelnen Bausteine. Schreibe die Sätze richtig auf.

Nachdem wir vor unserem Urlaub sehr viel Sport gemacht haben, sollte uns die Wanderung durch das hohe Venn in Belgien nicht schwerfallen/schwer fallen.
Wir müssen früh aufstehen/auf stehen, damit wir unseren Zug zum Wanderweg erreichen.
Wir werden einen tollen Tag haben, denn die Sonne scheint hellgelb/hell gelb und es ist feuchtwarm/feucht warm.
Bei unserer Mittagspause können wir alle an einem Picknick teilnehmen/Teil nehmen.
Denn nachmittags könnte es Gewitter geben und dann würden wir tropfnass/tropf nass werden.

Wie konntest du Aufgabe 4 lösen?
→ Seite 240
→ Seite 241 EXTRA

4 Benenne aus den folgenden Wörtern die Fremdwörter. Schreibe sie ab und erkläre, woran du sie erkannt hast.

Transport | Pfiff | Wagen | extra | Vase | Unmut | Distanz

Nation | Physik | Vorbereitung | lila | Aktivität | anstrengen

5 Übertrage die Merksätze zur Zeichensetzung in dein Heft und vervollständige sie.

Hauptsätze erkennt man daran, dass das Prädikat (oder der finite Teil) an der ___ Satzgliedstelle steht. Sie können ___ stehen.
Nebensätze können nicht ___, sie sind dem Hauptsatz untergeordnet. Im Nebensatz steht das Prädikat an ___.
Zwischen Hauptsatz und Nebensatz steht ein ___.
Eine Verbindung von Hauptsatz und Nebensatz nennt man ___, eine Verbindung von zwei Hauptsätzen nennt man ___.

6 Übertrage die Regeln zu „dass“ oder „das“ in dein Heft und vervollständige sie. Nenne jeweils einen Beispielsatz.

Das Wort „dass“ ist eine ___. Meistens gehen Verben des Meinens, Sagens, Denkens, Fühlens und Wahrnehmens voraus.
Der Artikel „das“ kann auch ein Relativpronomen sein und durch ___ ersetzt werden.

Wie konntest du Aufgabe 5 und 6 lösen?
→ Seite 241/242
→ Seite 242 **EXTRA**

7 Bestimme im folgenden Satz die Satzglieder.

Den müden Klaus hat Chelsea an ihrem Ausflugstag nach Liechtenstein schlafen lassen.

8 Benenne die Attribute in den Werbeslogans.

Hop on, Hop off – die besondere Sightseeingtour

Vielfältiges und abwechslungsreiches Luxemburg

Die vielleicht europäischste aller Städte

Wie konntest du Aufgabe 7 und 8 lösen?
→ Seite 243/244
→ Seite 244 **EXTRA**

9 Bestimme für die folgenden Sätze die Nebensatzarten. Achte jeweils auf ihre Funktion.

1. Vielen ist nicht klar, in wie vielen Regionen Deutsch eine Amtssprache ist.
2. Trotzdem versteht ein Berliner oft nicht, was ein Österreicher sagt.
3. Schöne österreichische Städte wie Wien, Linz und Krems findet man dort, wo die Donau entlangfließt.
4. Ein bekanntes und wichtiges Kloster in Österreich ist das Stift Melk, das auch an der Donau liegt.

Wie konntest du Aufgabe 9 lösen?
→ Seite 245
→ Seite 245 **EXTRA**

8

Zukunftswelten

Nachdenken über Sprache/ Argumentieren

1 Kennt ihr noch die grammatischen Begriffe? Löst das Rätsel mithilfe der Silben in den Kästchen.

a) Grundform des Verbs
b) Veränderte Form des Verbs
c) Flexion (Beugung) der Verben
d) Gegenwart
e) Vergangenheit
f) Zukunft
g) Vorgegenwart
h) Vorvergangenheit

fi	Prä	tiv	fekt	tion	
ju	Fu	Per	te	Plus	
form	Prä	sens	quam	ni	
Per	nal	tum	Kon	tur	
per	In	ga	so	fekt	ri

Schreibt die Silben auf und streicht sie durch, wenn ihr sie verwendet habt.

2 Seht euch das Bild an. Beschreibt, wie sich die abgebildete Zukunft von der heutigen Zeit unterscheidet.

3 Entschlüsselt die folgenden Rätsel. Ergänzt die Lücken.

> Verben, in deren Wortstamm sich in der Vergangenheitsform der Vokal ändert, heißen „s_a_ke Verben.
> Präsens: ich fliege – Präteritum: ich flog

> Verben, in deren Wortstamm sich in der Vergangenheitsform der Vokal nicht ändert, heißen „sc_w_c_e Verben.
> Präsens: ich sage – Präteritum: ich sagte

Jetzt lernt ihr, ...

- ... den Konjunktiv vom Indikativ zu unterscheiden.
- ... wie der Konjunktiv II gebildet wird.
- ... direkte Rede in indirekte Rede umzuformen.
- ... den Konjunktiv I zu bilden und zu verwenden.
- ... eine schriftliche Argumentation zu verfassen.
- ... mündlich zu argumentieren.

T4 Grammatik
Seite 232

Wohnen in der Zukunft

Den Konjunktiv vom Indikativ unterscheiden

Ein Haus aus Bäumen?

Es ist bekannt, dass die Menschheit Baumhäuser bauen kann. Dass man zukünftig aber auch Häuser aus Bäumen wachsen lassen könnte, das erscheint uns doch eher abenteuerlich. Einige Wissenschaftler haben sich aber trotzdem Gedanken darüber gemacht. So könnten Pflanzen computergesteuert auf einer besonderen Holzbühne gezüchtet werden. Es wäre möglich, die Pflanzen an einem speziellen Gitter entlang wachsen zu lassen. Im Inneren brächte man Lehm und Gipsmörtel auf die Wände auf. So ergäbe sich ein Haus, das nur aus organischen Naturrohstoffen bestünde. Dies hätte den Vorteil, dass die Umwelt geschont würde und der Verbrauch von unorganischen Rohstoffen zurückginge.
Aberwitzig? Schon oft hat es Zukunftsvisionen gegeben, die man belächelte – und die dann doch wahr wurden.

1 Haltet ihr die Vision von einem Haus aus Bäumen für wahrscheinlich? Tauscht euch darüber aus.

2 In dem Text werden Tatsachen und Vermutungen genannt. Übertragt die folgende Tabelle in euer Heft.
- Fasst Aussagen des Textes in kurzen Sätzen zusammen.
- Markiert in den Sätzen die Verben.

Indikativ (Tatsache)	Konjunktiv (Vermutung)
Die Menschheit kann Baumhäuser bauen.	Häuser könnten aus Bäumen wachsen.
...	...

3 Vergleicht die Verben aus Aufgabe 2, die im Indikativ und im Konjunktiv stehen. Formuliert mit eigenen Worten, wie der Konjunktiv II gebildet wird.

→ Liste der unregelmäßigen Verben Seite 282/283

→ Liste der Konjunktivformen Seite 284/285

Merke

Der Modus – Aussageweise des Verbs

Mit Verben kann man ausdrücken, ob etwas wirklich oder unwirklich, möglich oder unmöglich ist. Dafür gibt es verschiedene **Modi** (Einzahl Modus, lateinisch für Art und Weise).

- Der **Indikativ** ist die Normalform, die Wirklichkeitsform. Im Indikativ steht alles, was als wahr dargestellt wird:
  Die Menschheit kann Baumhäuser bauen. → Man weiß, dass es tatsächlich so ist.
- Der **Konjunktiv II** ist die Form, mit der man deutlich macht, dass etwas nicht wirklich oder etwas unmöglich ist:
  Häuser könnten aus Bäumen entstehen. → Es ist aber heute noch nicht möglich.

4 *Vielleicht – möglicherweise – unter Umständen.* Darf hier alles im Indikativ stehen? Korrigiert die folgenden Aussagen, indem ihr die unterstrichenen Verben in den Konjunktiv II setzt.

Seht euch den Merke-Kasten an und orientiert euch an den Verben im Text „Ein Haus aus Bäumen".

→ Liste der Konjunktivformen Seite 284/285

Autos haben im Jahr 2050 keine Bedeutung mehr.

Die Menschen können sich wegbeamen.

Man kann einfach sein Ziel sagen, dann ist es nur noch eine Frage von Sekunden, bis man da ist.

Auch Gegenstände können durch das Beamen von einem Ort zum anderen transportiert werden.

5 EXTRA Nennt Gründe, warum man in folgenden Aussagen den Konjunktiv II und nicht den Indikativ verwendet.

Es könnte so kommen.

Wenn ich Hellseher wäre, könnte ich die Lottozahlen voraussagen.

Würden Sie mir dabei helfen?

6 EXTRA Wie stellt ihr euch das Wohnen in der Zukunft vor? Zeichnet eure Zukunftsvision auf oder schildert sie in einem spannenden Text.

Seltsamer Konjunktiv

Den Konjunktiv II bilden

T4 Grammatik
Seite 233/234

Hörverstehen
p4sn25

Bastian Sick

Der traurige Konjunktiv

Henry überrascht mich gelegentlich mit ganz erstaunlichen Formulierungen. Da sitzen wir zusammen im Café und unterhalten uns über einen gemeinsamen Freund, und plötzlich sagt er: „Säßen wir jetzt nicht bei Kaffee und Kuchen, riefe ich ihn sofort an." Zweimal Konjunktiv II in einem Satz! Mir fällt vor Begeisterung die Kuchengabel aus der Hand. „Du meinst, würden wir jetzt nicht hier sitzen, würdest du ihn sofort anrufen?" Henry sieht mich streng an: „Nein, ich meine säßen und riefe, du hast mich genau verstanden." – „Spräche jeder so wie du, lieber Henry, schwämmen mir als Kolumnisten die Felle davon", erwidere ich augenzwinkernd. „Schwämmen oder schwömmen?", fragt Henry, und schon stecken wir mitten im Sumpf der unregelmäßigen Verben.
„Büke der Bäcker sein Brot mit mehr Gefühl, verdürbe es nicht so schnell", sagt Henry. „Spönnest du weniger, so stürbe ich nicht gleich vor Lachen!", entgegne ich. „Hübe jeder seinen Müll auf, gewönne die Stadt an Lebenswert", kontert Henry. „Gnade!", rufe ich. „Das ist ja nicht auszuhalten! Hübe heißt es ganz bestimmt nicht!" – „Das ist veraltet", sagt Henry, „aber was alt ist, muss nicht gleich falsch sein. Kennte ich noch mehr alte Konjunktive, so würfe ich sie liebend gerne ins Gespräch ein!"

1 „Du meinst, würden wir jetzt nicht hier sitzen …" – Überlegt, warum der Ich-Erzähler in den Zeilen 5 bis 6 seinen Gesprächspartner verbessert.

2 Übernehmt die Tabelle in euer Heft. Tragt die unterstrichenen Verben aus dem Text ein und ergänzt die fehlenden Verbformen.

Konjunktiv II	Infinitiv (Grundform)	Indikativ Präteritum
hätte	haben	hatte
säßen	…	…

Merke

Der **Konjunktiv II** wird mit dem Verbstamm des Präteritums und der Personalendung des Konjunktivs gebildet. Bei starken Verben wird der Stammvokal zu einem Umlaut, also *a* zu *ä*, *o* zu *ö* und *u* zu *ü*.
Infinitiv (Grundform): *geben* Indikativ Präteritum: *ich gab* Konjunktiv II: *ich gäbe*

Bei schwachen oder veralteten Verben sind die Konjunktivformen und Indikativformen nicht zu unterscheiden, weil sich der Verbstamm nicht ändert:
Infinitiv (Grundform): *spielen* Indikativ Präteritum: *ich spielte* Konjunktiv II: *ich spielte*

Als Ersatz wird häufig *„würde* + Infinitiv" verwendet: *ich würde spielen*

3 Legt Tabellen für die Verben *haben, geben, können* und *lachen* an. Orientiert euch dazu an den folgenden Tabellen.

Person	Indikativ Präteritum	Konjunktiv II
ich	war	wäre
du	warst	wärest
er/sie/es	war	wäre
wir	waren	wären
ihr	wart	wäret
sie	waren	wären

Person	Indikativ Präteritum	Konjunktiv II
ich	legte	legte/würde legen
du	legtest	legtest/würdest legen
er/sie/es	legte	legte/würde legen
wir	legten	legten/würden legen
ihr	legtet	legtet/würdet legen
sie	legten	legten/würden legen

Es gibt ein schwaches Verb. Verwendet dafür den „würde"-Ersatz.

4 Lest den folgenden Text. Stellt euch vor, anstelle eines Wahrsagers verfasst ein Wissenschaftler die Sätze. Er kann nicht sicher sagen, ob alles so eintrifft. Formuliert den Text um, indem ihr die Konjunktiv-II-Formen verwendet.

Ihr könnt auch die „würde"-Form verwenden.

→ Liste der Konjunktivformen Seite 284/285

Im Jahr 2050

Auf der Erde gibt es immer weniger Platz zur Erzeugung von Nahrung. Deshalb baut man Hochhäuser, in denen Landwirtschaft betrieben wird. Tomaten kommen aus dem 26. Stockwerk. In der 45. Etage kann man den Hühnern beim Eierlegen zuschauen. Auf einer Straße sitzen Menschen am Steuer ihrer Autos, aber sie lesen die Zeitung. Man kann die Fahrzeuge programmieren. Sie finden dann den schnellsten Weg.

Kaum zu glauben: Roboter haben in Haushalten das Kommando. Sie putzen und stellen automatisch die Einkaufslisten zusammen.

5 EXTRA In dem Text „Der traurige Konjunktiv" sind sich die Gesprächspartner über einige Formen nicht einig, z. B. *büke – spönnest – schwömmen*. Überlegt, wie die Formen eigentlich heißen müssten.
- Legt dazu eine Tabelle wie in Aufgabe 2 an.
- Überprüft eure Ergebnisse mithilfe eines Wörterbuches.
- Erklärt, was die Ursache für die abweichenden Formen sein könnte.

○ Aufgabe 2, 3 ◒ Aufgabe 1, 4 ● Aufgabe 5 EXTRA

Sie sagten, dass sei die Zukunft

→ T4 Grammatik
Seite 234–236

Direkte Rede in indirekte Rede umformen

1 Lest das Interview. Erklärt den Unterschied zwischen einem Wahrsager und einem Trendforscher.

Die Reporter der Schülerzeitung „Schulecho" sind auf das Thema „Trendforschung" aufmerksam geworden und wollen einen Artikel dazu schreiben. Sie interviewen dazu den Trendforscher Herrn Münsdorf.

Oguz: Herr Münsdorf, Sie versuchen, Dinge zu erforschen, die zukünftig Bedeutung bekommen. Sind Sie Hellseher?

Herr Münsdorf: Nein, nein. Wir Trendforscher schauen nicht in Glaskugeln. Zunächst beobachten wir genau, welche aktuellen Strömungen es zum Beispiel in der Gesellschaft gibt und wie sich Dinge ändern. Das sind die Trends. Unser Ziel ist es, Prognosen, also Voraussagen, für die nächsten, sagen wir mal, zehn Jahre zu erstellen. Mit längeren Zeiträumen beschäftigen wir uns selten. Dass machen dann die Zukunftsforscher.

Carla: Also schauen Sie doch in die Zukunft. Ich könnte ja auch behaupten, etwas kommt so oder so. Die Chancen dabei sind fifty-fifty, oder?

Herr Münsdorf: Nein, nein, so einfach ist das mit der Trendforschung nicht. Wir arbeiten mit wissenschaftlichen Methoden. Die Mathematik spielt eine Rolle, wir interviewen Fachleute und bringen einzelne Dinge miteinander in Verbindung.

Oguz: Das ist doch sehr aufwendig.

Herr Münsdorf: Ja, man braucht einige Mitarbeiter, wenn das Ganze seriös sein soll. Und das wollen wir ja sein. Was so alles als Trend in den Zeitungen dargestellt wird, ist oft nur sehr oberflächlich und hat sich schnell erledigt. Wir schauen genauer hin.

Carla: Wer braucht das eigentlich?

Herr Münsdorf: Unser Unternehmen berät viele Firmen, die z. B. wissen wollen, ob das, was sie anbieten, morgen noch gefragt ist. Und sie wollen frühzeitig erkennen, was die Kunden in nächster Zeit wollen, damit sie schnell das Passende anbieten können.

Oguz: Vielen Dank, dass Sie sich Zeit für uns genommen haben. Das war ein sehr interessantes Gespräch.

Herr Münsdorf: Gerne. Auf Wiedersehen.

2 Fasst die wichtigsten Aussagen von Herrn Münsdorf in einem kurzen Text zusammen. Verdeutlicht dabei, dass die Aussagen von Herrn Münsdorf stammen.

Formulierungshilfen für Redebeiträge

- Herr Münsdorf meint, dass …
- Der Trendforscher erklärt …
- … sagt der Experte.
- Laut Herrn Münsdorf …

3 Vergleicht nun den folgenden Zeitungsartikel mit dem Interview. Sammelt gemeinsam die Unterschiede, z. B. Zusammenfassungen, Kürzungen oder Umformulierungen. Notiert dazu Beispiele aus den Texten.

Dem Trend auf der Spur

Sind Trendforscher Hellseher? Der Trendforscher Jan Münsdorf verneint diese Frage. Er erklärte, dass Trendforschung eine ernste Wissenschaft sei und nichts mit Hellseherei zu tun habe. Es gehe darum, Veränderungen zu beobachten, um Voraussagen für die nächsten zehn Jahre zu erstellen. Dabei müsse man jedoch eine Vielzahl von Arbeiten erledigen. Auch der Einsatz mathematischer Verfahren gehöre dazu, genauso wie das Befragen von Fachleuten. Wenn man Trendforschung seriös betreiben wolle, brauche man viele Mitarbeiter. Ziel sei es, jeder Firma, die eine Voraussage benötige, zuverlässige Aussagen zu liefern. Denn schließlich müsse eine Firma aufpassen, dass sie ihr Geld nicht falsch investiere.

4 Überprüft euren Text aus Aufgabe 2. Sind darin die Aussagen aus dem Zeitungsartikel aus Aufgabe 3 enthalten?

5 Das Interview ist in direkter (wörtlicher) Rede verfasst. In dem Zeitungsartikel ist das anders. Woran könnt ihr erkennen, dass manche Aussagen darin von Herrn Münsdorf stammen?

6 In dem Zeitungsartikel wird die indirekte Rede verwendet. Sie hat Verbformen, die von der Normalform abweichen. Schreibt diese Verbformen heraus.

Merke

Was jemand sagt, kann in **direkter Rede** wiedergegeben werden. Das bedeutet, dass jemand etwas genauso gesagt hat. Man erkennt das an Anführungszeichen oder an der Dialogform, z. B. bei Interviews.
Herr Münsdorf: *Man braucht einige Mitarbeiter.*

Oft muss man aber die Aussagen anderer zusammenfassen, kürzen oder umformulieren. In solchen Fällen wird die **indirekte Rede** verwendet. Der Leser erkennt bei dieser Form, dass es sich nicht um die Aussagen des Textverfassers handelt, sondern um die eines Dritten. Damit man indirekte Rede erkennen kann, wird häufig der **Konjunktiv I** verwendet.
Herr Münsdorf erklärte, man brauche einige Mitarbeiter.

In die Zukunft schauen

Den Konjunktiv I bilden und anwenden

T4 Grammatik
Seite 234–236

1 Übertragt die Tabelle in euer Heft. Markiert die Personalformen, die im Indikativ und Konjunktiv I gleich sind.

Indikativ Präsens	Konjunktiv I
ich schreibe	ich schreibe
du schreibst	du schreibest
er/sie/es schreibt	er/sie/es schreibe
wir schreiben	wir schreiben
ihr schreibt	ihr schreibet
sie schreiben	sie schreiben

Merke

Der **Konjunktiv I** wird mit dem Verbstamm des Präsens und der Personalendung des Konjunktivs gebildet.
haben → er habe *können → ich könne* *denken → sie denke*
Ausnahme: *sein → sie sei*

Wenn die Form des **Konjunktivs I** mit der des Präsens Indikativ übereinstimmt, wird häufig als Ersatzform der Konjunktiv II oder die Umschreibung mit „*würde* + Infinitiv“ verwendet.
Die Zeugen behaupten, sie wüssten (anstelle von *wissen*), *was geschehen ist.*
Die Zeugen behaupten, sie würden wissen, was geschehen ist.

2 Konjugiere die Verben *haben, können, müssen, sein* im Indikativ, z. B.: ich habe, du hast …

Liste der
Konjunktivformen
Seite 284/285

3 Manche Verben weichen im Konjunktiv I vom Indikativ stark ab, z. B. die Verben aus Aufgabe 2. Übertragt die Tabelle mit den Konjunktivformen in euer Heft und vervollständigt sie.

Konjunktiv I von haben	Konjunktiv I von können	Konjunktiv I von müssen	Konjunktiv I von sein
ich habe	…	ich müsse	ich sei
…	…	…	…
…	er könne	…	er/sie/es sei
…	…	…	…
ihr habet	…	…	…
…	…	…	…

Bevor sich das Redaktionsteam des „Schulecho" für den Artikel zur Trendforschung entschied, gab es eine Diskussion. Lisa notierte die verschiedenen Meinungen in Stichpunkten.

- Bericht bringen (Oguz)
- Trends häufig in den Medien (Christoph)
- Beispiele bringen (Carla)
- nicht viel Platz nötig (Christoph)
- zu theoretisch (Lisa)
- interessant (Dilek)
- Interview war viel Arbeit (Carla)
- mal was Neues (Oguz)

4 Formuliert aus Lisas Stichpunkten ganze Sätze in direkter Rede. Verwendet dazu die folgenden Verben, z. B.: Oguz: „Die Zeitung soll den Bericht bringen." …

sollen · anbieten · sein · auftauchen · sein · müssen · sein · haben

5 In einem Protokoll wird oft die indirekte Rede verwendet. Führt das Protokoll zu der Diskussion des Redaktionsteams fort.
- Verwendet dazu den Konjunktiv I.
- Gestaltet euer Protokoll abwechslungsreich. Nutzt dazu die Mindmap zum Wortfeld „sagen".

Protokoll der Redaktionssitzung vom 23.04.

Wir haben diskutiert, ob wir in der nächsten Ausgabe einen Beitrag zum Thema „Trendforschung" bringen sollen. Einige waren dafür, andere eher dagegen. Man solle den Bericht unbedingt bringen, forderte Oguz. Er sei aber zu …

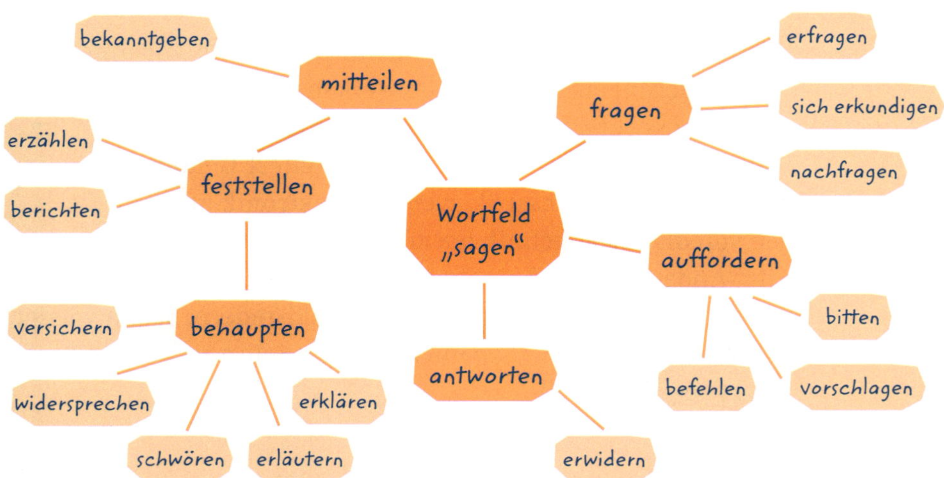

Steuert Technik unser Leben?

Eine schriftliche Argumentation verfassen I

T2 Schreiben
Seite 198/199

1 Kennt ihr „Fitness-Tracker"? Berichtet davon.

2 Erklärt mithilfe des Textes, was „Fitness-Tracker" für Geräte sind.

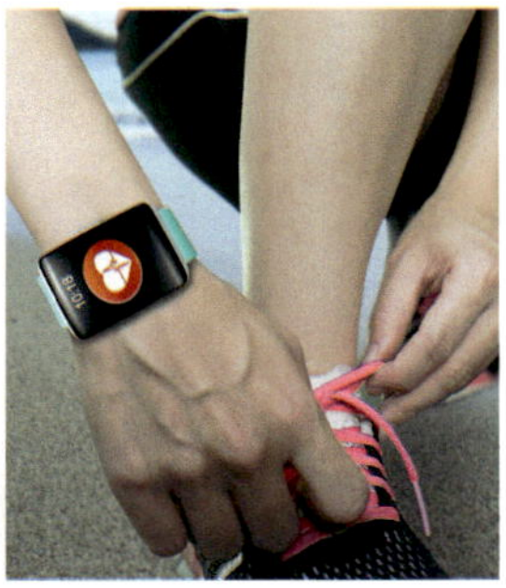

Smarte Armbänder: Steuert Technik unser Leben?

Sie heißen Up, iHealth oder Fitbit – Fitness-Tracker liegen voll im Trend, versprechen sie doch ein Plus an Gesundheit. So sollen bei 10 000 Schritten die Pfunde fallen. Aber wer zählt schon seine Schritte?
Genau das übernimmt der Fitness-Tracker und er zeichnet auch Schlafphasen auf. Die gesammelten Daten kann man auf das Smartphone übertragen und im Zusammenspiel mit einer Smartphone-App gibt es dann bunte Bildchen, die zeigen, wie man so drauf war am letzten Tag. Die Datenauswertung kann motivieren, sich mehr zu bewegen und länger zu schlafen. Zusätzlich lassen sich auch die Ernährungsgewohnheiten mit der App erfassen.
Allzu genau muss man die Auswertungen dabei nicht nehmen: Das Gerät misst zum Beispiel nur, ob man sich bewegt. Wenn der Sleep-Modus aktiviert ist, ist es dem Gerät herzlich egal, ob man liest, fernsieht oder tatsächlich schläft. Wer sich ein solches Gerät anschafft, der sollte also wissen, dass eine exakte gesundheitliche Überwachung (noch) nicht gegeben ist.
Apropos Überwachung: Schon werden erste Befürchtungen laut, das Gerät könnte zur Kontrolle eingesetzt werden. Interesse daran könnten zum Beispiel die Krankenkassen haben. Vielleicht geben sie einen Bonus für die, die einen Fitness-Tracker nutzen. Oder bestrafen diejenigen, die keinen tragen. Auch Arbeitgeber würden ihre Angestellten möglicherweise drängeln, die Dinger zu tragen. Man will ja schließlich fittes Personal.
Viele Fans der Fitness-Tracker teilen ihre Daten allerdings mit anderen auch ganz freiwillig, zum Beispiel in sozialen Netzwerken. Googeln demnächst Personalchefs die Fitnesswerte ihrer Bewerber? Werden Leute benachteiligt, die ihre Werte nicht veröffentlichen wollen? Eine weitere Gefahr liegt darin, dass sich Menschen immer mehr zu Sklaven der Elektronik machen. Sie lassen ihr Leben von digitaler Technik beeinflussen, werden vielleicht gar abhängig von ihr. Andauernd wird einem ein schlechtes Gewissen verpasst: Zu wenig Schritte? Na, na, na, das muss sich aber bald ändern. Schon wieder die halbe Nacht draußen gewesen? Schämen Sie sich! Selbstbestimmtes Leben sieht anders aus.

3 Beurteilt, ob im Text die neue Technik eher positiv oder eher negativ bewertet wird. Begründet eure Entscheidung.

4 Wie findet ihr „Fitness-Tracker"? Verdeutlicht eure Meinung, indem ihr eine Positionslinie bildet. Besprecht anschließend das Ergebnis.

→ **T5** Positionslinie Seite 271

sehr sinnvoll	sinnvoll	nicht unbedingt notwendig	überflüssig

5 Erstellt mithilfe des Textes „Smarte Armbänder: Steuert Technik unser Leben?" eine Argumentsammlung.
- Ordnet dazu die Argumente aus dem Text in die Tabelle ein.
- Ergänzt eigene Argumente und Gegenargumente.
- Ordnet die Argumente im Anschluss von weniger wichtig zu wichtig.

Nummeriert die Argumente und Gegenargumente.

Argumentsammlung: Sind Fitnessarmbänder sinnvoll?

Pro-Argumente	Kontra-Argumente
Überblick über Schritte	...
...	...

6 Verfasst eine schriftliche Argumentation zum Thema „Fitness-Tracker sind umstritten". Beginnt mit der Einleitung. Nutzt dafür die Formulierungshilfen und die Informationen aus dem Merke-Kasten.

Material 7es73s

Nutzt den Schreibplan des Online-Codes.

Formulierungshilfen für die Einleitung einer Argumentation

- In dem Text „..." heißt es, ...
- In der heutigen Zeit sollen ...
- Es soll dargestellt werden ...
- Es stellt sich die Frage ...
- Diese Frage betrifft ...
- Es wird immer wieder gefordert ...

Merke

In der **Einleitung einer schriftlichen Argumentation** werden das **Thema und die These oder Streitfrage** genannt. Eine These ist eine unbewiesene Behauptung, Meinung oder Forderung.
In einer Einleitung können auch die Bedeutung oder die Aktualität des Themas genannt werden.

○ Aufgabe 1, 4 ◒ Aufgabe 2, 3, 5, 6

T2 Schreiben
Seite 198/199

Umstrittene Technik?

Eine schriftliche Argumentation verfassen II

Geschafft, jetzt geht es an den Hauptteil. Die Argumente haben wir ja schon gesammelt.

Ja, aber wie sollen wir die jetzt ordnen?

Lasst uns entscheiden, welche Meinung wir vertreten wollen. Dann schreiben wir unsere Argumente mit passenden Beispielen auf.

1 Verfasst den Hauptteil zu der These „Fitness-Tracker sind umstritten“.

- Entscheidet euch für eine Position und wählt drei Argumente dazu aus. Beginnt mit dem weniger wichtigen und endet mit dem wichtigsten. Achtet darauf, dass sich die Argumente nicht widersprechen.
- Belegt jedes Argument mit einem Beispiel oder einer Erläuterung, das stärkt die Argumente.
- Verknüpft eure Argumente miteinander. Nutzt dazu die Formulierungshilfen.

Verwendet dazu eure Argumentsammlung von Seite 165.

Material
7es73s

Nutzt den Schreibplan des Online-Codes.

Formulierungshilfen für schriftliche Argumentationen

- Satzanfänge: Meiner Meinung nach ...; Ich stehe auf dem Standpunkt, dass ...; Ich bin davon überzeugt, dass ...; Soviel ich weiß ...; Es könnte sein, dass ...; Ich bezweifle, dass ...; Ich glaube nicht, dass ...; Ein wesentlicher Grund dafür ist ...; Hinzu kommt, dass ...; Wenn man bedenkt, dass ...
- Adverbien: ohne Zweifel – sicherlich – höchstwahrscheinlich – anscheinend – tatsächlich – zweifellos – vielleicht – möglicherweise – keinesfalls – bestimmt nicht – unmöglich ...
- Konjunktionen: und – nicht nur, sondern auch – denn – weil – da – obwohl – allerdings – aber – das heißt – dass – sodass – ...

Merke

Im **Hauptteil einer linearen Argumentation** entscheidet man sich für eine Position. Mit den Argumenten begründet bzw. stützt man die in der Einleitung genannte These. Als Argumente kann man Tatsachen (Fakten), Expertenmeinungen oder allgemein anerkannte Werte (Normen) verwenden. Die Argumente können mit einem Beispiel oder einer Erläuterung gestützt werden.

Schritt 1:	These	*Fitness-Tracker sind umstritten.*
Schritt 2:	1. Argument	*Die Technik hilft beim Bewegen.*
Schritt 3:	Beispiel	*Zum Beispiel kann man prüfen, ob man 10 000 Schritte gemacht hat.*
Schritt 4:	2. Argument	...

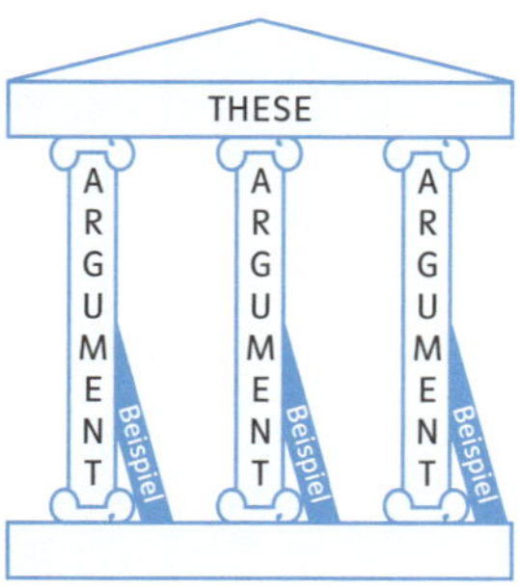

Tempelschema der Argumentation

2 EXTRA Ergänzt eure schriftliche Argumentation mit einem Gegenargument. Entkräftet das Argument, indem ihr die unterschiedlichen Standpunkte abwägt.

3 Schreibt den Schluss zu eurer Argumentation. Geht dabei noch einmal auf eure Einleitung ein und verdeutlicht eure Position. Nutzt dazu die Formulierungshilfen.

Material 7es73s

Nutzt den Schreibplan des Online-Codes.

Formulierungshilfen für den Schluss

- Insgesamt ergibt sich …
- Die Argumentation zeigt, dass …
- Die Beispiele belegen, dass …
- Unter dem Strich spricht mehr für die Position …
- Meiner Meinung nach …

Merke

Im **Schluss einer schriftlichen Argumentation** werden die Argumente abgewogen. Man kann etwas über die Zukunft sagen oder eine Frage dazu formulieren, die noch nicht beantwortet ist oder interessant erscheint. Abschließend kann man die eigene Meinung noch einmal nennen und so die Argumentation beurteilen.

4 Überarbeitet eure schriftlichen Argumentationen in einer Schreibkonferenz. Nutzt dazu die folgende Checkliste.

→ **T5** Die Schreibkonferenz Seite 264

Checkliste: Eine schriftliche Argumentation überarbeiten	☺	☹	Verbesserungsvorschläge
Einleitung • Thema genannt • These/Streitfrage genannt	…	…	…
Hauptteil • drei Argumente mit Beispielen genannt • Argumente vom schwächsten zum stärksten Argument geordnet • Argumente miteinander verknüpft	…	…	…
Schluss • abschließende Stellungnahme genannt • Bezug zur Einleitung hergestellt • eigene Position verdeutlicht	…	…	…

Ein Netbook für jedes Grundschulkind?

Mündlich argumentieren: Die Fishbowl-Diskussion

→ **T1** Sprechen und Zuhören Seite 177/178

Soll jedes Grundschulkind ein Netbook bekommen?

In anderen Ländern ist es schon selbstverständlich, Kinder mit mobilen Minicomputern auszustatten. In Deutschland streiten Pädagogen noch über den Nutzen.

BIRGIT EICKELMANN

Pro

Computer werden in deutschen Grundschulen zu zögerlich eingesetzt. Unsere Kinder drohen dadurch im internationalen Vergleich den Anschluss zu verlieren. So zeigt etwa die Grundschulstudie Iglu/Pirls, dass die meisten Kinder zwar zu Hause Erfahrung mit Computern haben. Mehr als 50 Prozent berichten aber, dass sie nie oder fast nie mit dem Computer in der Schule lernen. Dieser Befund macht die Suche nach neuen Konzepten unausweichlich. Netbooks für alle könnten hierfür eine Lösung sein.

In anderen Ländern ist es längst selbstverständlich, Grundschulkinder mit den mobilen und internetfähigen Geräten auszustatten. Dafür gibt es gute Gründe: Die Kinder lassen sich so individuell fördern, weil sie im eigenen Tempo Lernangebote auswählen können. Es ergeben sich neue Möglichkeiten der Zusammenarbeit, zum Beispiel indem die Kinder gemeinsam an einem Wiki schreiben. Ein eigener Computer fördert außerdem die Chancengleichheit und kann dadurch der digitalen Spaltung unserer Gesellschaft entgegenwirken.

Und schließlich, das zeigen Pilotstudien, sind die Kinder motivierter, wenn sie mit eigenen Netbooks arbeiten, und motivierte Kinder lernen besser. Die Frage der Zukunft wird sein, wie man gute Rahmenbedingungen schafft. Dazu gehört übrigens auch, dass Kinder zu Hause nicht so oft allein vor dem Computer sitzen.

HANS BRÜGELMANN

Kontra

Grundschulunterricht lebt von der direkten Anschauung und von der Selbsttätigkeit der Kinder. Computer verführen dazu, eigene Erfahrung durch mediale zu ersetzen. Jedem Kind ein Netbook zu geben hätte nur dann Sinn, wenn dadurch das Lernen fachlich und pädagogisch befördert würde. Lernsoftware besteht aber oft nur aus Arbeitsblättern, die mit Ton, Farbe und Bewegung auf den Bildschirm gebracht werden. PCs leisten deshalb meist nicht mehr, als Bücher, Papier und Bleistift auch können.

Didaktisch fundierte Programme wie etwa die „Lesewerkstatt" oder die „ABC-Lernlandschaft" sind Ausnahmen. Für deren Nutzung, für Internetrecherchen, für Daten- und Textverarbeitung und für die Erstellung von Präsentationen reichen aber pro Klasse fünf leistungsfähige PCs mit DSL-Anschluss. Dies verlangt, dass Kinder sich organisatorisch absprechen, und fördert sowohl individuelles wie auch kooperatives Arbeiten.

Auch gute Lernprogramme helfen den Schülern erst in einem Unterricht, der Räume für selbstständiges Lernen und eine Zusammenarbeit zwischen den Kindern schafft. Lehrer für solche Unterrichtsformen fortzubilden und sie bei ihrer Einführung zu unterstützen: Darauf sollte man finanzielle Mittel konzentrieren. Neue Technik allein bedeutet noch keinen besseren Unterricht – und eine höhere Motivation durch den Neuheitseffekt verfliegt rasch.

1 Bereitet in Gruppen eine mündliche Diskussion vor.
- Legt dazu eine Argumentsammlung an.
- Notiert die Pro- und Kontra-Argumente des Textes. Verwendet die indirekte Rede und den Konjunktiv.
- Ergänzt eure Argumentsammlung mit eigenen Argumenten.

Argumentsammlung: Sollte jedes Grundschulkind ein Netbook haben?

Pro-Argumente	Kontra-Argumente
...	...

2 Führt in der Klasse eine Fishbowl-Diskussion zum Thema „Ein Netbook für jedes Grundschulkind“ durch.

Arbeitstechnik

Die Fishbowl-Diskussion

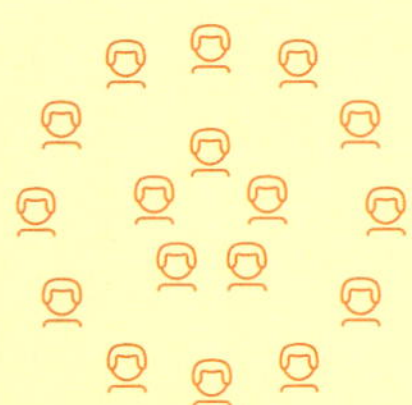

Schritt 1
Das Diskussionsthema wird festgelegt.

Schritt 2
Die Teilnehmer bereiten sich auf die Diskussion vor. Dazu bekommen sie Material, mit dem sie sich auseinandersetzen müssen, z. B. einen Text mit Pro- und Kontra-Argumenten.

Schritt 3
Je nach Gruppengröße bilden fünf bis acht Personen einen Stuhlkreis in der Mitte (Fishbowl). Eine Person wird als Moderator bestimmt und achtet darauf, dass die Redebeiträge nicht zu lang werden und die Teilnehmer ausreden können. Die restlichen Teilnehmenden sitzen außen herum und verfolgen die Diskussion. Sie notieren Fragen, Beobachtungen oder Ergebnisse.

Schritt 4
Die Zuhörer im Außenkreis können durch „abschlagen“ mit einer Person im Innenkreis tauschen und mitdiskutieren.

Schritt 5
Alle Teilnehmenden geben ein Feedback zu der Diskussion. Danach werden die Ergebnisse zusammengefasst.

→ T5 Ein Feedback geben Seite 271

Alles digital?

Zu einem Sachverhalt Stellung nehmen

→ T1 Sprechen und Zuhören
Seite 177/178

→ T2 Schreiben
Seite 198/199

1 Lest den folgenden Text. Wählt Aufgabe A oder B aus.
A Schriftlich: Entscheidet euch für eine Position: Verfasst eine schriftliche Argumentation. Denkt an die Einleitung, den Hauptteil und den Schluss.
B Mündlich: Stellt eine Argumentsammlung zusammen. Entscheidet euch für eine Position. Überlegt, wie sich die Gegenargumente entkräften lassen. Diskutiert das Thema mit jemandem in der Klasse, der eine gegenteilige Meinung vertritt.

Wie sinnvoll ist der Einsatz digitaler Medien beim Lernen?

Pro: Alina

[…] Mobile Technologien sind im Alltag der meisten Jugendlichen also fest integriert und nehmen viel Zeit ein. Da die Tendenz der intensiven Nutzung steigt, stellt sich mir die Frage, ob sich diese unaufhaltsame Entwicklung in positive Effekte kanalisieren[1] lässt.

Oft verbinden Kinder und Jugendliche Mobiltechnologien mit Spaß und Unterhaltung. Inzwischen bieten viele Internetseiten aber auch sinnvolle Programme an, wo Lerninhalte so aufbereitet sind, dass das Spielerische nicht zu kurz kommt. Um dieses Angebot vernünftig zu nutzen und sich nicht im World Wide Web zu verlieren, sollten meiner Meinung nach schon Grundschüler an den kontrollierten Umgang mit den neuen Medien herangeführt werden.

Darüber hinaus hat „mobiles Lernen“ auch noch einen ganz praktischen Vorteil. Das Tragen schwerer Bücher hätte endlich ein Ende. Es war nicht nur für mich eine Qual, bereits in der fünften Klasse einen zehn Kilo Ranzen zur Schule zu schleppen. Mehrere meiner Klassenkameraden mussten sich sogar aufgrund von Rückenproblemen orthopädisch[2] behandeln lassen.

Ich kann mich noch gut daran erinnern, wie gerne ich unterwegs, zum Beispiel beim Zugfahren, Vokabeln gelernt hätte. Weil mein Englischbuch aber so groß und schwer war, konnte ich es beim besten Willen nicht jeden Tag mitnehmen. Heute kann jeder mittels sogenannter eBags, also elektronischer Schulranzen, überall und jederzeit, auf Literatur zugreifen. Somit beugt der Einsatz moderner Technologien nicht nur der Volkskrankheit Rückenschmerzen vor, sondern erweitert auch zeitlich und örtlich das Lernangebot.

[…] Eine positive Zwischenbilanz zieht auch die Universität Kassel, die im Wintersemester 2010/2011 ihren Studenten für drei Jahre Tablets zur Verfügung gestellt hat. Ergebnis: Die Studenten – unter anderem in rechts- und gesellschaftswissenschaftlichen Studienfächern – haben häufiger auch außerhalb des Unterrichts fachspezifische Texte gelesen.

Mein Fazit ist, dass „mobiles Lernen“ zwar keine Unterrichtsein-

1 lenken
2 von einem Facharzt

heiten und konzentriertes Erarbeiten von Wissen ersetzen kann, sich aber im praktischen Leben bestens zur Wissensvertiefung und Wissenserweiterung eignet. […]

Kontra: Daniela

[…] Zwar sind digitale Medien allgegenwärtig und darum ist es auch meiner Meinung nach wichtig, den Umgang und ihren Nutzen frühzeitig zu erlernen. Doch ich bezweifle, dass die Schule hierfür der richtige Ort ist.
In allen pädagogischen[3] Konzepten wird beschrieben, dass der junge Mensch durch eigene Erfahrungen am besten lernt – durch das Sehen und Fühlen, das aktive Erkunden der Umwelt. […] Lernen funktioniert über den Ausbau synaptischer Verbindungen im Gehirn. Eine Verbindung, die oft genutzt wird, verstärkt sich, das Wissen prägt sich ein. Anlagen, die nicht genutzt werden, werden abgebaut und verkümmern. Unser Gehirn lernt also praktisch immer.
Was geschieht nun, wenn das Lernen auf die zweidimensionale Nutzung, also Sehen und Hören beschränkt wird? Womöglich verkümmern die anderen Dimensionen. Wissen dann die Kinder von morgen noch, wie sich ein Baum anfühlt oder wie ein Schnabeltier aussieht? Haben sie eine Vorstellung wie schwer Sand ist, können sie hören, aus welcher Richtung ein Geräusch kommt? Die Welt auf dem Bildschirm ist um so viele Dimensionen ärmer als die Realität – sie hat ja nur zwei. Die Kinder von Morgen werden wahrscheinlich gut lesen können, aber was wird ihnen alles fehlen? Raufen, spielen, riechen, fühlen, singen?
[…] Klar, kann man in Gruppenchats Interaktion untereinander lernen und nichts muss heute kritischer betrachtet werden als der Wahrheitsgehalt von Online-Meldungen, aber es geht doch um soviel mehr als das.
Soll nun durch den Einsatz digitaler Medien ein Kind schon von früh an nur mit Bildschirmen konfrontiert sein? Das ist einerseits viel zu anstrengend für die Augen, zum anderen geht das räumliche Sehen verloren. Schon heute fällt es Fahrschülern viel schwerer, Distanzen einzuschätzen und die Welt als bewegte Welt zu erfassen.
[…] Zuviel Bildschirmkonsum kann unter anderem zu Kopfweh, Müdigkeit, Angst und Unlust führen. Natürlich werden wir alle immer mit Medien und Bildschirmen konfrontiert sein. Aber wollen wir das wirklich von der Freizeit auch noch in die Lernphase verlagern? Kinder bezahlen das teuer mit Defiziten in der Wahrnehmung und fehlenden Erfahrungen mit der eigenen Umwelt.
Kinder und Jugendliche verbringen heute so viel Zeit vor dem Bildschirm wie noch nie – darum ist eine Förderung der Medienkompetenz für diese Generation unumstößlich. Aber liebe Eltern und Lehrer, statt die Kinder einfach immer nur vor den Bildschirmen zu parken, geht doch alle mal zusammen in den Wald!
[…] Kinder von Morgen werden keine Ahnung mehr von dem haben, was um sie herum geschieht, setzt man sie nur dem Einfluss von digitalen Medien aus.

3 erzieherisch

Teste dich selbst!

Üben interaktiv
2v255m

Wie konntest du Aufgabe 1 lösen?
☹ → Seite 232

1 Schreibe aus dem Text alle Verben heraus. Ordne sie nach Konjunktiv II und Indikativ.

Die Robotertechnik entwickelt sich stark. Man hofft, dass mit diesen „Menschmaschinen" auch der Alltag erleichtert werden kann. So könnten Roboter künftig das Putzen erledigen. Auch das Schleppen schwerer Lasten vom Auto ins Haus übernähmen die Maschinen, oder sie nähten Knöpfe an und wüschen Wäsche. Aber das ist Zukunftsmusik, noch müssen wir das alles selbst machen.

2 Begründe, warum in dem Text in Aufgabe 1 auch der Konjunktiv II verwendet wird.

Wie konntest du Aufgabe 2 und 3 lösen?
☹ → Seite 233
☺ → Seite 234 **EXTRA**

3 Setze die folgenden Sätze in den Konjunktiv II.

Roboter können vieles im Haushalt erledigen.

Sie haben immer Zeit.

Sie sind jederzeit einsatzfähig.

Robotern macht das Putzen nichts aus.

Wie konntest du Aufgabe 4 lösen?
☹ → Seite 233
☺ → Seite 234 **EXTRA**

4 Konjugiere die Verben *schlafen*, *sein* und *haben* im Indikativ und im Konjunktiv II. Lege dazu für jedes Verb eine Tabelle an.

	Indikativ	Konjunktiv II
ich	schlafe	...
du	...	schliefest
...	...	...

Wie konntest du Aufgabe 5 lösen?
☹ → Seite 234–236
☺ → Seite 236 **EXTRA**

5 Forme die direkte Rede in indirekte Rede um. Verwende dabei den Konjunktiv I.

Ein Forscher sagt: „Die Robotertechnik entwickelt sich schnell. Schon heute gibt es extrem leistungsfähige Roboter in der Industrie. Auch die Entwicklung für Haushaltsroboter geht voran. Schon heute ist technisch einiges machbar."

Wie konntest du Aufgabe 6 lösen?
☹ → Seite 234

6 Konjugiere die Verben *schlafen*, *sein* und *haben* im Konjunktiv I. Ergänze dazu deine Tabelle aus Aufgabe 4.

Wie konntest du Aufgabe 7 lösen?
☹ → Seite 233/234

7 Erkläre, wie der Konjunktiv II und der Konjunktiv I gebildet werden.

8 Nenne zu den folgenden Argumenten Beispiele.

Der Einsatz von Robotern im Haushalt ist nicht ohne Risiko.

Roboter können alten Menschen das tägliche Leben erleichtern.

9 „Robotertechnik für alle?“ Welches der folgenden Argumente findest du am stärksten? Begründe deine Entscheidung.

a) Anna: Roboter machen das Leben leichter.

b) Karl: Roboter können Menschen, die nicht mehr alles können, das Leben erleichtern.

c) Alena: Robotertechnik hilft in vielen Bereichen des Lebens weiter und kann vielen Menschen Zeit für Wichtiges verschaffen.

Wie konntest du Aufgabe 8 und 9 lösen?

😐 → Seite 177/178

🙂 → Seite 178 **EXTRA**

10 Wie wird eine schriftliche Argumentation aufgebaut? Ordne die Stichpunkte.

Zusammenfassung	eigenen Standpunkt verdeutlichen	Schluss
Argumente und Beispiele formulieren	Thema nennen	Gegenargumente entkräften
Einleitung	These nennen	Hauptteil

11 Überlege dir zu den folgenden Aussagen jeweils drei Argumente und drei Gegenargumente.

Roboter können schon bald den Hausarzt weitgehend ersetzen.

Dass Roboter einen Hausarzt ersetzen sollen, ist grober Unsinn.

Pro	Kontra
1. Argument: …	1. Gegenargument: …
2. Argument: …	2. Gegenargument: …
3. Argument: …	3. Gegenargument: …

12 Entscheide dich für eine Position. Verfasse eine vollständige schriftliche Argumentation mit Einleitung, Hauptteil und Schluss.

Wie konntest du Aufgabe 10 bis 12 lösen?

😐 → Seite 198/199

🙂 → Seite 199 **EXTRA**

T1

Trainingsstation

Sprechen und Zuhören

T1 Lösungen
2z485x

Um andere zu informieren, bietet es sich manchmal an, Informationen mithilfe eines Referats zu vermitteln. In dieser Trainingsstation lernst du, wie du ein Referat vorbereitest und wie du deinen Vortrag am besten gestalten kannst.
Des Weiteren trainierst du, deinen Standpunkt und deine Argumente für eine mündliche Diskussion vorzubereiten. Damit kann es dir besser gelingen, deine Zuhörer von deiner Meinung zu überzeugen.
Bei szenischen Texten ist Kommunikation ein wichtiger Bestandteil. Hier kannst du noch einmal üben, wie die gesprochene Sprache, die Sprechweise und die nicht gesprochene Sprache in unterschiedlicher Weise genutzt werden können.

1 Sich und andere informieren

1 Erkläre anhand eines selbst gewählten Beispiels das folgende Schaubild.

Ein Referat vorbereiten und halten

- **1** Ein Thema auswählen
- **2** Informationen sammeln und auswerten
- **3** Ein Referat vorbereiten – Eine Gliederung erstellen
- **4** Ein Referat halten

1.1 Ein Referat vorbereiten

1 Wähle aus den folgenden Berufen einen aus, der dich interessiert. Sammle Informationen zu diesem Beruf. Recherchiere in einem Berufsinformationszentrum oder nutze den Surftipp.

Surftipp
jx83tp

Tischler/in | Polizist/in | Buchhändler/in | Biologielaborant/in | Koch/Köchin | Schiffsmechaniker/in | Lehrer/in | Sanitäter/in

Du kannst auch einen anderen Beruf wählen.

2 Ordne die folgenden Begriffe für eine sinnvolle Gliederung deines Referates. Ergänze mithilfe deiner gesammelten Informationen aus Aufgabe 1 weitere Punkte.

Beruf: Definition | erforderliche Abschlüsse | Schluss | Einleitung | Vor- und Nachteile des Berufs | Persönliche Voraussetzungen | Ausbildungsbereiche | Ausbildungsdauer | Verdienstmöglichkeiten

3 Formuliere eine Einleitung für dein Referat. Überlege, ob du mit einer Frage, eigenen Erfahrungen oder einer kurzen Geschichte zum Beruf beginnen möchtest.

Achte darauf, dass deine Einleitung nicht zu lang wird.

Formulierungshilfen für Einleitungen

- Heute möchte ich euch den Beruf … vorstellen.
- Der Beruf … klingt interessant, weil …
- Vor einiger Zeit habe ich …
- Zu dem Beruf … möchte ich euch kurz eine Geschichte erzählen.

4 Erstelle zu jedem Punkt deiner Gliederung aus Aufgabe 2 eine Karteikarte. Überlege, welches die wichtigsten Informationen aus deiner Recherche sind und was du zu jedem Punkt sagen möchtest. Schreibe Stichpunkte dazu auf.

1. Einleitung	2. Beruf: Definition	3. ...
Heute möchte ich euch den Beruf des ...	Der Beruf ...	...

5 Formuliere einen Schluss für dein Referat, in dem du das Wichtigste zusammenfasst. Du kannst auch noch einmal auf deine Einleitung verweisen.

6 Überlege, welche der folgenden Darstellungsmöglichkeiten du für dein Referat verwenden könntest. Übertrage die Tabelle in dein Heft. Nenne die Vor- und Nachteile der einzelnen Beispiele.

Darstellungs-möglichkeiten	Vorteile	Nachteile
Power-Point-Präsentation	Möglichkeit, Bilder, Texte und Grafiken zu zeigen	Technik nicht immer in Klassenräumen vorhanden
Infoplakat	...	...
Tafel nutzen	...	...
Overheadfolien	...	...
...	...	...

1.2 Ein Referat halten

1 Probe dein Referat so lange, bis du dich sicher fühlst. Du kannst zu Hause vor dem Spiegel üben oder es einem Partner oder deiner Familie vortragen.

2 Trage dein Referat in der Klasse vor.

Beachte dazu die Tipps auf Seite 23.

1 EXTRA Recherchiere für ein Referat zu einem besonderen Beruf, z. B. Tätowierer/in, Puppenspieler/in, ...

2 EXTRA Ordne die Informationen mithilfe einer Mindmap.

3 EXTRA Bereite ein Referat zu deinem gewählten Beruf vor. Stelle die Gliederung mithilfe eines Infoplakates oder einer Power-Point-Präsentation dar.

4 EXTRA Probe dein Referat und trage es in der Klasse vor.

2 Diskutieren und Argumentieren

Vorbereitung auf eine Diskussion

Informationen zum Diskussionsthema (Hintergründe, Anlass, Argumente …) **sammeln** und **auswerten**
- Sammeln: Zeitschriften, Schulbücher, Internet, Expertenbefragung, …
- Auswerten: Mindmap, Spiegelstrichliste, Tabelle, …

Argumente zusammenstellen/eigenen Standpunkt klären
- Pro-Argumente und Kontra-Argumente mit Beispielen
- Sortieren der Argumente von weniger wichtig zu wichtig

1 Lies den Artikel „Pro & Kontra: Mehr Sportunterricht in der Schule". Nenne die Soll-Frage.

Pro & Kontra: Mehr Sportunterricht in der Schule

Pro: Enis

Sport ist eine Droge für die Menschen und zwar eine gute und notwendige. Doch bereits in der Grundschule fällt oft der Sportunterricht aus, der oft auch noch von Lehrern ohne Sportausbildung unterrichtet wird. Bei durchschnittlich nur 2,3 Stunden Schulsport pro Woche ist es auch nicht verwunderlich, dass ein Drittel aller Grundschüler nicht schwimmen können und etwa 15 Prozent aller Kinder und Jugendlichen in Deutschland übergewichtig sind. Die Konsequenz daraus sollte sein: mehr Sportunterricht!

[…] Dabei ist sich die Wissenschaft bei Sport einig: Ausdauer- und Krafttraining können helfen, kognitive[1] Fähigkeiten zu verbessern. Denn Sport verbessert Erinnerungsvermögen, Wahrnehmungsfähigkeit und Aufmerksamkeit, so das Ergebnis einer Studie der Universität von Illinois.

Forscher des Bonner Instituts zur Zukunft der Arbeit (IZA) haben nachgewiesen, dass Jugendliche, die regelmäßig Sport treiben, höhere Bildungsabschlüsse erreichen als ihre unsportlichen Altersgenossen. Ärzte fordern schon seit Jahren, dass Schüler täglich eine Stunde lang Sport treiben sollen. […]

Dabei heißt mehr Sportunterricht auch mehr Miteinander unter den Schülern. Sport fördert den Teamgeist und den Fairplay-Gedanken. Er ist gleichzeitig die beste Art, mit Siegen und Niederlagen umgehen zu lernen. Es geht nicht um mehr Leistung und auch nicht darum, aus uns allen Sportskanonen zu machen – es geht einzig und allein um die täglich notwendige Bewegung. […] →

1 geistig

Kontra: Julia

Das Anforderungsprofil an Schüler hat sich in den vergangenen Jahren gewandelt. Der Stundenplan eines Fünftklässlers auf einem Gymnasium weist durch „G 8“ bis zu 33 Wochenstunden auf. Das sind durchschnittlich 6,6 Stunden pro Schultag.

Dazu kommt dann noch die Zeit, die für Hausaufgaben oder das „Büffeln“ für Klausuren benötigt wird. Welcher Schüler will da noch mehr Zeit in der Schule verbringen? Eine zusätzliche Anzahl an Sportstunden wäre für keinen Schüler wünschenswert. […] Und Sport zulasten eines anderen Faches aufwerten, wird nicht durchzusetzen sein. Welches sollte das sein? Bei Kunst oder Musik – Fächer, die bei solchen Diskussionen meist genannt werden – sind die Stundenzahlen bereits so sehr komprimiert, dass man sie bei einer weiteren Reduzierung auch gleich ganz abschaffen könnte.

Aus 13 Jahren Schulsporterfahrung weiß ich, dass Sportmuffel schon immer Wege gefunden haben, um sich möglichst wenig anstrengen zu müssen.

Wer keinen Sport mag, wird sich auch durch zusätzlichen Unterricht nicht mehr bewegen. Und die Sportskanonen sind vermutlich ohnehin auch in ihrer Freizeit in der Turnhalle, auf dem Fußball- oder Basketballplatz.

[…] Eine Maßnahme wäre es daher, die Profile und Attraktivität von Sportvereinen zu stärken. Den einen oder anderen sportlich nicht sehr aktiven Schüler an einem Aktionstag für Badminton oder eine andere Sportart zu gewinnen, für die er sich selbst entscheidet, ist zielführender, als ihm noch weitere Schulsportstunden mit 800-Meter-Lauf oder Geräteturnen aufzuerlegen.

Du kannst die Informationen ergänzen, indem du einen Experten, z. B. eine Lehrkraft für Sport, befragst.

2 Sammle Argumente zum Thema „Mehr Sportunterricht in der Schule“. Nutze dazu die Informationen aus dem Text. Stelle die Argumente übersichtlich dar, z. B. in einer Mindmap, Spiegelstrichliste oder Tabelle.

3 Stelle die Argumente für die Diskussion auf Karteikarten zusammen. Verwende für die Pro-Argumente und Kontra-Argumente unterschiedliche Farben.
- Nutze für jedes Argument eine eigene Karte. Notiere jeweils ein Beispiel.
- Ordne die Karten von weniger wichtigen zu wichtigen Argumenten.

Achte darauf, dass du langsam und deutlich sprichst.

4 Entscheide dich für einen Standpunkt. Übe die Argumentation für deine Position zu Hause vor einem Spiegel.

---

1 EXTRA Lies den Artikel „Pro & Kontra: Mehr Sportunterricht in der Schule“ auf Seite 177/178. Stelle die Argumente übersichtlich dar. Ordne sie dabei von weniger wichtig zu wichtig.

2 EXTRA Entscheide dich für eine Position. Bereite ein Referat dazu vor.

3 EXTRA Entkräfte die Argumente der Gegenposition.

3 Gespräche gestalten

Kommunikation

gesprochene Sprache (verbal)
- Sprachebene/ Wortwahl (Dialekt, Fachsprache, Jugendsprache, …)
- Satzbau (kurz, einfach, verschachtelt, lang, …)
- Sprecherhandlung (sachlich, informativ, bewertend, appellierend, …)

nicht gesprochene Sprache (non-verbal)
- Mimik (freundlich, finster, heiter, …)
- Gestik (Kusshand, zeigen, …)
- Körperhaltung/-gang (lässig, majestätisch, verängstigt, …)
- Aufmachung (Kleidung, Haare, Schminke, …)

Sprechweise
- Artikulation (Aussprache: deutlich, undeutlich, nuscheln, …)
- Intonation (Satzmelodie: steigend, fallend, gleichbleibend, …; Klangfarbe: hell, dunkel, …)
- Dynamik (Sprechtempo: langsam, schnell, …; Sprechfluss: flüssig, stockend, stotternd, Pausen, …)
- Lautstärke (wechselnd: laut, leise; …)

1 Formuliere zu den Aussagen Jojos aus dem Jugendtheaterstück „Das Herz eines Boxers" Regieanweisungen. Achte auf eine passende Sprechweise, Mimik und Gestik. Orientiere dich am folgenden Beispiel.

Lies vorher noch einmal die ganze Szene auf Seite 34/35.

„Schönen Tag, die Knackibrigade Schöner wohnen soll aus der Butze hier wieder eine menschliche Behausung machen."
(Seite 34, Zeile 13–15)
(sehr laut, deutlich, flüssig und mit einer hellen, melodischen Stimme gesprochen, kleine Pause nach Begrüßung, lässig, zeigt in die Runde Gesichtsausdruck: heiter, lustig)

„Was glotzt du denn so? Der erste Besuch seit dem Krieg, was?"
(Seite 34, Zeile 34/35)

„Also, wenn du Spaß dran hast, bring ich dir auch gerne Sprechen bei. So die Grundbegriffe: ja, nein, bitte, danke, cool, kult, ätzend."
(Seite 35, Zeile 40–43)

„Na? Wirkt doch gleich viel freundlicher."
(Seite 35, Zeile 49)

1 EXTRA Lies die 1. Szene aus dem Theaterstück „Das Herz eines Boxers“ auf Seite 34/35. Untersuche, wie die beiden Hauptfiguren auf verbaler Ebene handeln. Orientiere dich an den Informationen im Schaubild auf Seite 179.

2 EXTRA Stelle Vermutungen über die gesprochene Sprache, die nicht gesprochene Sprache und die Sprechweise an. Notiere deine Ergebnisse in Stichpunkten.

Formulierungshilfen für eine Gesprächsgestaltung

1. Szene

Leo:
verbal: verwendet keine gesprochene Sprache, erscheint dadurch ...
non-verbal: trägt Bademantel;
wirkt äußerlich krank;
macht durch Gestik „Boxen“ deutlich, dass er ...

Jojo:
verbal: verwendet Jugendsprache z. B. „Knackibrigade“ ...;
spricht einfache Sätze wie ...;
stellt Leo viele Fragen, weil er ...
non-verbal: ...
Sprechweise: ...

3 EXTRA Untersuche eine weitere Szene aus dem Theaterstück „Das Herz eines Boxers“ in Kapitel 2. Gehe dabei besonders auf Leos Figur ein. Notiere deine Ergebnisse ebenfalls in Stichpunkten.

4 EXTRA Formuliere zu deiner in Aufgabe 3 EXTRA gewählten Szene Regieanweisungen. Achte auf eine passende Sprechweise, Mimik und Gestik. Orientiere dich am folgenden Beispiel.

„Schönen Tag, die Knackibrigade Schöner wohnen soll aus der Butze hier wieder eine menschliche Behausung machen.“
(Seite 34, Zeile 13–15)
(sehr laut, deutlich, flüssig und mit einer hellen, melodischen Stimme gesprochen, kleine Pause nach Begrüßung, lässig, zeigt in die Runde
Gesichtsausdruck: heiter, lustig)

Trainingsstation

Schreiben

Schreiben ist eine Kompetenz, die in unserer Gesellschaft eine wichtige Bedeutung hat. Besonders beim Berichten, aber auch bei Bewerbungen und Lebensläufen wird dies deutlich.
Auch beim Lesen von Zeitungen sowie beim Verfassen von Zeitungsartikeln erkennt man die unterschiedlichen Schreibmöglichkeiten, denn in Zeitungen wird z. B. berichtet, kommentiert oder interviewt.
Interessant ist natürlich auch die Umsetzung in der Werbung.
Über die schriftliche Argumentation hast du bereits einiges gelernt, das du in dieser Trainingsstation noch einmal wiederholen kannst.
Du kannst dich ebenfalls noch einmal darüber informieren, worin sich die einzelnen Schreibprodukte unterscheiden und wie du eine Rollenbiographie oder eine Charakterisierung verfassen kannst.

T2 Lösungen
8t6ef8

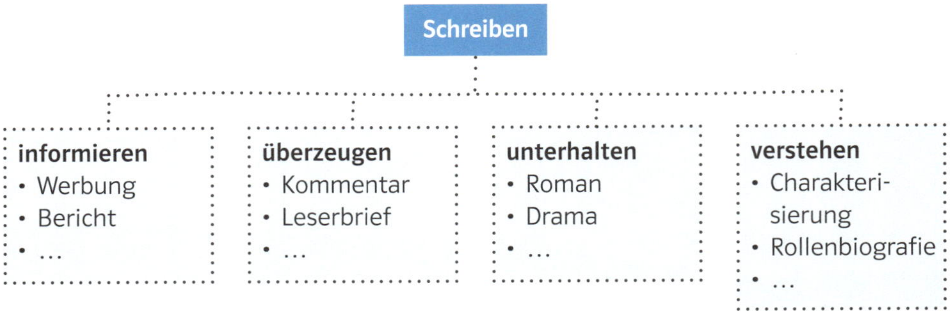

1 Informieren

1.1 Informationen erfassen und auswerten

T5 Eine Mindmap erstellen Seite 255

1 Lies die folgenden Texte. Ordne die Informationen in einer Mindmap.

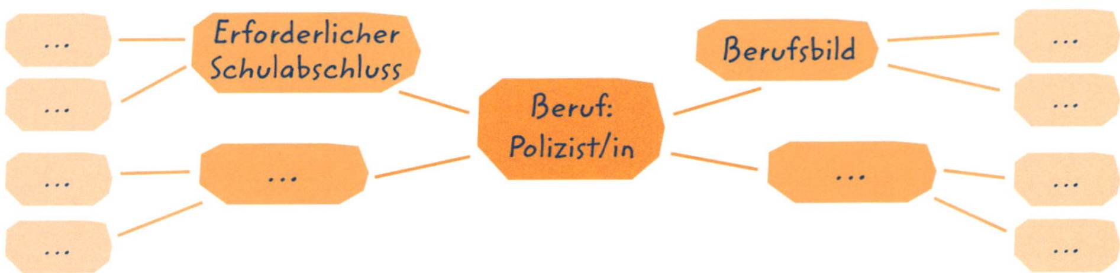

Polizeivollzugsbeamter/-beamtin

Zugangsvoraussetzungen: Mittlerer Bildungsabschluss bzw. Hauptschulabschluss in Verbindung mit einer abgeschlossenen Berufsausbildung

Polizeivollzugsbeamte und -beamtinnen:
- arbeiten im Einzeldienst überwiegend im Wach- und Streifendienst
- leisten in Notsituationen Hilfe
- halten bei Ordnungswidrigkeiten den Sachverhalt fest und verhängen Bußgelder
- verfolgen Vergehen und wirken bei Festnahmen bzw. bei der Aufklärung von Verbrechen mit
- bringen verdächtige Personen zur Vernehmung aufs Revier
- auf der Wache nehmen sie Anrufe entgegen, protokollieren Anzeigen, schreiben Berichte und koordinieren anfallende Aufgaben
- bei Verkehrsunfällen sichern sie die Unfallstelle ab, nehmen Personalien auf und schlichten ggf. Streitigkeiten
- regeln den Verkehr oder führen Verkehrskontrollen durch
- beraten Bürger/innen beim Schutz vor Straftaten

Ausbildung bei der Polizei

Wie geht's zur Polizei?

Um Polizeivollzugsbeamter/-beamtin zu werden, sollte man z. B.

- mindestens einen mittleren Bildungsabschluss haben,
- die deutsche Staatsangehörigkeit oder die Staatsangehörigkeit eines anderen Mitgliedstaates der Europäischen Union haben,
- nicht vorbestraft sein,
- ein Mindestalter erreicht bzw. die Höchstaltersgrenze noch nicht erreicht haben und allgemein „für die Laufbahn geeignet“ sein.

Ob die Bewerber/innen für den Polizeiberuf geeignet sind, wird bei einem Auswahlverfahren überprüft. […]
Bei einer schriftlichen Prüfung werden z. B. Rechtschreibung, Grammatik, Zeichensetzung und das Ausdrucksvermögen überprüft, da später viele Berichte und Protokolle geschrieben werden müssen. Auch logisches Denken, Merkfähigkeit und Orientierungsvermögen werden getestet.
Da Polizisten bei der Arbeit sehr viel mit anderen Menschen zu tun haben, werden bei den Bewerbern meistens auch die kommunikativen Fähigkeiten anhand einer Gruppenaufgabe getestet. Außerdem wird bei einem Einzelgespräch überprüft, wie belastbar und motiviert man ist.
Und dann gibt es noch die Sportprüfung: Pendellauf, Schwimmen, Sit-ups oder Bankdrücken. Hier zählen Ausdauer und die allgemeine Fitness.

2 Recherchiere nach weiteren Informationen zum Beruf „Polizeivollzugsbeamter/-beamtin“. Erstelle mithilfe deiner Ergebnisse aus Aufgabe 1 und deiner Recherche einen Steckbrief des Berufes.

Steckbrief: Polizeivollzugsbeamter

Zugangsvoraussetzungen:
- Mittlerer Bildungsabschluss
- …

1.2 Informationen in einem Bericht zusammenfassen

1 Verfasse einen Bericht über den Beruf des „Polizeivollzugsbeamten“. Verwende dazu deine Ergebnisse aus den vorangegangenen Aufgaben. Überlege dir zunächst eine interessante Überschrift.

Sieh dir die Checkliste auf Seite 184 Aufgabe 5 an.

2 Schreibe eine Einleitung. Beginne mit einer interessanten Information, z. B.:
Für die Ausbildung zum Polizeiberuf gibt es jährlich 9 000 bis 10 000 Bewerber …

3 Schreibe den Hauptteil deines Berichts. Gehe darin auf die Zugangsvoraussetzungen, die Ausbildung und das Berufsbild ein.

4 Verfasse einen Schluss. Du kannst darin noch einmal auf deine Einleitung eingehen oder deine Meinung zu dem Beruf nennen.

5 Überarbeite deinen Bericht mithilfe der folgenden Checkliste.

Checkliste: Einen Bericht überprüfen	Ja	Nein	Verbesserungsvorschläge
Gibt es eine passende Überschrift?			
Gibt es eine interessante Einleitung?			
• Ist der Hauptteil sinnvoll gegliedert? • Sind die Informationen interessant und nachvollziehbar gestaltet? • Sind die Informationen aus den Materialien richtig wiedergegeben?			
Ist der Bericht mit einem Schlusssatz beendet?			

1 **EXTRA** Lies den Erfahrungsbericht. Notiere Textstellen, an denen deutlich wird, dass es sich nicht um einen sachlichen Informationstext handelt.

Erfahrungsbericht Ausbildung zur Bauzeichnerin

Mein Name ist Vanessa Meier. Ich bin 21 Jahre alt. Nach meinem Abitur habe ich in der Kreisverwaltung Paderborn meine Ausbildung zur Bauzeichnerin mit der Fachrichtung Architektur begonnen. Diese werde ich voraussichtlich im Sommer erfolgreich abschließen.
Wer eine Ausbildung zum/zur Bauzeichner/in anstrebt, sollte unter anderem ein gewisses Interesse an Mathematik vorweisen und den Umgang mit dem Computer nicht scheuen. Ein gutes räumliches Vorstellungsvermögen sowie sorgfältiges Arbeiten sind ebenfalls vorteilhaft.
Die Ausbildung zur Bauzeichnerin besteht aus einem schulischen und einem betrieblichen Teil. Im schulischen Teil, welchen ich 1–2-mal in der Woche am Richard-von-Weizsäcker Berufskolleg in Paderborn absolviere, sollen vor allem die theoretischen Grundlagen vermittelt werden. Weiterhin erlernen wir dort auch das typische Zeichnen mit Bleistift oder Tusche, welches in den meisten Betrieben jedoch nur noch selten angewandt wird. Das

Vermessen einer Baustelle sowie das Berechnen einer Statik werden ebenso vermittelt. […]
Im betrieblichen Teil steht vor allem das Arbeiten mit dem CAD-Programm (Computer Aided Design) im Vordergrund. Dieses ist sehr komplex, doch nach einer kurzen Einarbeitungszeit kann man bereits gut mit den Grundfunktionen arbeiten. Ich erstelle Grundrisse, Schnitte, Lagepläne und vieles mehr. Beherrscht man dieses gut, ist es auch möglich, komplexe 3D Modelle der Gebäude zu erstellen. Weiterhin können auch verschiedene Flächenberechnungen mithilfe des Programms durchgeführt werden. […]
Ein weiterer wichtiger Teil meiner Ausbildung ist das 3-monatige Baustellenpraktikum, welches ich zum einen im Rohbau und zum anderen im Trockenbau durchgeführt habe.
Dieses Praktikum war für mich sehr sinnvoll, da man sich nun besser in die Arbeitsabläufe hineinversetzen kann und somit genau weiß, was beim Erstellen der Pläne besonders wichtig für die Arbeiter ist. […]
Das Betriebsklima in der Kreisverwaltung ist sehr gut. Es werden gelegentlich außerbetriebliche Veranstaltungen organisiert, die das Betriebsklima zusätzlich stärken und bei denen man außerdem die Mitarbeiter der anderen Ämter besser kennenlernt.

2 EXTRA Erstelle zu dem Beruf „Bauzeichner/in" einen Steckbrief.
- Verwende die Informationen aus dem Erfahrungsbericht.
- Recherchiere nach weiteren Informationen zu dem Beruf. Ergänze deinen Steckbrief.

3 EXTRA Verfasse einen Bericht mit Einleitung, Hauptteil und Schluss zu einem der folgenden Berufe.

Recherchiere dazu im Internet.

Wasserrutschentester/in | Glückskeksautor/in | Tierfutterverkoster/in

1.3 Eine Bewerbung und einen Lebenslauf schreiben

Eine Bewerbung verfassen

1 Ordne die Bausteine für ein Bewerbungsschreiben auf der folgenden Seite in die Tabelle ein. Achte dabei auf die richtige Reihenfolge.

Orientiere dich an den Merkmalen eines offiziellen Briefes.

Briefkopf	Brieftext	Schluss
1. Adresse des Absenders	…	…
…	…	…

besondere Interessen und Hobbys | Anrede | Bezug auf die Informationsquelle

Ort, Datum | Adresse des Empfängers | schulische Situation | Grußformel

Adresse des Absenders | Begabungen und Fähigkeiten | Betreff | Unterschrift

Begründung für die Bewerbung | Anlagen | Bitte um Vorstellungsgespräch

2 Lies die Anzeige für ein Praktikum. Notiere, auf welche Teile du bei einer Bewerbung eingehen solltest.

Wir suchen

eine Praktikantin/einen Praktikanten für unsere Tischlerei.

Wir sind ein 10-köpfiges Team, das zum 01.08.2015 einen engagierten jungen Menschen sucht, der gerne mit Holz arbeitet. Kannst du dir vorstellen, unser Team zu unterstützen?

Bewerbungsanschreiben bitte an:

Tischlerei Johan Marx
Schmaler Bruch 11
82175 Puchheim

Achte auf die richtige Reihenfolge mithilfe deiner Ergebnisse aus Aufgabe 1.

3 Jens möchte sich auf die Praktikumsstelle bewerben und hat bereits die folgenden Stichwörter für seine Bewerbung notiert. Formuliere damit eine Bewerbung für Jens.

Tischlerei Marx
Herrn Johan Marx
Schmaler Bruch 11
82175 Puchheim

Bewerbung Tischlerei

Puchheim, 13.06.2015

Anzeige
Bewerbung Praktikum

Anfrage Vorstellungsgespräch

Jens Fehring
Alte Schuhstraße 121
82175 Puchheim
Tel.: 05221/9998991
E-Mail: JensFeh@yahoo.net

zurzeit Besuch der 8. Klasse der Realschule Bünde, Realschulabschluss voraussichtlich Juli 2017

Interesse an dem Beruf, Modellbau, baue selbst, z. B. Regale

gute Schulleistungen Mathematik und Technik

Anlagen

Hobbys Modellbau, Fußball

4 Überprüfe das Bewerbungsanschreiben mithilfe der Checkliste „Eine Bewerbung verfassen“ auf Seite 25.

Einen Lebenslauf verfassen

1 Erstelle eine Checkliste für einen Lebenslauf. Ordne dazu die folgen Elemente in einer sinnvollen Reihenfolge. Fasse die Informationen unter passenden Oberbegriffen zusammen.

Checkliste: Lebenslauf

- ☐ Überschrift „Lebenslauf"
- • Persönliche Daten
- ☐ Name, Vorname
- ☐ …
- • Schulausbildung
- ☐ …

Geburtsdatum, -ort	besondere Fähigkeiten, Stärken	Bewerbungsfoto
Schulbildung (Auflistung aller besuchten Schulen mit Jahreszahlen)	Ort, Datum	Anschrift, Telefonnummer, E-Mail
Überschrift „Lebenslauf"	Lieblingsfächer in der Schule (falls es zum Beruf passt)	Vor- und Nachname
voraussichtlicher Schulabschluss	Hobbys, Freizeitaktivitäten	außerschulische Tätigkeiten, z. B.: Praktika, Ferienjobs
		Unterschrift

2 Verfasse mithilfe deiner Checkliste aus Aufgabe 1 und deinem Bewerbungsschreiben einen Lebenslauf für Jens Fehring. Achte auf die tabellarische Form eines Lebenslaufes. Du kannst dir die fehlenden Informationen ausdenken.

Nutze zum Schreiben des Lebenslaufes ein Textverarbeitungsprogramm.

Einen Lebenslauf erstellen

- Verwende einen Zeilenabstand von 1,5 Punkten.
- Hebe die Oberbegriffe, z. B. Persönliche Daten, **fett** hervor.
- Verwende die Tab-Funktion (→|), damit die Informationen genau untereinander stehen. Du kannst auch eine Tabelle anlegen, in der die Tabellenlinien nicht sichtbar sind.
- Lasse zwischen den einzelnen Textteilen etwas Abstand, damit eine gute Übersicht entsteht.
- Unterschreibe auch den Lebenslauf.

1 EXTRA Schreibe zu der folgenden Anzeige für ein Praktikum eine Bewerbung. Achte auf den formalen Aufbau von Bewerbungen.

> **Praktikumsplatz für Maler/-innen**
>
> Möchtest du den Beruf des Malers/der Malerin kennenlernen?
> Ab 1. September 2015 suchen wir Praktikanten. Voraussetzungen sind handwerkliches Geschick und mathematische Kenntnisse.
> Richte deine schriftliche Bewerbung mit Lebenslauf und Zeugnissen an:
>
> **Malerfachbetrieb Jansen**
> Herrn Dirk Jansen
> Breite Gasse 11a
> 59067 Hamm

Nutze die Tipps zur Erstellung eines Lebenslaufes auf Seite 187.

2 EXTRA Verfasse zu deinem Bewerbungsanschreiben für den Praktikumsplatz einen aussagekräftigen Lebenslauf. Achte auf den formalen Aufbau eines Lebenslaufes.

1.4 Zeitungsartikel verfassen

Berichte und Nachrichten in der Zeitung

Zeitungsbericht

Überschrift/Unterzeile/Textbeginn:
Was ist passiert? Wer war beteiligt?
Wo und wann ist es passiert?
Wie hat es sich ereignet?

Text:
Warum kam es dazu?
Woher stammt die Nachricht?

Zusätzlich:
weitere Informationen
Hintergründe

Zeitungsnachricht

beantwortet die W-Fragen in verkürzter Form:
Was ist passiert? Wer war beteiligt?
Wo, wann, wie und warum ist es passiert?

1 Lies die Informationen auf den grünen Karten. Verfasse mithilfe dieser Informationen und der vorgegebenen Satzanfänge einen Zeitungsbericht.

> Beachte den Aufbau eines Berichts im Schaubild auf der linken Seite.

schwerer Waldbrand | für Touristen attraktiv | unter Kontrolle | Sonntag | hohe Granitwände | Parkverwaltung: keiner verletzt | von Feuer überrascht | Half-Dom-Berg | langanhaltende Dürre | mehr als drei Millionen Besucher | Helikopter | 2000 Meter Höhe | tosende Wasserfälle

Im kalifornischen Yosemite Nationalpark kam … Etwa 100 Wanderer … Sie waren auf dem … Alle konnten mit …
Mehr als 100 Feuerwehrleute … Es gelang ihnen … Die Parkverwaltung …
Im Bereich der gesamten Sierra Nevada brachen … Der Yosemite-Nationalpark zieht jährlich … Er ist mit seinen …

2 Überlege dir für den Zeitungsbericht aus Aufgabe 1 eine interessante Überschrift. Formuliere eine Unterzeile, die zwei wichtige Informationen enthält.

3 Welches Bild würdest du für deinen Zeitungsbericht verwenden? Begründe deine Entscheidung.

4 Schreibe zu dem Ereignis im Yosemite Nationalpark eine Nachricht, indem du die wichtigsten Informationen aus deinem Bericht zusammenfasst.

> Beantworte dabei alle W-Fragen in einer kurzen Form.

Beachte den Aufbau eines Berichts im Schaubild auf Seite 188.

1 EXTRA Lies die Informationen auf den Karten. Ordne sie in einer sinnvollen Reihenfolge. Verfasse anschließend einen vollständigen Zeitungsbericht.

- Erdrutsch
- Jahrhundertflut mit 2 000 Toten
- retteten sich auf Dächer
- Städte: kein Strom/kein Trinkwasser
- Militärsprecher: Einsatz von Soldaten
- Meteorologe: stärkster Monsun-Regen seit 30 Jahren
- Boote und Helikopter
- Südostasien
- Regierung: 4 000 Decken, 90 Zelte und 23 000 Liter Trinkwasser
- offizielle Angaben: 107 Tote
- Grenzgebiet zwischen Pakistan und Indien
- Monsun-Regenfälle: jedes Jahr viele Tote
- Wasser: bis zu vier Meter hoch
- Nahrungsmittel und Medikamente
- Beginn der Niederschläge: Dienstag
- Ackerland völlig überflutet
- Einsturz von Häusern
- Flüsse: Hochwasser

2 EXTRA Formuliere eine Überschrift und eine Unterzeile zu deinem Zeitungsbericht.

3 EXTRA Suche nach einem passenden Bild für deinen Zeitungsbericht. Erkläre, warum du dich dafür entschieden hast.

4 EXTRA Verfasse zu dem Geschehen in Südostasien eine kurze Nachricht.

Kommentare verstehen und mit Leserbriefen antworten

Kommentar — **Leserbrief**

- persönliche Meinung
- Namensnennung des Autors
- fester Platz in der Zeitung
- besonderes Layout

1 Lies den folgenden Text. Nenne den Anlass des Kommentars.
- Notiere das Argument, das der Autor im ersten Abschnitt nennt.
- Notiere auch das Argument, das im zweiten Abschnitt genannt wird.
- Schreibe die Schlussfolgerung des Autors auf.

KOMMENTAR

Den Rettern danken

KOMMENTAR VON REINHARD BREIDENBACH

Mainz (ots) ▪ Die 728 Rettungskräfte am Untersberg, viele von ihnen ehrenamtlich in Aktion, haben einem Menschen das Leben gerettet, eine logistische Meisterleistung vollbracht und dabei ganz nebenbei, da sie aus einem halben Dutzend Nationen stammen, mehr für die notleidende Idee der europäischen Solidarität getan als Heerscharen von Politikern dies gemeinhin tun. Für all das verdienen die Retter Dank. Sie verdienen es andererseits nicht, kleinkrämerische Fragen mit anhören zu müssen, was das Ganze denn gekostet habe. Denn, makaber formuliert: Jeder dauerhafte Koma-Fall aufgrund eines nicht angelegten Sicherheitsgurtes im Auto oder eines nicht getragenen Fahrrad- oder Skihelms ist kostenaufwendiger.

Wenn Menschen keine Risiken in Kauf nähmen, säßen wir alle noch auf den Bäumen. Aber es ist wichtig, Gefahren auszuschließen, die auszuschließen sind; es bleiben noch viele andere, bei denen man ganz auf ein gütiges Schicksal angewiesen ist. Johann Westhauser, der Gerettete, wird allseits als umsichtiger Forscher beschrieben. Spekulationen, ob er etwas anders hätte machen können, verbieten sich im Augenblick schon aus Respekt vor ihm und seiner Familie. Völlig unabhängig davon ist grundsätzlich darüber nachzudenken, wie die Sicherheit im Fall Riesending-Höhle zu verbessern ist. Dabei verdient auch der Gedanke des bayerischen Innenministers Herrmann, den Eingang der Höhle jetzt zu verschließen, Aufmerksamkeit, denn Katastrophen-Tourismus ist eine Plage unserer Zeit. Es ist vorerst gut gegangen diesmal, umso mehr ein Grund zur Freude, als allzu oft keine Solidarität der Welt helfen kann – wie beim Flug MH 370, der seit dem 8. März verschwunden ist.

2 Lies die beiden Anfänge von Leserbriefen. Schreibe einen davon weiter.

LESERBRIEFE

1 Es fasziniert mich völlig, dass bei der Rettung von Johann Westhauser so viele Menschen, egal welcher Nation, mit Mut und Entschlossenheit ihr Ziel verfolgten. Wir wissen zwar, dass es einen glücklichen Ausgang nahm, aber …

2 Alle können bezüglich der Kosten immer recht großzügig sein, solange es nicht an die eigene Tasche geht. Wo hört „Geiz ist geil“ auf und wo fängt die Menschlichkeit an? Wie würde jemand reagieren …

1 EXTRA Lies den Kommentar auf Seite 191. Schreibe dazu einen Leserbrief. Nutze einige der folgenden Aussagen.

Kann man einen Menschen überhaupt tief in einer solchen Höhle liegen lassen, ohne ihm zu versichern, Hilfe zu holen?

Man traut sich ja gar nicht, die Frage nach den Kosten zu stellen. Da wird man gleich zum Buhmann.

Unfälle passieren nun mal.

Es gibt viele Menschen, denen es schlecht geht. Wäre hier das Geld nicht besser angelegt?

Interviews entwickeln

1 Lies den Text über den Bergsteiger Reinhold Messner. Notiere Textstellen, die sich für Interviewfragen eignen.

Eiserner Wille, grandioser Wagemut und Egoismus

Als Fünfjähriger stand Reinhold Messner auf seinem ersten Dreitausender. Gut 35 Jahre später hatte er als erster Mensch alle 14 Achttausender der Welt bestiegen. Er schaffte erstmals mit seinem Partner Peter Habeler den Mount Everest ohne Sauerstoff – und später im Alleingang. […]

Auf hohe Berge steigt der Südtiroler immer noch; bei 6 500 Metern sieht er nun sein Limit. […]

Er schrieb Bücher, schulte Manager und schuf eine Museumskette. Schon länger liebäugelt Messner mit dem Film als Erzählform. […]

Ein neues Buch gibt es auch: Zwischen Kindheitsschilderungen und Betrachtungen über das Leben erscheinen Szenen von Extremtouren: Eis, Steinschlag, Sturm, Müdigkeit, Bedrohung – Grenzsituationen. Messner nennt sich selbst gern Grenzgänger. […]

Er schildert auch das besondere Verhältnis zu seinem Bruder Günther, mit dem er früh schwierigste Routen kletterte. 1970 bestiegen die beiden als erste den Nanga Parbat über die Rupalwand, die höchste Steilwand der Welt. Günther starb. […]

Messner lebt mit Frau und Kindern in Meran und auf Schloss Juval und bewirtschaftet Bergbauernhöfe; in Sulden am Ortler züchtet er Yaks. Für die Grünen saß er fünf Jahre im Europaparlament. Mit seiner Stiftung unterstützt er Bergvölker. Und er hat sich als Yetiforscher betätigt: Laut Messner ist der Schneemensch ein Bär. […]

Messner veränderte in den 1970 und 1980er Jahren das Bergsteigen. Er kritisierte von nationalem Ehrgeiz getriebene „Gipfelsiege“ – der Berg sei ja kein Feind – und propagierte ein Bergsteigen nur für sich selbst. Mit seinem

Verzicht auf Expeditionstross, Fixseile und Flaschensauerstoff prägte er den Alpinstil, mit Sologängen an Achttausendern erfand er neue Maßstäbe. [...] Nach den kaum zu übertreffenden Erfolgen im Höhenbergsteigen suchte er neue Ziele. Er durchquerte die Antarktis, Grönland und die Wüste Gobi. [...] Reinhold Messner wurde 1944 in Südtirol geboren. Er studierte Technik und arbeitete als Mittelschullehrer, entschied sich dann aber voll und ganz fürs Bergsteigen. [...]

2 Verfasse mithilfe deiner Ergebnisse aus Aufgabe 1 ein Interview. Verwende dabei sowohl offene als auch geschlossene Fragen, z. B.:

Interviewer: Wann haben Sie zum ersten Mal einen Berg von 3 000 Metern Höhe bestiegen?
Reinhold Messner: Da war ich erst fünf Jahre alt.
Interviewer: ...

Die offenen Fragen fordern zum Erzählen auf. Die geschlossenen Fragen erwarten eine konkrete Antwort.

1 EXTRA Lies den Text über die Schimpansenforscherin Jane Goodall. Verfasse mithilfe des Textes ein Interview. Verwende darin sowohl offene als auch geschlossene Fragen.

Die Primatenforschung hat ihr viel zu verdanken

Feldstudien waren der Ursprung für Goodalls „Affenliebe". 1957 hatte sie nach einer Sekretärinnenausbildung in Großbritannien auf einmal die Abenteuerlust gepackt. Sie ging nach Kenia und landete im Büro von Louis Leakey, der über die Entstehung der Menschheit forschte. [...] Leakey schickte drei junge Frauen in den Urwald, um die Affen zu beobachten. Sein Ziel war es, Erkenntnisse über die nächsten Verwandten des Menschen zu erlangen. Jane Goodall war für die Schimpansen im Reservat von Gombe in Tansania zuständig. [...] Aus den ersten Beobachtungen im Auftrag Leakeys wurden eigene Studien – Goodall revolutionierte die Primatenforschung. Sie entdeckte als erste, dass Schimpansen Fleisch fressen, dass sie untereinander kommunizieren, Gefühle zeigen und Werkzeuge bedienen können. [...] Goodall, jung und gut aussehend, verstand es hervorragend, sich in Szene zu setzen. Die Fernsehsender flogen auf die Geschichten um die blonde Engländerin und ihre Affen. [...] 1962 durfte sie sich für eine Promotion an der Universität von Cambridge einschreiben – obwohl sie vorher nie studiert hatte. Mit ihrem Buch „The Chimpanzees of Gombe – Patterns of Behaviour" beschloss Jane Goodall im Wesentlichen ihr Dasein als Forscherin. Aus der Wissenschaftlerin wurde eine Aktivistin. Die Tochter eines Ingenieurs und einer Schriftstellerin aus London heimste international unzählige Preise für ihre Projekte ein und steckte die Gelder in ihr Jane-Goodall-Institut, das sie bereits 1977 gegründet hatte. [...] →

Noch im hohen Alter ist Jane Goodall unermüdlich auf Achse – hält Vorträge, treibt Geld für ihre unzähligen Projekte ein. Eines der bekanntesten ist die 1991 mit Schülern in Tansania gegründete Aktion „Roots and Shoots" („Wurzeln und Sprösslinge"). Inzwischen existieren mehr als 10 000 Gruppen in 100 Ländern, die sich in lokalen Umwelt- und Sozialprojekten engagieren. Zu Goodalls Projekten gehört auch die Schimpansen-Auffangstation Tchimpounga im Kongo. Dort werden kranke und verwaiste Tiere aufgepäppelt – bis zu 150 gleichzeitig. […]

2 EXTRA Formuliere weitere Interviewfragen, die nicht mithilfe des Textes zu beantworten sind.

3 EXTRA Schreibe dein Interview mithilfe eines Textverarbeitungsprogramms.

Reportagen verfassen

1 Sieh dir das Schaubild an. Überlege, über welche Situation oder welches Erlebnis du schreiben könntest.

Reportage
- Leser erleben Situation mit
- anschaulich
- abwechslungsreich

Einstieg
ein interessantes Ereignis oder eine interessante Person

Hauptteil
- Sinneswahrnehmungen (hören, sehen, …)
- Stimmungen und Gedanken (des Reporters)
- Hintergrundinformationen und Zitate
- Detailbeschreibungen

Schluss
Bezug zum Einstieg

Schreibe nur über etwas, dass du selbst erlebt hast.

2 Notiere mithilfe der folgenden Kriterien Stichpunkte zu deinem Erlebnis.

a) Beginn mit einer Begegnung oder Ereignis

c) Sinne werden angesprochen

e) Expertenmeinung einfügen

b) Erlebnis wird lebhaft geschildert

d) Hintergrundinformationen geben

f) Verbindung zum Anfang

3 Formuliere deine Reportage aus.

1 EXTRA Lies die Reportage und beachte dabei die markierten Textstellen.

Sterne der Unterwelt: Höhlenrafting in Neuseeland

Wer den Adrenalin-Kick sucht, ist in den Waitomo Caves richtig. Auf unterirdischen Touren geht es Wasserfälle hinunter. Glühwürmchen verzaubern.

VON ALEXANDRA FRANK

Waitamo ■ Wenn in der Finsternis plötzlich die Lichter auftauchen, klein und zahllos wie Sterne am Nachthimmel, dann ist alles vergessen: die Anstrengungen, die Aufregung, die Angst. Sogar die Dunkelheit, die die Gruppe bereits seit zwei Stunden umhüllt, tief unten in der Ruakuri Cave.

Die Höhle gehört zu den Waitomo Caves, einem Labyrinth aus Hohlräumen, Karsttrichtern und Flüssen, das sich rund 200 Kilometer südlich von Auckland unter den grünen Hügeln Neuseelands verzweigt. Über Jahrtausende hinweg haben unterirdische Wasserströme Tunnel und Hohlräume aus dem weichen Kalkgestein gewaschen, die – reich verziert von unzähligen Stalaktiten und Stalagmiten – bis zu 450 000 Besucher im Jahr nach Waitomo locken.

Die meisten davon erkunden die Höhlen auf einem Spaziergang oder per Boot. Doch die neun Besucher, die an diesem Tag Matthew Atkins begleiten, suchen ein Abenteuer. Beim Black Labyrinth, einer unterirdischen Rafting-Tour, geleitet sie der 27-jährige Höhlenführer mehr als drei Stunden lang bis zu 65 Meter tief unter die Erde.

Der Weg dorthin ist glitschig. Auf feuchten Felsen geht es Schritt für Schritt bergab, hinein in die Höhle, die wie ein dunkles Auge aus der Landschaft herausschaut. Die großen Schwimmreifen, die alle unter dem Arm geklemmt halten, machen es schwer, die Balance zu halten. Doch zum Glück schützen Helme vor Zusammenstößen mit dem harten Fels und Tauchanzüge vor der Kälte des Flusses.

Einer nach dem anderen platscht ins Wasser, mit dem Hintern im Reifen wie Käfer auf dem Rücken. Zwei Studentinnen aus Deutschland paddeln hektisch mit Händen und Füßen, um nicht gegen steinerne Hindernisse zu stoßen, die hier und da aus dem Wasser ragen. Die Kopflampen strahlen Lichtkegel an feuchte Wände. Gemächlich treibt die Gruppe vor meterhohen Steinformationen dahin.

Die Decke rückt näher

Dann geht es plötzlich schnell, eine leichte Strömung erfasst die Reifen und zieht sie tiefer in die Höhle hinein. Die Gänge werden enger, die Decke rückt näher. [...] Am Ende des Tunnels weitet sich der Raum wieder, die Teilnehmer verschnaufen kurz. Sie laufen ein paar Schritte auf einer trockenen Anhöhe, da hören sie es schon, das Rauschen eines Wasserfalls, der sich drei Meter tief in die Dunkelheit ergießt. „Dort müssen wir jetzt runter“, ruft Atkins. „Rückwärts auf mein Kommando!“ Eine Übung, die die Gruppe zuvor bei Tageslicht geübt hat, von einem Steg in einen kleinen, eiskalten See hinein. „Nicht nachdenken, einfach springen“, ruft der Höhlenführer.

Funkelnde Lichter

Schwankend treibt die Gruppe weiter, hinein in eine Höhle, die sich hoch wie eine Kathedrale über den Köpfen spannt. „Lampen aus“, befiehlt Atkins. Und da sind sie endlich: Die funkelnden Lichter von abertausenden Glowworms, die die Höhlendecken in glitzernde Galaxien verwandeln. Die Gruppe gleitet auf ihren Reifen dahin, staunend in den Höhlenhimmel mit seinen unzähligen Lichtern blickend. Alles andere ist vergessen: die Anstrengungen, die Aufregung, die Angst. Und sogar die Dunkelheit.

Mehrfache Zuordnungen sind möglich.

2 EXTRA Ordne die markierten Textstellen aus dem Text von Seite 195 den folgenden Erklärungen zu.

- Die Menschen werden bei ihren Tätigkeiten geschildert.
- Die geschilderten Sinneseindrücke können miterlebt werden.
- Vergleiche veranschaulichen das Geschilderte.
- Rückblenden tragen zum Verständnis bei.
- Die Szene wird so lebhaft geschildert, dass ein Bild im Kopf entsteht.
- Das genaue Schildern von Orten lässt Stimmungsbilder entstehen.
- Für das Geschehen wichtige Details werden genau beschrieben.
- Personen werden genau vorgestellt.

3 EXTRA Formuliere zu den unterstrichenen Textstellen auf Seite 195 eigene Erklärungen wie in Aufgabe 2 EXTRA.

4 EXTRA Überlege dir Schilderungen zu den Erlebnissen in Höhlen. Nutze die Bilder als Ideen.

1.5 Ein Produkt bewerben

Eine Werbeanzeige besteht aus

- **Headline** (Aufmacher, Überschrift) weckt die Aufmerksamkeit
- **Produktbild** zieht den Blick auf sich
- **Werbetext** gibt weitere Erklärungen
- **Werbeslogan** (Werbespruch) einprägsam formulierte Redewendung

1 Sieh dir das Bild an. Überlege dir einen passenden Namen für das Schülertablet. Beachte dabei die folgenden Funktionen.

- Arbeitshefte in digitaler Form
- Chatmöglichkeiten mit Freunden
- individuelles Design
- Schulbücher online verfügbar
- kostenlose Apps für alles, was die Schule betrifft
- zahlreiche Lernspiele
- kostenloses WLAN
- stoßfestes und wasserdichtes Gehäuse

2 Überlege dir einen passenden Slogan zu dem Schülertablet. Verwende dazu die sprachlichen Mittel der Werbung. Nutze die folgenden Adjektive.

cool | individuell | kommunikativ | stoßfest | funktional

Sieh im Merke-Kasten auf Seite 102 nach.

Surftipp
y3u49m

3 Was soll die Aufmerksamkeit des Kunden am Schülertablet wecken? Formuliere eine passende Headline für eine Werbeanzeige.

4 Verfasse einen Werbetext, in dem du die wichtigsten Informationen zum Schülertablet präsentierst. Beachte dazu auch deine Ergebnisse aus Aufgabe 1 bis 3.

5 Gestalte eine passende Werbeanzeige. Erstelle dazu ein Werbeplakat mit deiner Headline, deinem Werbetext, deinem Slogan und dem zentralen Produktbild.

---

1 EXTRA Wähle eins der folgenden Produkte. Entwickle dazu eine Werbeanzeige.
- Gib dem Produkt einen Namen. Notiere vier Eigenschaften, die dazu passen.
- Überlege dir einen passenden Slogan. Verwende dazu die sprachlichen Mittel der Werbung.
- Formuliere eine passende Headline sowie einen Werbetext.

Sieh im Merke-Kasten auf Seite 102 nach.

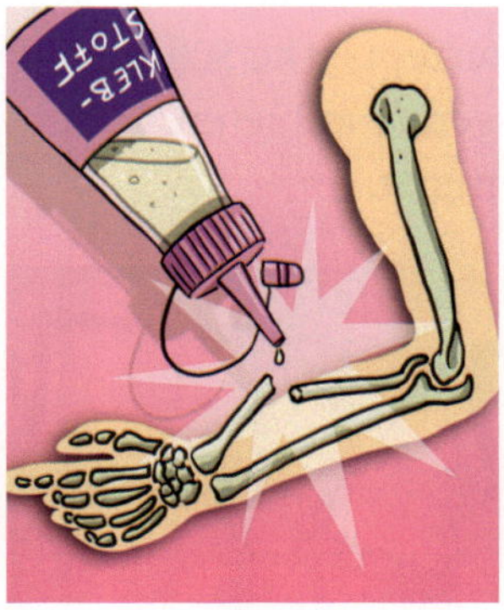

2 EXTRA Gestalte eine Werbeanzeige. Erstelle dazu ein Werbeplakat mit deiner Headline, deinem Werbetext, deinem Slogan und einem zentralen Produktbild.

2 Diskutieren und Argumentieren

Schriftliche Argumentation

Einleitung	Hauptteil	Schluss
• Thema • These/Streitfrage • Bedeutung, Aktualität, betroffene Personen	• Pro- oder Kontra-Argumente (Fakten, Expertenmeinungen) • Beispiele	• Abwägen der Argumente • stärkstes Argument • eigene Position

1 Erstelle eine Tabelle für Pro- und Kontra-Argumente zu der Frage, ob private Smartphones und Tablets im Unterricht genutzt werden sollen.

2 Lies den Text. Trage die Argumente in deine Tabelle aus Aufgabe 1 ein.

BYOD – her mit den Tablets?

Diskussion um Handyverbote, Dauerstreit um die Nutzung der Smartphones in der Schule – ist das Schnee von gestern? „Bring your own device" (BYOD), übersetzt „Bring dein eigenes Gerät", so lautet das Zauberwort der digitalen Zukunft in Schulen. Die Idee: Heute steht fast 80 Prozent der Schülerinnen und Schüler ein Smartphone zur Verfügung. Immer mehr besitzen auch ein Tablet. Warum also soll man diese Geräte, die zum Alltag gehören, nicht in der Schule nutzen? Die Vorteile: Smartphones und Tablets stehen immer und auf Knopfdruck zur Verfügung. Computerräume in Schulen können dagegen nur stundenweise und nur von einzelnen Klassen genutzt werden. Befürworter sagen auch, dass die individuelle Nutzung das Lernangebot bereichert und die Kreativität fördert. BYOD heißt ja nicht, dass Bücher und andere Materialien nicht mehr genutzt werden. Das Smartphone liegt jetzt nur als eins von verschiedenen Lernmedien auf dem Tisch. Die Einbindung der Geräte in den Unterricht wird als Beitrag zum verantwortlichen Umgang mit Medien gesehen. Und wer kein Smartphone besitzt? Kein Problem, sagen die Verfechter des Konzepts. Die Schulen müssten Leihgeräte anbieten. So sei keiner ausgegrenzt. →

„Moment mal", sagen die Skeptiker, „so schnell geht's nicht." Ein Problem ist in erster Linie die technische Seite. So müssen die unterschiedlichen Betriebssysteme der Smartphones und Tablets in das Schulnetzwerk eingebunden werden. Um die vielen Geräte gleichzeitig nutzen zu können, ist ein sehr leistungsfähiges WLAN erforderlich. Die bestehenden DSL-Verbindungen „nach draußen" sind an vielen Schulen für eine solch massive Nutzung zu schwach. Möchte man eine Nutzung des Internets mit sehr vielen Geräten, dann kostet das die Städte und Gemeinden viel Geld. Der Betreuungsaufwand – schon bei „normaler" PC-Nutzung sehr hoch – wird noch einmal steigen. Das ist von den Schulen alleine nicht mehr zu leisten.

Auch muss die Frage gelöst werden, wie verhindert werden kann, dass die einzelnen Nutzer keinen Unsinn im schulischen Netzwerk machen, genauso wie die Fragen nach Copyright- oder Datenschutzverletzungen. Auch in pädagogischer Hinsicht gibt es keine Einigkeit. Lieber mühsam etwas erarbeiten oder die schnelle Lösung über das Internet? Zu groß die Versuchung, sich vom Unterricht abzulenken? Welche Kontrollmöglichkeiten gibt es?

Man sieht, es gibt viele Streitfragen um das neue Konzept.

3 Entscheide dich für einen Standpunkt zu der Frage, ob private Smartphones und Tablets im Unterricht genutzt werden sollen.

4 Verfasse eine schriftliche Argumentation.

- Formuliere eine Einleitung, z. B.: *Eine aktuelle Diskussion wird darüber geführt …*
- Schreibe den Hauptteil. Nutze dabei die Argumente aus deiner Tabelle zu deinem Standpunkt. Stütze jedes Argument mit einem Beispiel. Verwende passende Konjunktionen, z. B.: *weil, damit, sodass, aber, jedoch, …*
- Schreibe einen Schluss, z. B.: *Insgesamt muss man festhalten … / Unter dem Strich … / Alles in allem spricht dafür …*

→ Kapitel 8 Seite 166

5 Kontrolliere die Rechtschreibung, Zeichensetzung, Grammatik und den Satzbau in deiner Argumentation.

---

1 EXTRA Verfasse eine vollständige schriftliche Argumentation mit Einleitung, Hauptteil und Schluss zu dem folgenden Thema.

Sollen Schülerinnen und Schüler ihre eigenen Smartphones im Unterricht nutzen?

2 EXTRA Ergänze im Hauptteil deiner schriftlichen Argumentation ein Gegenargument. Entkräfte es mit deinen Argumenten.

3 Erzählen

- **kreatives Schreiben**
  - eigene Texte schreiben
  - Texte verändern
  - Texte erweitern oder weiterschreiben

3.1 Produktiv-verstehendes Schreiben

Eine Rollenbiografie verfassen

- **Eine Rollenbiografie zu einer literarischen Figur verfassen**
  - **Form**: Ich-Form, zum Großteil im Präsens verfasst
  - **Persönliche Angaben**: Name, Alter, Beruf, Lebensform
  - **äußeres Erscheinungsbild**: Größe, Statur, Augenfarbe, Haarfarbe, Kleidung, besondere Merkmale
  - **innere Merkmale**: Charaktereigenschaften, Stärken und Schwächen
  - **Innensicht**: Einstellungen, Lebensgefühl, Selbstbild, Wünsche, Ängste, Träume, Wertvorstellungen
  - **Beziehung zu anderen**: Familie, Verwandtschaft, Freunde, Bekannte
  - **Geschichte der Figur**: Ereignisse in der Gegenwart, Vergangenheit, Wünsche für die Zukunft

→ **Kapitel 2**
Seite 34–49

1 Plane mithilfe des folgenden Textes eine Rollenbiografie zu Jojos Figur.
- Ordne dazu den Stichwortkatalog zu Jojo auf Seite 53 in einer sinnvollen Reihenfolge.
- Ergänze den Stichwortkatalog mithilfe deiner Textkenntnisse zu „Das Herz eines Boxers“ und Jojos Figur. Lies gegebenenfalls noch einmal im Text nach.
- Setze nun die Rollenbiografie auf der rechten Seite fort. Nutze die Unterpunkte im Schaubild oben als Strukturierungshilfe.

Rollenbiografie Jojo

Ich heiße Jojo und bin sechzehn Jahre alt. Nach der Schule habe ich keine Lehrstelle gefunden, weswegen ich jetzt viel Zeit habe, mit meiner Clique abzuhängen. Etwas richtig Gutes kommt dabei auch nicht immer heraus. An einem Abend haben wir ein Mofa geklaut. Naja, eigentlich war das eher der Chef unserer Clique. Weil der aber schon vorbestraft ist und vielleicht ins Gefängnis gemusst hätte, habe ich die Sache auf mich genommen. Ich dachte, dass die anderen mich dann cooler fänden und mehr achten würden. Eingebracht hat mir das Ganze dann nur viel Ärger …

1 EXTRA Plane eine Rollenbiografie zu der Hauptfigur Matt aus dem Text „Unter Verdacht". Lies dazu den Romanauszug auf Seite 204/205. Notiere Stichpunkte zur Figur.

2 EXTRA Verfasse mithilfe deiner Planung aus Aufgabe 1 EXTRA eine vollständige Rollenbiographie zu Matts Figur.

Nutze die Informationen im Schaubild auf der linken Seite als Strukturierungshilfe.

Einen Tagebucheintrag verfassen

Einen Tagebucheintrag verfassen

- 1. Person Singular (Ich-Form)
- Verwendung der Zeitformen Präteritum oder Perfekt, da meist über Vergangenes berichtet wird
- Darstellung von Erlebnissen, persönlichen Erinnerungen, Gedanken und Gefühlen
- keine strenge Gliederung oder Struktur, Gedankensprünge möglich
- Verwendung von Fragen und Ausrufen als Ausdruck von Gefühlen und Gedanken
- Anrede zu Beginn, z. B. „Liebes Tagebuch", Unterschrift am Briefende

1 Lies noch einmal die 7. Szene aus dem Theaterstück „Das Herz eines Boxers" auf Seite 48/49.

2 Plane einen Tagebucheintrag von Jojo zum letzten Zusammentreffen mit Leo. Ergänze dafür die folgende Planung. Du kannst auch den Online-Code nutzen.

Material
ix3yf6

Planung: Tagebucheintrag Jojo

Aufbau	Planungsnotizen
Einleitung	
Einfügen einer Anrede	Liebes Tagebuch,
knappe Darstellung:	
• Was ist an diesem Tag besonderes passiert?	Plan für Leos Flucht entwickelt, habe Leo in einem Kostüm einer älteren Dame überrascht ...
• Was ist geschehen? Was ist der Anlass des Schreibens?	eigentlich war dies ein guter Plan, aber Leo wollte die Verkleidung nicht anziehen, worüber ich sehr wütend war ...
• Warum schreibst du?	
• Wie fühlst du dich gerade? Warum fühlst du dich so?	
Hauptteil ausführliche Darstellung:	
• Was hast du an diesem Tag erlebt? In welcher Situation hast du dich befunden?	lange habe ich für meinen Auftritt als alte Dame geprobt ...
• Wie hast du dich gefühlt, was hast du empfunden?	zuerst hat mich Leo nicht in meiner Kleidung erkannt und ich musste lachen, aber dann ... Ich hatte eine Schweineangst, dass ...
• Welche Fragen gehen dir durch den Kopf? Was denkst du?	
Schlussteil	
möglicher Ausblick:	
• Wie geht es weiter?	Ich denke, dass ich Leo in Südfrankreich besuche ...
• Was hast du vor zu tun?	Jetzt bin ich erst einmal froh ...
• Was wünschst du dir?	
• Was wird in Zukunft geschehen?	
Unterschrift am Briefende	Dein Jojo

3 Verfasse auf der Grundlage deiner Planung aus Aufgabe 2 den Tagebucheintrag von Jojo.

1 EXTRA Plane einen Tagebucheintrag von Leo, in dem er auf seine letzte Begegnung mit Jojo eingeht. Wie hat er die Situation wahrgenommen und empfunden?
- Lies dafür noch einmal die 7. Szene aus dem Theaterstück „Das Herz eines Boxers“ auf Seite 48/49.
- Plane deinen Tagebucheintrag stichwortartig. Orientiere dich an der Planung zum Tagebucheintrag von Jojo auf der linken Seite.

2 EXTRA Verfasse nun den Tagebucheintrag von Leo zu dem letzten Treffen mit seinem Freund Jojo.

3.2 Eine Charakterisierung schreiben

Vorbereitung

1 Sieh dir die Tabelle an. Ergänze weitere Punkte zu *äußeren Merkmalen* und *Lebensumständen*. Nenne Beispiele für *innere Merkmale, typische Verhaltensweisen* und *Beziehungen zu anderen*.

Charakterisierung

Äußeres Erscheinungsbild	Lebens-umstände	Innere Merkmale/ Verhaltensweisen	Beziehungen zu anderen
Name Alter Größe Augenfarbe ...	Wohnort Eltern Geschwister Beruf ...	Charakter, z. B.: ängstlich, bedächtig, chaotisch, ... Typische Verhaltensweisen, z. B. sitzt immer in der letzten Reihe, kaut an den Fingernägeln, ...	beliebt Außenseiter großer Freundeskreis guter Zuhörer ...

2 Notiere zehn Charaktereigenschaften. Füge anschließend das jeweilige Gegenteil hinzu.

Charaktereigenschaften

ängstlich – mutig
traurig – ...
... – ...

Der Roman ist im Jahr 2003 erschienen.

3 Lies den Romananfang. Ordne der Hauptfigur Matt passende Charaktereigenschaften aus Aufgabe 2 zu.

Joyce Carol Oates

Unter Verdacht

Als ironische und spaßige Bemerkung gemeint, verkündet der 16-jährige Matt, die Schule in die Luft sprengen zu wollen. Der offensichtliche Spaß wird an die Schulleitung weitergetragen und der Polizei gemeldet. Ein „Apparat" mit Verhören, Gerüchten und Medienspekulationen setzt sich in Bewegung.

Es war ein ganz gewöhnlicher Donnerstagnachmittag im Januar, als sie Matt Donaghy abholten.
Sie kamen in der fünften Stunde, als Matt im Raum 220 der Rocky River High School im Westchester County Freiarbeit hatte.
Matt und drei seiner Freunde – Russ, Stacey und Skeet – hatten ihre Tische hinten in der Klasse im Bogen aufgestellt und diskutierten leise über das Theaterstück, das Matt nach einer Erzählung von Edgar Allen Poe geschrieben hatte, einen Einakter mit dem Titel *William Wilson: Ein Fall falscher Identität*. Nach der Schule sollten die vier den übrigen Mitgliedern ihrer Theater-AG und deren Leiter, Mr. Weinberg, das Stück vortragen. Mr. Weinberg, der an der Rocky River High Englisch und Schauspiel unterrichtete, hatte zufällig auch Aufsicht, als es während der Freiarbeitsstunde an der Tür klopfte.
In seiner gut gelaunten, lässigen Art ging Mr. Weinberg hin und öffnete. „Ja, bitte? Was kann ich für Sie tun, Gentlemen?" […]
Hinten im Raum waren Matt und seine Freunde in das Stück vertieft; Matt hämmerte noch schnell letzte Änderungen in seinen Laptop. Ängstlich hatte er seine Freunde gefragt: „Aber funktioniert das auch so? Ist es gruselig genug, ist es witzig, hat es genug Tempo?" Matt Donaghy galt in der Schule als intelligent und witzig, aber insgeheim war er auch ein Perfektionist. Er hatte länger an seinem Einakter gearbeitet, als seine Freunde wussten, und er hoffte, sein Stück werde für das Kulturfestival der Schule im Frühsommer ausgewählt.
Weil er so mit den Verbesserungen beschäftigt war, hatte Matt nicht gemerkt, dass Mr. Weinberg vorn in der Klasse mit zwei Männern sprach. Bis er auf einmal seinen Namen hörte: „Matthew Donaghy?"
Matt sah auf. Was war jetzt los? Er sah, wie Mr. Weinberg in seine Richtung zeigte und sorgenvoll dreinsah. Matt schluckte schwer. Ihm wurde mulmig. Was wollten diese Männer von ihm? Er kannte sie überhaupt nicht. Sie trugen dunkle Anzüge, weiße Hemden, unauffällige Krawatten; und ganz eindeutig lächelten sie nicht. Während er sie noch anstarrte, kamen sie auf ihn zu, und zwar nicht nebeneinander, sondern durch unterschiedliche Gänge zwischen den Tischen, so als wollten sie ihm den Weg abschneiden, falls er versuchen sollte, ihnen zu

entkommen. Erst später sollte Matt begreifen, wie geschickt und zielsicher – und erfahren – die beiden vorgegangen waren. *Wenn ich versucht hätte, mir meinen Rucksack zu schnappen … Wenn ich die Hand in die Hosentasche gesteckt hätte …*

Der größere der beiden Männer, er trug eine Brille mit dunklem Gestell und grünlich getönten Gläsern, sagte: „Du bist Matthew Donaghy?“ Völlig perplex hörte Matt sich stottern: „J – ja. Ich bin – Matt.“ […]

„Ist – ist irgendwas nicht in Ordnung? Was wollen Sie von mir?“

Matts Gedanken überschlugen sich: Etwas war mit seiner Mutter passiert, oder mit seinem Bruder Alex … der Vater war geschäftlich unterwegs. Ob ihm was zugestoßen war? Ein Flugzeugabsturz …

Die Männer standen rechts und links von seinem Tisch und beugten sich über ihn. Unnatürlich dicht für Fremde. Der mit der Brille und dem starren kleinen Lächeln stellte sich und seinen Kollegen als Kommissare der Polizeiwache von Rocky River vor und bat Matt, sie auf den Gang hinauszubegleiten. „Es dauert nicht lange, nur ein paar Minuten.“

In seiner Verwirrung blickte Matt fragend zu Mr. Weinberg hinüber – so als könnte die Autorität eines Lehrers über der von Polizisten stehen. Mr. Weinberg entschuldigte Matt mit einem kurzen Nicken. […]

Matt entknotete seine Beine unter dem Tisch. Er war ein großer, schlaksiger Junge mit den geschmeidigen Bewegungen eines Rennhundes. Er wurde schnell rot, und jetzt, wo so viele Augen auf ihn gerichtet waren, spürte er, wie sein Gesicht brannte, rote Flecken loderten wie Flammen auf seinen Wangen. Er hörte sich stottern: „Soll ich – meine Sachen mitnehmen?“ Damit meinte er seinen schwarzen Rucksack, den er neben sich auf den Boden hatte fallen lassen, die vielen über den Tisch verstreuten Seiten seines Stücks und seinen Laptop.

Was er noch meinte: Komme ich anschließend wieder her?

Die Kommissare machten sich nicht die Mühe, Matt zu antworten; sie warteten auch nicht, bis er seine Sachen an sich genommen hatte: Der eine kümmerte sich um den Rucksack, der andere trug den Laptop. Sie ließen Matt nicht hinter sich aus dem Raum gehen, sondern hielten sich dicht neben ihm, und wenn sie ihn auch nicht berührten, so erweckten sie doch unmissverständlich den Eindruck, ihn zu eskortieren. Matt bewegte sich wie ein Mensch in einem Traum. Aus den Augenwinkeln nahm er die erschrockenen Gesichter seiner Freunde wahr, besonders das von Stacey. Stacey Flynn gehörte zu den allgemein beliebten Mädchen. Sie war sehr hübsch, aber auch eine gute Schülerin. Wenn man überhaupt davon sprechen konnte, dass Matt eine Freundin hatte, dann vielleicht Stacey, doch im Grunde waren sie einfach befreundet. Beide machten in der Theater-AG mit und das verband sie. Matt war es furchtbar peinlich, dass Stacey den Vorfall mitbekam. […]

4 Lies die folgenden Bausteine einer Charakterisierung. Ordne sie in einer sinnvollen Reihenfolge. Orientiere dich dabei an der folgenden Tabelle.

Aufbau einer literarischen Charakterisierung

Vorarbeiten
- Sammeln von Textstellen, z. B.: Unterstreichen, Herausschreiben, Textbezüge verdeutlichen, ...
- Unterscheidung von direkter und indirekter Charakterisierung
- Andeutungen und Verweise im Text verstehen und Vermutungen anstellen

Einleitung	Hauptteil	Schluss
• Autor, Titel, Textsorte, Thema, Erscheinungsjahr nennen • Inhalt kurz zusammenfassen	• äußeres Erscheinungsbild • Lebensumstände • Innere Merkmale/Verhaltensweisen • Beziehungen zu anderen	• Zusammenfassen der Ergebnisse • Beurteilung der Figur

A Er interessiert sich sehr für Theaterspielen und Schreiben. Diese Hobbys erscheinen für einen Jungen eher ungewöhnlich und passen zu der zuvor gezeigten Sensibilität. Auch scheint Matt für das Schreiben eine Begabung zu haben, denn er macht sich Hoffnungen, dass sein Stück ausgewählt wird. ______

B Matt wohnt mit seinem Vater, seiner Mutter und seinem Bruder Alex im Westchester County und geht dort zur Schule.

C Während einer Freiarbeitsstunde an der Rocky River High School, in der Matt gerade mit seinen Freunden ______, erscheinen unerwartet zwei Polizisten, die nach Matt fragen und ihn bitten, mit vor die Tür zu kommen. Matt bekommt große Angst und überlegt, ob ______. Doch gleichzeitig erscheint ihm das Verhalten der Männer dafür unpassend, da sie keinerlei Freundlichkeit ausstrahlen.

D Zusammenfassend kann man sagen, dass Matt ______. Man bekommt als Leser jedoch den Verdacht, dass etwas Bedrohliches auf ihn zukommt.
Ich persönlich finde, dass ______.

E Der Roman „Unter Verdacht" von Joyce Carol Oates, erschien im Jahr 2003. Darin wird erzählt, wie Matt Donaghy für sich und seine Mitschülerinnen und Mitschüler völlig überraschend von zwei Kriminalbeamten aus dem Unterricht abgeholt wird.

F Matt scheint ein beliebter Junge zu sein, denn er hat viele Freunde: „Matt und drei seiner Freunde [...]" (Seite 204, Zeile 8). So scheint er einen großen Freundeskreis zu haben. „Aus den Augenwinkeln nahm er die erschrockenen Gesichter seiner Freunde wahr, besonders das von Stacey." (Seite 205, Zeile 136–139). Sie scheinen so gute Freunde zu sein, dass sie ebenfalls besorgt ist. Mit Stacey ist er über die Theater-AG befreundet und auch sie „gehörte zu den allgemein beliebten Mädchen." (Seite 205, Zeile 139/140). Auch das spricht dafür, dass ___.
Das Verhältnis zu seiner Familie erscheint ___. Von seinem Vater ___.

G Matt Donaghy wird als groß und schlaksig beschrieben. Seine Bewegungen werden „mit den geschmeidigen Bewegungen eines Rennhundes" (Seite 205, Zeile 106/107) verglichen. Er ist vermutlich ___ Jahre alt, denn ___.

H Er ist „intelligent und witzig" (Seite 204, Zeile 37/38), aber auch ein „Perfektionist" (Seite 204, Zeile 39), weil ___. Er hofft, dass sein Stück für ein Kulturfestival ausgesucht wird. Damit wird indirekt deutlich, dass er sehr ehrgeizig zu sein scheint. Auch dass er sich nicht ablenken lässt, als zwei Fremde den Raum betreten, zeigt ___.
Dass seine ersten Gedanken seiner Familie gelten, als die Kommissare ihn sprechen wollen, lässt darauf schließen, dass er sowohl sensibel, aber auch ängstlich ist. Dies wird an mehreren Stellen im Text deutlich: „Ängstlich hatte er seine Freunde gefragt [...]" (Seite 204, Zeile 32/33). Er ist nicht so selbstsicher, dass er ohne die Bestätigung seiner Freunde sein Stück gut findet. „Er wurde schnell rot [...]" (Seite 205, Zeile 107/108) deutet ebenfalls indirekt an, dass ___.

5 Schreibe die Bausteine der Charakterisierung aus Aufgabe 4 in der richtigen Reihenfolge in dein Heft. Ergänze dabei die Lücken.
- Achte darauf, dass du nur auf Informationen aus dem Text eingehst und diese mit Textbelegen (Zitaten) stützt.
- Schreibe im Präsens und verwende einen sachlich-objektiven Stil.

6 Überprüfe die Charakterisierung mithilfe der Checkliste auf der folgenden Seite.

Checkliste: Charakterisierung Matt Donaghy	Ja	Nein	Verbesserungs-vorschläge
Einleitung • Titel, Autor, Textsorte, Erscheinungsjahr, Thema genannt. • Zusammenfassung des Inhalts gegeben.			
Hauptteil • Matts äußeres Erscheinungsbild wird beschrieben. • Seine Lebensumstände werden dargestellt. • Matts innere Merkmale und Verhaltensweisen werden herausgearbeitet. • Seine Beziehung zu anderen wird untersucht.			
Schluss • Die Ergebnisse werden zusammengefasst. • Matt wird beurteilt.			
Formales • Es wird im Präsens geschrieben. • Wichtige Aussagen werden mit Zitaten belegt.			

Schwierige Buchstaben, z. B. x und y, kannst du auslassen.

1 EXTRA Erstelle ein ABCDarium zu Charaktereigenschaften. Setze dazu die Tabelle in deinem Heft alphabetisch fort. Ergänze zu allen Buchstaben mehrere Adjektive.

Charaktereigenschaften	
A	ängstlich, angeberisch, …
B	bedächtig, brutal, …
…	…

2 EXTRA Stelle die Sätze, in denen zitiert wird, so um, dass die Zitate jeweils an einer anderen Stelle (Anfang, Mitte oder Ende) im Satz stehen.

Dass seine ersten Gedanken seiner Familie gelten, als die Kommissare ihn sprechen wollen, lässt darauf schließen, dass Matt sowohl sensibel, aber auch ängstlich ist. Dies wird an mehreren Stellen im Text deutlich: „Ängstlich hatte er seine Freunde gefragt […]" (Seite 204, Zeile 32/33).

Matt ist nicht so selbstsicher, dass er ohne die Bestätigung seiner Freunde sein Stück gut findet. „Er wurde schnell rot […] (Seite 205, Zeile 107/108) deutet ebenfalls indirekt an, dass er kein großes Selbstbewusstsein hat und eher unsicher, aber auch sensibel ist.

3 EXTRA Lies den Romananfang „Unter Verdacht" auf Seite 204/205. Verfasse eine Charakterisierung von Matt. Orientiere dich dazu an der Checkliste oben.

Trainingsstation

Lesen – Umgang mit Texten und Medien

T3

In dieser Trainingsstation vertiefst du dein Wissen über den Umgang mit literarischen Texten, Sachtexten und Medien. Bei den literarischen Textsorten lernst du, die Merkmale von Erzählungen, Gedichten und dramatischen Texten zu unterscheiden und literarische Figuren zu charakterisieren. Außerdem untersuchst du Zeitungs- und Werbetexte im Hinblick auf ihren Aufbau, Inhalt und ihre Aussageabsicht. Du beschäftigst dich mit den unterschiedlichen Textsorten einer Zeitung wie Kurzmeldung, Nachricht, Bericht und Reportage. Im Umgang mit Medien lernst du Werbespots und Internet-Werbung noch einmal genauer kennen.

T3 Lösungen
7m86hu

1 Umgang mit literarischen Texten

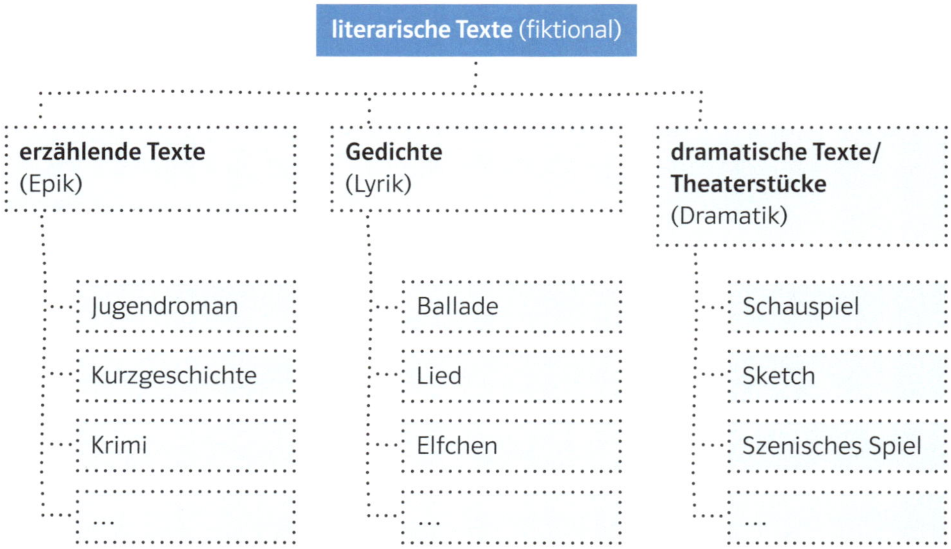

1.1 Eine Charakterisierung anfertigen

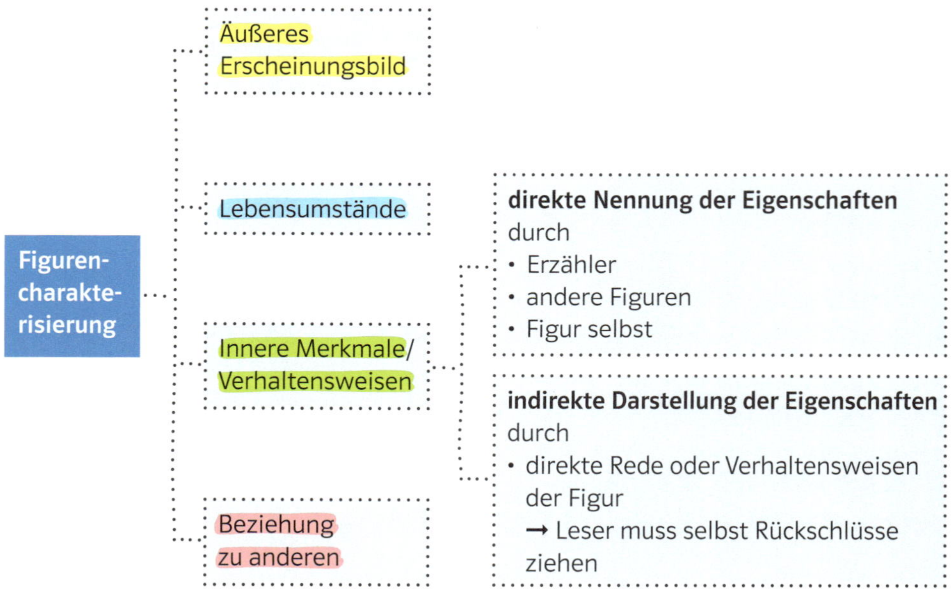

1 Lies den Textauszug aus dem Roman „Die Welle".
- Lege eine Folie über den Text oder nutze den Online-Code.
- Markiere die Textstellen, die Auskunft über Roberts Charakter geben. Orientiere dich an den Farben im Schaubild zur Figurencharakterisierung.

Morton Rhue

Die Welle

Ben Ross ist ein junger Geschichtslehrer an der Gordon High-School in einer Kleinstadt in den USA. Eines Tages entschließt er sich zu einem außergewöhnlichen Experiment. Mit einfachen Mitteln will er seinen Schülern vermitteln, wie Manipulation funktioniert.

Material
9zj5dq

[…] Robert Billings stapfte ins Klassenzimmer, ein kräftiger Junge, dem dauernd das Hemd aus der Hose hing, und der sich anscheinend morgens nach dem Aufstehen nie die Mühe machte, sich zu kämmen. „Sehen wir ’n Film?“ fragte er, als er den Projektor sah.
„Nein, Blödmann“, sagte Brad, der Robert besonders gern quälte. „Mister Ross baut einfach gerne Filmprojektoren auf.“
„Das genügt, Brad!“, sagte Ben streng. […]
Robert Billings versuchte, sich an Bens Tisch vorbeizudrücken. „Robert“, sagte Ben, „warte bitte einen Augenblick.“
Der Junge blieb stehen und konnte dem Lehrer nicht in die Augen sehen. „Bekommst du zu Hause nicht genug Schlaf?“, fragte Ben. Der Junge nickte. Ben seufzte. Seit Monaten versuchte er, mit diesem Jungen zu reden. Es gefiel ihm nicht, dass die anderen ihn verspotteten, und es ärgerte ihn, dass Robert nicht wenigstens versuchte, wirklich zur Klasse zu gehören. „Robert“, sagte sein Lehrer streng, „wenn du dich nicht dazu überwinden kannst, im Unterricht mitzuarbeiten, werde ich dir nicht helfen können. Wie die Dinge gegenwärtig liegen, wirst du mit Sicherheit nicht versetzt werden.“ Robert sah flüchtig seinen Lehrer an und wandte den Blick wieder ab.
„Hast du mir nichts zu sagen?“, fragte Ben.
Robert hob die Schultern. „Das ist mir egal“, sagte er.
„Wie meinst du das? Es ist dir egal?“, fragte Ben.
Robert ging ein paar Schritte auf die Tür zu. Ben sah, dass ihm die Fragen unangenehm waren. „Robert?“
Der Junge blieb stehen, konnte seinen Lehrer aber noch immer nicht anschauen. „Es nützt ja doch nichts“, murmelte er.
Ben fragte sich, was er sagen sollte. Roberts Fall war nicht leicht: Er stand ganz im Schatten eines älteren Bruders, der ein wahrer Musterschüler und der Star der Schule gewesen war. Jeff Billings war immer der Sprecher der anderen gewesen. Jetzt studierte er Medizin. Als Schüler hatte er in allen Fächern die besten Noten gehabt, und im Grunde war er ganz genau der Bursche gewesen, den Ben in seiner Schulzeit nicht hätte ausstehen können.
Da Robert einsah, dass er es mit seinem großen Bruder niemals →

Robert ist ein Schüler von Ben Ross.

Roberts Unsicherheit

aufnehmen konnte, hatte er beschlossen, es gar nicht erst zu versuchen. „Hör zu", sagte Ben. „Niemand erwartet von dir, dass du ein zweiter Jeff Billings sein sollst!"
Robert sah Ben flüchtig an und fing dann an, an seinem Daumennagel zu kauen.
„Wir erwarten von dir nur, dass du dir ein wenig Mühe gibst."
„Ich muss jetzt gehen", sagte Robert und schaute zu Boden.
„Sport finde ich gar nicht so wichtig, Robert", sagte Ben, doch der Junge ging schon langsam zur Tür.

2 Erstelle mithilfe deiner markierten Textstellen aus Aufgabe 1 einen Steckbrief zu Robert.

Steckbrief

Name: Robert Billings	Alter: ...
Familie: ...	Wohnort: ...
Aussehen: ...	Verhaltensweisen: ...
Beziehung zu anderen: ...	...

3 Verbinde die Textstellen miteinander, die Auskunft über Roberts Unsicherheit geben. Verwende dazu deine Folie oder nutze den Online-Code.

Orientiere dich am Schaubild auf Seite 210.

4 Übertrage die folgende Tabelle in dein Heft. Ergänze weitere Textstellen, in denen Robert direkt oder indirekt charakterisiert wird. Deute die indirekten Charakterisierungen.

Figurencharakterisierung

direkte Charakterisierung	durch	indirekte Charakterisierung	durch	mögliche Deutung der indirekten Charakterisierung
... und es ärgerte ihn, dass Robert nicht wenigstens versuchte, wirklich zur Klasse zu gehören. (Seite 211, Zeile 13/14)	Ben Ross	Robert Billings versuchte, sich an Bens Tisch vorbeizudrücken. (Seite 211, Zeile 8)	Roberts Verhalten	Robert scheut Auseinandersetzungen
...	...	...	...	...

Erzählperspektiven bestimmen

Wer erzählt?

Ich-Erzähler
- kommt in der Handlung als Figur vor oder
- kommt nicht in der Handlung vor

→ die Hauptfigur erzählt
→ ein Beobachter erzählt

Er/Sie-Erzähler
- kommt in der Handlung als Figur vor oder
- kommt nicht in der Handlung vor

→ ein allwissender Erzähler erzählt
→ ein Außenstehender erzählt

1 Erkläre, um was für einen Erzähler es sich bei dem Text „Die Welle“ auf Seite 211/212 handelt. Begründe deine Entscheidung mithilfe der folgenden Textstelle.

> Robert Billings stapfte ins Klassenzimmer, ein kräftiger Junge, dem dauernd das Hemd aus der Hose hing, und der sich **anscheinend** morgens nach dem Aufstehen nie die Mühe machte, sich zu kämmen.
> (Seite 211, Zeile 1–3)

2 Belege deine Ergebnisse aus Aufgabe 1 mit weiteren Textstellen.

---

1 EXTRA Lies den Textauszug aus dem Roman „Die Welle“ auf Seite 211/212. Lege eine Folie über den Text oder nutze den Online-Code. Markiere in unterschiedlichen Farben die Textstellen, die Auskunft über Roberts Charakter geben.

Orientiere dich am Schaubild auf Seite 210.

2 EXTRA Lege eine Tabelle an und ordne die Textstellen der direkten und indirekten Charakterisierung zu. Deute die Textstellen, die indirekt etwas über Robert aussagen.

3 EXTRA Benenne, um was für einen Erzähler es sich bei dem Text handelt.

4 EXTRA Überlege, welche Charaktereigenschaften man von der äußeren Erscheinung Roberts ableiten kann.

5 EXTRA Schreibe eine vollständige Charakterisierung zu Robert.

→ **Kapitel 3** Seite 68/69

1.2 Leselust

Lesetipps
ia3zt2

Delphine de Vigan

No & ich

Lou ist hochbegabt und eine Einzelgängerin. Am liebsten beobachtet sie die Menschen und stellt dabei gewagte Theorien auf, um das zu verstehen, was tagtäglich geschieht. Bis sie auf die achtzehnjährige No trifft, die in Paris auf der Straße lebt. No mit den dreckigen Klamotten und dem müden Gesicht. No, deren Einsamkeit die Welt in Frage stellt. Und Lou stürzt sich in ihr neues Projekt: Sie will No retten – und sich und der Welt beweisen, dass sich alles ändern lässt …

Dienstags und freitags, wenn ich früher aus der Schule komme, gehe ich oft zur Gare d'Austerlitz. Ich gehe hin und sehe mir die abfahrenden Züge an, wegen der Gefühlsbewegungen, die beobachte ich nämlich gern, die Gefühle anderer Leute, deshalb verpasse ich im Fernsehen auch kein Fußballspiel, ich liebe es, wenn sich die Leute nach einem Tor umarmen, sie rennen mit hochgestreckten Armen herum und fallen sich um den Hals, und auch in *Wer wird Millionär?*: Man muss die Mädchen nur sehen, wenn sie die richtige Antwort gegeben haben, sie halten sich die Hände vor den Mund, werfen den Kopf in den Nacken, stoßen Schreie aus und so, und dabei stehen ihnen dicke Tränen in den Augen. Auf den Bahnhöfen ist es anders, die Gefühle lassen sich aus den Blicken erraten, aus den Gesten und Bewegungen, da trennen sich Liebespaare, Großmütter reisen wieder ab, Damen in weiten Mänteln lassen Herren mit hochgeschlagenen Kragen zurück oder umgekehrt, und ich beobachte diese Leute, die fortgehen, man weiß weder wohin noch warum, noch für wie lange, durch die Scheibe hindurch verabschieden sie sich, sie winken diskret oder rufen laut, obwohl man sie sowieso nicht hören kann. Mit ein wenig Glück erlebt man echte Trennungen, ich meine, dann spürt man deutlich, es wird lange dauern, oder es wird den Betreffenden lange vorkommen (was auf dasselbe hinausläuft), dann sind die Gefühle sehr dicht, es ist, als würde die Luft dicker, als wären sie allein und ringsum wäre niemand. Bei den ankommenden Zügen ist es genauso, ich stelle mich ans Ende des Bahnsteigs und beobachte die Wartenden, ihr angespanntes, ungeduldiges Gesicht, die suchenden Augen und dann plötzlich dieses Lächeln auf ihren Lippen, den erhobenen Arm, ihr Winken, während sie loslaufen, um sich in die Arme zu fallen – dieser Überschwang, das ist es, was ich am allerliebsten mag.

Kurzum, deshalb war ich auf der Gare d'Austerlitz. Ich wartete auf die Ankunft des TER um 16 Uhr 44 aus Clermont-Ferrand, der ist mein Lieblingszug, aus dem kommen alle möglichen Leute, Junge, Alte, gut Gekleidete, Dicke, Magere, schäbig Gekleidete, einfach alles. Irgendwann merkte ich, dass mir jemand auf die Schulter klopfte, ich brauchte eine Weile, denn ich war sehr konzentriert, und in einem solchen Fall könnte sich ein Mammut auf meinen Turnschuhen wälzen, ich würde nichts merken. Ich drehte mich um.

„Hast du mal ’ne Fluppe?“

Sie trug eine schmutzige Khaki-Hose, einen alten Blouson mit durchgescheuerten Ellbogen und einen Benetton-Schal, genau so einen wie den, den meine Mutter zur Erinnerung an ihre Jugend ganz hinten im Kleiderschrank aufbewahrt.

„Nein, tut mir leid, ich rauche nicht. Aber ich habe Pfefferminz-Kaugummis, wenn Sie möchten.“

Sie verzog den Mund, dann streckte sie die Hand aus, ich gab ihr das Päckchen, und sie stopfte es in ihre Tasche.

„Salut, ich heiße No. Und du?“

„No?“

„Ja.“

„Und ich Lou … Lou Bertignac.“ (Normalerweise hat das eine gewisse Wirkung, weil die Leute glauben, ich sei mit dem Sänger verwandt, vielleicht sogar seine Tochter. Einmal, auf dem *collège,* habe ich auch so getan als ob, aber dann wurde es schwierig, ich sollte Einzelheiten erzählen, Autogramme besorgen und so, schließlich musste ich doch mit der Wahrheit rausrücken.)

Es schien sie nicht zu beeindrucken. Ich dachte, es sei vielleicht nicht die Sorte Musik, die sie mochte. Sie ging zu einem Mann, der einige Meter entfernt stand und Zeitung las. Er verdrehte seufzend die Augen und zog eine Zigarette aus seiner Schachtel, sie griff danach, ohne ihn anzusehen, und kam dann zu mir zurück.

„Ich hab dich hier schon öfter gesehen. Was machst du hier?“

„Ich komme, um mir die Leute anzusehen.“

„Ach. Und bei dir zu Hause gibt’s keine Leute?“

„Doch, aber das ist nicht dasselbe.“

„Wie alt bist du?“

„Dreizehn.“

„Du hast nicht zufällig zwei, drei Euro? Ich hab seit gestern Abend nichts gegessen.“

Ich suchte in meinem Hosentaschen, es waren noch ein paar Münzen da, ich sah sie gar nicht an, sondern gab sie ihr alle. Sie zählte sie, bevor sie die Hand schloss. […]

1 Stelle Vermutungen an, wie die beiden unterschiedlichen Mädchen miteinander umgehen werden.

2 Beobachte vor und nach dem Unterricht am Eingang deiner Schule, wie sich Menschen begrüßen bzw. verabschieden. Verfasse zu deinen Beobachtungen einen kurzen Text.

1.3 Fachbegriffe aus der Theaterwelt erklären

Merke

Ein dramatischer Text

Ein **dramatischer Text** oder ein **Schauspiel** (Theaterstück) wird von einem Autor für die Bühne geschrieben. Häufig stellt die Handlung einen Konflikt dar.
Für ihre Rolle verwenden Schauspieler den Text und gestalten dazu passend die Körperhaltung, Mimik und Gestik. So können Gefühle und Handlungsabläufe gezeigt werden.

1 An der Aufführung eines Theaterstückes sind viele Mitarbeiter beteiligt. Ordne die folgenden Erklärungen den Berufen im Theater zu.

Maskenbildner | Intendant | Regisseur | Bühnenbildner

Souffleur | Beleuchter | Schauspieler | Gewandmeister

a) regelt alle lichttechnischen Anlagen im Bühnen- und Zuschauerraum

b) leitet das Theater künstlerisch, oft auch kaufmännisch

c) stellt die Kostüme für Theaterproduktionen mithilfe von Entwürfen her

d) ist für das Schminken und Frisieren der Schauspieler zuständig

e) flüstert den Schauspielern auf der Bühne den Text zu, wenn sie ihn vergessen

f) erarbeitet die Spielfassung des Theaterstückes und bringt es mit den Schauspielern auf die Bühne

g) erstellt das Bühnenbild für die Aufführung

h) spielen eine Rolle im Theaterstück

2 Fertige Karteikarten zu den wichtigen Fachbegriffen des Theaters an. Verwende die Erklärung auf Seite 32/33 und recherchiere im Internet.

Monolog | Regieanweisung | Akt | Requisiten | Dialog | Szene

Schauplatz | Rolle | Applaus | Bühne | Generalprobe

3 In dem Jugendtheaterstück „Creeps" lädt ein TV-Sender drei Mädchen zum Casting für die Moderatorenstelle der neuen Music-Show „Creeps" ein. Vervollständige den Informationstext zu Lutz Hübners Theaterstück, indem du das Buchcover und die Auftaktseite als Informationsmaterial nutzt.

Das Jugendtheaterstück ___ von dem Autor ___ ist im ___ erschienen.
Die Handlung spielt ___.
In dem Theaterstück treten die Figuren ___ auf.

Darsteller

Petra Kowalski, 16 Jahre alt, Outfit gemäß modisch (H & M) mit einem leichten Schlag ins Prollige, (Flokatijacke), Rucksack. Kein Dialekt, aber eine sächsische Sprachmelodie.

Maren Terbuyken, 17 Jahre alt, kurze Haare, modisch eher in Richtung Kelly Family, Naturstoffe, nicht figurbetont, ungeschminkt, vollgepackte Sporttasche (Tigerente?).

Lilly Marie Teetz, 17 Jahre alt, schwarzes Kostüm, sehr schick, aber trendy, hohe Schuhe (Plateau), dezent geschminkt, Latextasche mit Noppen, Handytasche im Riemen eingearbeitet, MP3-Player.

Offvoice, Die fröhlich intime »Guten Morgen Wecker«-Stimme. Dreißig aufwärts, Typus Berufsjugendlicher/Medienversion.

Bühne

Die Studiodekoration einer Musiksendung. Auf der hinteren Wand eine Videoleinwand, ein Graffiti »Creeps« (evtl. als Projektion).
Ein altes Sofa, Stehlampe Siebziger, ein Couchtisch, auf dem ein Funkmikro liegt, ein rotes Signallicht (Baustellenlampe).
Zwei Sessel, ein Sideboard mit Früchten, Kaffeekanne, Wasserflaschen etc. Diverser Nippes. Wohnzimmerclubatmosphäre.

---

1 EXTRA Recherchiere im Internet nach den folgenden Theaterberufen. Wähle einen Beruf aus und stelle diesen in einem Kurzvortrag vor. Du kannst den Surftipp dazu nutzen.

Surftipp
zz59zp

Dramaturg | *Tontechniker* | *Inspizient* | *Intendant* | *Souffleur*

2 EXTRA Verfasse mithilfe des Schaubildes auf der nächsten Seite einen Informationstext zu den Gestaltungsmitteln eines dramatischen Textes.

Verwende Beispiele aus dem Jugendtheaterstück „Das Herz eines Boxers" in Kapitel 2, um deine Ausführungen näher zu erklären.

Formulierungshilfe für Informationstexte

Ein dramatischer Text ist in Hauptabschnitte, die sogenannten Akte unterteilt. Die Akte werden weiter in Szenen unterteilt.
Lutz Hübners Jugendtheaterstück besteht aus nur sieben Szenen, da es sich um ein kurzes Theaterstück handelt.
Durch die Regieanweisungen erhält der Zuschauer einen Einblick in ...

Bauelemente/Strukturelemente
- Akt (Aufzug)
- Szene (Auftritt)
- Regieanweisungen

Figurengestaltung
- Figurenrede: Monolog, Dialog
- Beziehung der Figuren zueinander
- Charaktereigenschaften der Figuren

Gestaltungsmittel dramatischer Texte

Dramatische Handlung
- Konflikt
- Schauplatz/Ort
- Zeit
- Figuren

Aufführung
- Darsteller, z. B. Spielweise, Mimik, Gestik, Körperhaltung, Kostüm, Maske, Sprechtempo, Lautstärke, Tonhöhe, …
- Bühne, z. B. Bühnenbild, Dekoration, Requisiten, Beleuchtung, Musik, Geräusche, …

1.4 Dramatische Texte untersuchen

Aufbau einer Gesprächsanalyse

Einleitung
- Autor, Titel, Textsorte, Erscheinungsjahr
- Thema der Szene: Was geschieht? Worum geht es?

Hauptteil
- Gesprächspartner: Wer spricht mit wem?
- Gesprächsverlauf/-inhalte: Worum geht es in den einzelnen Gesprächsabschnitten?
- Gesprächsabsicht: Was bezwecken die Figuren? Mit welcher Absicht sprechen sie?
- Beziehung der Figuren: In welcher Beziehung stehen die Figuren zueinander?
- verbales Verhalten: Welche Wortwahl und welchen Satzbau verwenden die Figuren?
- nonverbales Verhalten: Wie sind die Mimik, Gestik und Körperhaltung der Figuren gestaltet?

Schlussteil

Zusammenfassung der wichtigsten Ergebnisse

Orientiere dich am Schaubild zum Aufbau einer Gesprächsanalyse.

1 Ordne die folgenden Formulierungen aus einer Gesprächsanalyse zur 3. Szene des Theaterstückes „Das Herz eines Boxers“ in die Tabelle ein.

Einleitung	Hauptteil	Schlussteil
Autor: …	Gesprächspartner: …	…
…	…	…

a) Leo erwartet von Jojo, dass dieser seine Orden aus dem 2. Weltkrieg für möglichst viel Geld verkauft. Er bittet darum,

b) Wie in dem gesamten Jugendtheaterstück, verwendet Jojo Jugendsprache, was durch die Formulierung „[…] ich soll dir das Lametta da verscheuern …“ (Seite 39, Zeile 26/27) deutlich wird. Demgegenüber verwendet Leo eher einen sachlichen Sprachstil, der durch kurze Sätze geprägt ist, z. B.

c) In dem ersten Gesprächsteil geht es um Leos Bitte, Jojo solle für ihn alte Orden beim Trödler verkaufen. Nachdem Jojo ihm erklärt, dass er hierfür nicht viel Geld bekommen würde, nimmt das Gespräch einen sehr überraschenden Verlauf. Bei der Suche nach wertvollen Gegenständen findet Jojo alte Zeitungsartikel, die von Leos Boxkarriere berichten.

d) Zunächst scheint Jojo Leo in dem Gespräch nicht ganz ernst zu nehmen. Nachdem er durch Zeitungsartikel erfährt, dass Leo ein bekannter Boxer gewesen ist, geht er mit dem älteren Mann respektvoller um.

e) In dem Jugendtheaterstück „Das Herz eines Boxers“ vom Autor Lutz Hübner findet ein Gespräch zwischen dem Jugendlichen Jojo und dem ehemaligen Boxer Leo statt, in dem es um geht.

f) In der 3. Szene aus dem Theaterstück „Das Herz eines Boxers“ von dem Autor Lutz Hübner unterhalten sich die beiden Hauptfiguren, der Jugendliche Jojo und der ältere Heimbewohner Leo. Jojo ist ein Straftäter, der seine Sozialstunden damit verbringen soll, dem Heimbewohner Leo das Zimmer zu streichen.

g) Zusammenfassend kann man sagen, dass sich Jojo und Leo annähern. Der Jugendliche lernt Leo zu respektieren, als er erfährt, dass dieser ein angesehener Boxer gewesen ist. Auch auf nonverbaler Ebene zeigt Jojo mit seinen bewundernden Blicken, wie sehr er Leo achtet. Die roten Boxhandschuhe betrachtet er „ehrfürchtig“.

2 Ergänze die Tabelle zur 3. Szene aus Aufgabe 1 um weitere Informationen. Lies dafür noch einmal die Szene auf Seite 38–40.

3 Verfasse mithilfe deiner Tabelle aus Aufgabe 1 und 2 eine vollständige Gesprächsanalyse zur 3. Szene des Theaterstückes „Das Herz eines Boxers“.

1 EXTRA Wähle eine Szene aus dem Theaterstück „Das Herz eines Boxers" aus. Erstelle mithilfe der Formulierungshilfen eine Planung für eine Gesprächsanalyse.

Formulierungshilfen für eine Gesprächsanalyse

Einleitung
- In dem Jugendtheaterstück … vom Autor … findet ein Gespräch zwischen … statt, in dem es um … geht.
- Der szenische Text beinhaltet ein Gespräch zwischen den beiden Figuren … Die beiden unterhalten sich/sprechen/reden über …
- In Lutz Hübners Theaterstück … findet in der … eine Unterhaltung zwischen den beiden Personen … statt, welche …

Hauptteil

a) Gesprächspartner
- In dem Gespräch unterhalten sich …

b) Verlauf/Inhalte
- In dem ersten Gesprächsteil geht es um …
- Daraufhin reden/sprechen/unterhalten sie sich über …

c) Absicht
- Während Gesprächspartner …, erwartet Gesprächspartner …, dass …
- … möchte in dem Gespräch herausfinden …

d) Beziehung
- Die Beziehung der beiden Gesprächspartner ist gekennzeichnet durch …
- Das Gespräch verläuft …, daraus kann geschlussfolgert werden, dass die Beziehung der beiden Personen gestört/neutral … ist.

e) verbales und nonverbales Verhalten
- Durch das non-verbale Verhalten wird deutlich/offensichtlich …
- Der Autor beschreibt, dass … Dieses Verhalten/diese Geste/diese Mimik zeigt, …
- Die Sprachhandlungen von … sind gekennzeichnet durch …

Schlussteil
- Zusammenfassend kann über das Gespräch zwischen … festgehalten werden, dass …
- Die Kommunikation misslingt/gelingt, weil …
- Das Gespräch verläuft für beide Personen positiv/negativ, da …

2 EXTRA Verfasse mithilfe deiner Planung aus Aufgabe 1 EXTRA eine vollständige Gesprächsanalyse zu deiner gewählten Szene.

1.5 Liebesgedichte aus unterschiedlichen Zeiten untersuchen

1 Lies die beiden Texte oder höre sie dir an. Welcher Text spricht dich spontan mehr an? Begründe deine Wahl.

Hörverstehen
34cy2r

Das Gedicht ist in alter Rechtschreibung verfasst, z. B. *daß* anstelle von *dass*.

Volkslied

Ohne Titel

Ach wie ists möglich dann,
Daß ich dich lassen kann,
Hab dich von Herzen lieb,
Das glaube mir!
Du hast das Herze mein
So sehr genommen ein,
Daß ich kein' Andern lieb,
Liebe so sehr.

Obschon das Glück nicht wollt,
Daß ich dein werden sollt,
So lieb ich dennoch dich,
Glaub's sicherlich!
Es soll kein Andrer sein,
Der mich soll nehmen ein,
Als du, o schönes Kind,
Dir bleib ich treu!
[…]

altmodische Formulierung
Satzbau

Cro

Traum

Surftipp
23q4ze

Yeah, Baby nimm' meine Hand!
Ich hab alles schon gepackt.
Komm wir beide gehen weg von hier.
Sieh der Jet ist getankt.
Ich hab Geld auf der Bank,
Und noch jede Menge Plätze hier.
Und immer wenn Du einsam bist
Komm' ich rum', Du musst nie wieder alleine sein.
Denn immer wenn ich Dich seh'
Macht es in mir Tick Tick Boom,
So wie Dynamite.
Aha, und alle anderen Girls
Wären gern wie du.
Aha, denn du bist wunderschön
Und gefährlich klug.

Ey jo! Und ich hoff' dass du mich siehst,
Ich bin verliebt
Und hab kein' Plan ob es dich gibt →

jugendsprachlicher Ausdruck
englischer Begriff

Doch manchmal träum' ich nur von Dir.
Bitte sag, was muss ich tun, dass Du mich hörst!
Denn ich wär heut so gern bei dir
Und ich glaub ich fänd es cool, wenn du mir gehörst.
Ich fühl mich so allein,
Weiß nicht obs dich gibt.
Und egal wie laut ich schrei, sie hört mich nicht.
Doch sie ist grade irgendwo und denkt vielleicht an mich.
Hey Baby, bitte schreib, wenn es dich gibt!
[…]

2 Lies die beiden Texte noch einmal genau. Notiere Stichpunkte zu den folgenden Fragen.
- Worum geht es?
- Welche Form weisen die Texte auf? Gibt es Verse, Strophen, Reime oder ein bestimmtes Metrum?

Orientiere dich an den vorgegebenen Beispielen auf Seite 221.

3 Lege eine Folie über die Texte. Unterstreiche altmodische Formulierungen in rot, umgangs- und jugendsprachliche Ausdrücke in blau, auffälligen Satzbau in schwarz, auffällige Schreibweise, z. B. Kleinschreibung, in grün und Begriffe aus anderen Sprachen, z. B. Englisch, in orange.

4 Schreibe den Song von Cro ins Hochdeutsche um.

Schatz, nimm meine Hand.
Ich habe alles schon gepackt.
…

---

1 EXTRA Lies die beiden Texte auf Seite 221 oder höre sie dir an. Übertrage dann die folgende Tabelle in dein Heft und ergänze sie.

	Volkslied (Ohne Titel)	Cro: Traum
Thema	…	…
Form (Strophen, Reimschema, Metrum)	…	…
auffällige Begriffe	…	…
auffällige Schreibweisen	…	…
Satzbau	…	…

2 EXTRA Schreibe zu einem der Texte eigene Verse. Verwende dabei möglichst einen ähnlichen Schreibstil wie der Autor.

2 Umgang mit Sachtexten

Mit Sachtexten kann man

- **1** etwas Persönliches mitteilen
- **2** etwas regeln, erlauben, verbieten
- **3** das Denken und Erinnern unterstützen
- **4** etwas empfehlen, darstellen, beschreiben, erklären
- **5** über Ereignisse und Vorgänge berichten

2.1 Merkmale von Tageszeitungen unterscheiden

Tageszeitungen

- erscheinen von Montag bis Samstag
- gedruckt oder als E-Paper
- sind für jeden zugänglich

enthalten Informationen aus allen Lebensbereichen aufgeteilt in Ressorts

Politik
- politische Nachrichten
- wichtige gesellschaftliche Ereignisse
- …

Lokales
- Ereignisse aus dem Einzugsbereich der Tageszeitung
- …

Wirtschaft
- wirtschaftliche Lage im Land und weltweit
- …

Sport
- Berichte
- Ergebnisse
- …

Kultur
- Theater
- Musik
- Kunst
- Literatur
- …

…

1 Ordne die folgenden Überschriften einem Ressort zu.

Busse scheitern an neuem Kreisverkehr

Mehr Geld für Bildung

An dieses 1:1 wird er sich erinnern

Lufthansa droht mit Streik

2 Welche Ressorts interessieren dich? Begründe deine Entscheidung.

3 Ordne die Begriffe der Skizze von der Titelseite einer Tageszeitung richtig zu.

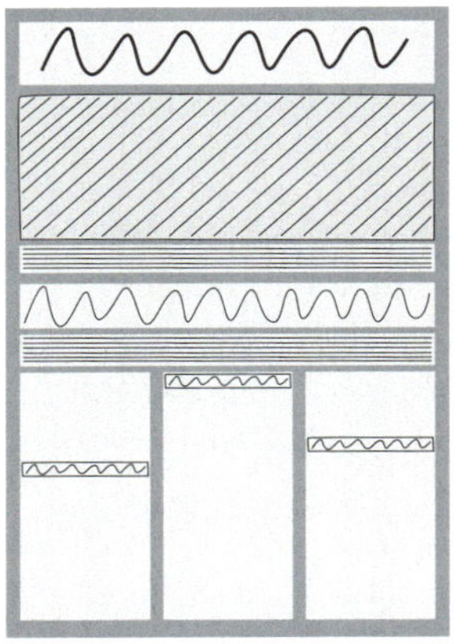

Spalten | Bildaufmacher | Zeitungskopf | Agenturkürzel | Kontaktinformationen | Bildunterschrift | Autorenzeile | Unterzeile | Schlagzeile | Aufmacher

1 EXTRA Erfinde zu den folgenden Ressorts in Tageszeitungen eine passende Schlagzeile.

Politik | Lokales | Wirtschaft | Sport | Kultur | Kinder

2 EXTRA Fertige eine Skizze von der Titelseite einer Tageszeitung an. Schreibe die wichtigsten Bestandteile des Layouts an die passenden Stellen.

2.2 Textsorten in Zeitungen untersuchen

Nachrichtentexte

- informieren
- enthalten keine eigene Meinung

Kurzmeldung
enthält nur die wichtigsten Informationen.

Nachricht
ist etwas ausführlicher und beantwortet alle W-Fragen.

Bericht
ist die ausführlichste Form, sie enthält zusätzliche Hintergrundinformationen.

1 Ordne die folgenden Textausschnitte den drei Formen von Nachrichtentexten aus dem Schaubild auf der linken Seite zu. Begründe deine Entscheidung.

Von einem Text ist nur der Anfang abgedruckt.

Atom-Meiler außer Funktion

Eine Quallen-Invasion hat am letzten Sonntag einen schwedischen Atom-Meiler vor der Ostseeküste lahmgelegt. Eine große Anzahl Quallen war in den Kühlkreislauf des Reaktors Nummer 3 des Kraftwerks Oskarshamn eingedrungen und hatte die Filter verstopft.

Sturm aufs Rathaus

Jugendliche engagieren sich und begeistern mit Projekten. Fast 50 Kinder und Jugendliche kamen zur Ratssitzung, um ihre Ideen vorzustellen. Serja erklärte: „Wir haben uns die Projekte für den heutigen Weltkindertag überlegt und die letzten drei Monate daran gearbeitet."

Ungewöhnlicher Dinosaurierfund

Einen der größten Dinosaurier weltweit haben Forscher in Argentinien entdeckt. 26 Meter lang und 60 Tonnen schwer [...] schätzen ihn die Wissenschaftler von der Dexel Universität in Philadelphia (USA).

weitere Textsorten in Tageszeitungen

- **Kommentar** ist eine Stellungnahme, in der ein Autor seine persönliche Meinung wiedergibt.
- **Interview** ist ein Dialog zwischen einem Journalisten und einer Person, der in der Frage/Antwort-Form verfasst ist.
- **Leserbrief** ist ein Meinungsbeitrag von Leserinnen und Lesern.
- **Reportage** ist die lebendige Darstellung eines Ereignisses, das persönliche Eindrücke des Reporters enthält und den Leser am Geschehen teilhaben lässt.

2 Ordne die Textausschnitte auf Seite 226 den Textsorten in Tageszeitungen aus dem Schaubild zu. Begründe deine Entscheidung.

A Warum wird von Ihnen die Verschwendung von Steuergeldern nicht mehr kritisiert? – Mir jedenfalls brachte man schon als Kind bei, sorgfältig mit Geld umzugehen. Und erst recht mit fremdem Geld. Aber genau das Gegenteil passiert.

B Das ist eine gute Frage. Es treibt mich halt immer wieder in die Berge, weil da einfach das Gefühl von Freiheit ist. Besser kann ich Ihnen das nicht erklären.

C „Hier wird's eng, bitte dicht zusammenbleiben." Die Stimme von Johannes Geyer, via Kopfhörer im Ohr, sorgt für die notwendige Hilfe beim Blindwalk in Köln.

D Als Tiger gestartet, als Bettvorleger geendet? Nein, den gestern vom Bundestag verabschiedeten Mindestlohn mit solch einem Vergleich zu belegen, wäre polemisch und unfair.

1 EXTRA Sieh dir die Schaubilder auf Seite 224/225 an. Wähle zu jeder Textsorte ein passendes Beispiel aus einer Tageszeitung aus.

2.3 Werbeanzeigen analysieren

Werbung analysieren
AIDA Modell

Attention
Womit erregt die Anzeige Aufmerksamkeit?

Interest
Wodurch weckt sie das Interesse?

Desire
Welchen Besitzwunsch löst sie aus?

Action
Was bringt den Kunden dazu, das Produkt zu kaufen?

1 Sieh dir die folgende Werbeanzeige an. Beantworte dazu die vier Fragen des AIDA-Modells.

2 Untersuche den Aufbau und die Gestaltung der Anzeige. Übernimm dazu die folgende Tabelle in dein Heft und notiere Stichpunkte.

Werbeanzeigen untersuchen	Anzeige
Bild • Was ist abgebildet? • Welche Farben werden verwendet? • Wo befindet sich das zentrale Produktbild? • Wie sind die verschiedenen Elemente dargestellt (Anordnung, Blickfang, Leserichtung, Schriften, Farben, ...)?	...
Text • Wie lautet die Headline (Aufmacher, Überschrift, Schlagzeile)? • Wie heißt der Werbeslogan? • Welche sprachlichen Mittel werden verwendet? • Wie lautet der Werbetext?	...

3 Welche Wirkung hat die Werbeanzeige auf dich? Nenne drei passende Adjektive.

4 Überlege dir zu der Anzeige einen eigenen Werbeslogan. Verwende dazu passende Attribute.

→ Kapitel 5
Seite 103

1 EXTRA Sieh dir die folgende Werbeanzeige an. Für welches Produkt wird geworben? Benenne die Bestandteile des AIDA-Modells.

2 EXTRA Untersuche die Bildsprache der Anzeige genauer.
- Welche Farben werden verwendet?
- Wo befindet sich das zentrale Produktbild?
- Wie sind die verschiedenen Elemente angeordnet?

3 EXTRA Untersuche den Text der Werbeanzeige genauer. Gehe dazu auf die folgenden Fragen ein.
- Wie lautet die Headline (Aufmacher, Überschrift, Schlagzeile)?
- Wie heißt der Werbeslogan?
- Welche sprachlichen Mittel werden verwendet?
- Wie lautet der Werbetext?

4 EXTRA Erkläre, wie Bild und Text in dieser Anzeige miteinander verknüpft sind. Nutze die Ergebnisse aus Aufgabe 2 EXTRA und 3 EXTRA.

5 EXTRA Nenne die Zielgruppe, die diese Anzeige anspricht.
- Gestalte die Werbeanzeige anschließend so um, dass sie eine andere Zielgruppe anspricht.
- Formuliere eine passende Headline und einen passenden Werbeslogan. Verwende dazu sprachliche Mittel und Attribute.

3 Umgang mit Medien

3.1 Werbespots untersuchen

1 Sieh dir den Fernsehspot an. Du kannst den Surftipp dazu nutzen. Fasse die Handlung mit eigenen Worten zusammen.

Surftipp
mx4r23

2 Untersuche den Werbespot mithilfe der folgenden Fragen. Notiere die Ergebnisse in deinem Heft.
- Für welches Produkt und welche Marke wird geworben?
- Wer wirbt für dieses Produkt?
- Wo wurden die Aufnahmen gemacht? Handelt es sich um einen ungewöhnlichen Ort?
- Welche Handlung wird in dem Werbespot gezeigt?

3 Würdest du das Produkt kaufen? Begründe deine Entscheidung.

---

1 EXTRA Sieh dir den Fernsehspot an. Du kannst den Surftipp dazu nutzen. Untersuche den Werbespot genauer. Beschreibe, welche Personen vorkommen und an welchem Ort die Handlung spielt. Nenne das Produkt und die Marke.

Surftipp
mx4r23

2 EXTRA Erkläre, welche Wirkung der Werbespot auf den Zuschauer hat. Benenne die Zielgruppe. Achte dabei auch auf die Darsteller, ihre Kleidung und die Präsentation des Produkts.

3 EXTRA Untersuche die filmischen Mittel des Werbespots, z. B. Kameraeinstellung und Kameraperspektive.

Einstellungsgrößen
- Totale
- Halbtotale
- Halbnah
- Nah
- Groß
- Details

Kameraperspektive
- **Froschperspektive** (Blick von unten nach oben)
- **Normalsicht** (Blick von gleicher Höhe aus)
- **Vogelperspektive** (Blick von oben nach unten)

3.2 Internet-Werbung untersuchen

1 Erkläre, worum es in dem folgenden Gespräch geht. Erläutere deine eigene Meinung dazu.

Mario: Hast du dir das Video angeschaut, das ich dir gestern weitergeleitet habe? Du hast gar nicht darauf geantwortet.
Senna: Das war doch einfach nur Werbung!
Mario: Wieso? Ist doch ein total cooler Clip gewesen. Ich fand den voll lustig.
Senna: Ja, war schon witzig. Aber am Ende stand dann: „Demnächst an Ihrem Kiosk." Ich stehe nicht auf solche Schleichwerbung und mag sowas auch nicht bekommen!
Mario: Wieso denn Werbung? Du musst das ja nicht kaufen.
Senna: Stimmt, ich muss es nicht kaufen. Aber ich will sowas am liebsten gar nicht erst sehen. Oder arbeitest du jetzt seit neuestem für die Firma?
Mario: Mensch, nun mach doch nicht so einen Aufstand wegen so einer Kleinigkeit. Das ist doch heutzutage ganz normal, dass einem jeder irgendwas verkaufen will.
Senna: Das ist virales Marketing! Die Firmen benutzen dich und deine Kontakte als Verbreiter für ihre Werbebotschaft.
Mario: Hast schon recht. Aber dagegen ist man doch machtlos. Oder hast du etwa mit Absicht den Satz „Kostenlose E-Mail-Adresse gibt es bei …" im Anhang deiner Mail?

2 Wo begegnet dir beim Surfen Werbung, die auf den ersten Blick gar nicht als Werbung zu erkennen ist? Erkläre, warum das so ist.

3 Hast du schon einmal Werbung per E-Mail von Freunden erhalten? Beschreibe, wie du darauf reagiert hast.

1 EXTRA Hast du schon einmal Werbung per E-Mail erhalten? Erkläre, ob man etwas dagegen tun kann.

2 EXTRA Hast du dich schon einmal an einer „viralen Werbekampagne" beteiligt? Berichte davon.

T4

Trainingsstation

Reflexion über Sprache

Im Mittelpunkt des Grammatik-Teils dieser Trainingsstation steht das Verb. Zu dieser Wortart hast du schon einiges erfahren und jetzt lernst du noch etwas über den Konjunktiv. Außerdem kannst du noch einmal die Verwendung der indirekten Rede wiederholen.
Zu einer guten sprachlichen Darstellung gehört auch, dass du richtig schreibst. Wann schreibt man groß, wann klein? Wann getrennt, wann zusammen? Wie schreibt man Fremd- und Fachwörter richtig? Wie verbessere ich meine Kommasetzung? Welche Nebensatzarten gibt es? Auf diese Fragen findest du in dieser Trainingsstation Antworten.
Im letzten Abschnitt lernst du etwas über die Entwicklung der Sprache und ihre vielen Varianten.

T4 Lösungen
z57m95

1 Grammatik

1.1 Der Modus des Verbs

Modus des Verbs
(Aussageweise)

Indikativ
Wirklichkeitsform
- etwas wird als wahr dargestellt

Sie träumte von Superkräften.

Konjunktiv
Möglichkeitsform, Wunschform
- etwas wird als unwirklich oder unmöglich dargestellt

Verwendung des Konjunktivs I
indirekte Rede
Sie sagte, sie habe von Superkräften geträumt.

Verwendung des Konjunktivs II
Darstellung von etwas Unwirklichem oder Unmöglichem
Sie hätte den Bus eingeholt, wenn sie Superkräfte gehabt hätte.

1 Schreibe den Text der Superheldin ab. Verwende dabei zwei Farben, grün für die Sätze, die im Indikativ stehen und rot für die Sätze, die im Konjunktiv stehen.

Comic-Helden haben es gut. Sie können alles, was wir nicht können.
Manchmal träume ich davon, eine Superheldin zu sein. Dann könnte ich fliegen. Oder ich wäre so stark, dass mich alle bewundern würden. Was in Klassenarbeiten kommt, wüsste ich vorher, denn ich könnte hellsehen. Oder ich würde einfach mit dem Finger schnippen und mein Füller würde von ganz alleine schreiben. Schade, das geht alles nicht. Und so bleibe ich nur ich selbst.

1.2 Konjunktiv II

Konjunktiv II

Verwendung
Darstellung von etwas, das unwirklich, unmöglich oder nur vorgestellt ist.

Bildung
- Verbstamm der Vergangenheit + Konjunktivendungen
- Umlautung bei starken Verben: a zu ä, o zu ö, u zu ü
  *geben – ich gab – ich **gäbe***
  *gehen – ich ging – ich **ginge***
- Wenn die Konjunktiv-II-Formen und die Indikativformen gleich sind, kann man als Ersatz „würde" nehmen.
  Sie würden siegen.

	Infinitiv: fliegen Präteritum: ich flog	**Infinitiv: siegen Präteritum: ich siegte**
	Konjunktiv II-Formen	
ich	flög-e	siegt-e
du	flög-est	siegt-est
er/sie/es	flög-e	siegt-e
wir	flög-en	siegt-en
ihr	flög-et	siegt-et
sie	flög-en	siegt-en

→ Liste der Konjunktivformen Seite 284/285

1 Sieh dir die Tabelle der Konjunktiv II-Formen an. Bilde die Konjunktiv II-Formen der folgenden Verben, z. B.: können – ich könnte, du könntest, …

können | wissen | tun | werden | liegen | gehen

2 Schreibe den Text ab. Setze dabei die richtigen Konjunktiv II-Formen ein.

Wenn ich fliegen (können), (wissen) ich schon, was ich (tun).
Ich (werden) schnell meine Tante in Hamburg auf eine Tasse Tee besuchen.
Dann (fliegen) ich noch mal zum Shopping nach München.
Zum Ausruhen (legen) ich mich auf eine Wolke.
Von dort (gehen) es dann wieder nach Hause.

1 EXTRA Setze den folgenden Text in den Konjunktiv II.

> *Als Supermann kann ich alles. Ich komme nie mehr zu spät, denn ich habe Spezialschuhe. Damit laufe ich 200 Kilometer in der Stunde. Ich bin unbesiegbar, weil ich Riesenkräfte habe. Es ist zu schön.*

2 EXTRA Schreibe eine Fantasiegeschichte zum Thema „Die Schule in der Zukunft". Verwende dabei den Konjunktiv II, z. B.: *In der Zukunft hätte unsere Schule …*

3 EXTRA Zuviel „würde"! – Gestalte den Text abwechslungsreicher und lesbarer, indem du an einigen Stellen den Konjunktiv II der Verben verwendest.

> *Wenn ich Supermann sein würde, würde ich keine Probleme mehr haben. Schwere Arbeit würde mir leichtfallen, ich würde in kürzester Zeit alles erledigen und würde viel Geld verdienen können. Die Leute würden bei mir Schlange stehen, dass ich ihnen die Arbeit abnehmen würde. Es würde auch keine Verbrechen mehr geben, denn die Bösen würden schnell hinter Schloss und Riegel kommen.*

1.3 Konjunktiv I in der indirekten Rede

Konjunktiv I

Verwendung
Nicht wörtliche Wiedergabe von etwas, das andere gesagt haben (indirekte Rede).
Aussagen eines Dritten können verändert, bewertet oder verkürzt werden.

Bildung
- Verbstamm der Gegenwart (Präsens) + Konjunktivendungen
- Achtung Ausnahmen:
  sein – ich sei, du seist, er/sie/es sei, …
  müssen – ich müsse, …
  können – ich könne, …
  haben – ich habe, du habest, …

→ Liste der Konjunktivformen Seite 284/285

	Grundform: fliegen	Grundform: sein
	Konjunktiv I-Formen	
ich	flieg-e	sei
du	flieg-est	seist
er/sie/es	flieg-e	sei
wir	flieg-en	seien
ihr	flieg-et	seiet
sie	flieg-en	seien

1 Erkläre, woran man erkennt, dass Thomas die Aussage eines anderen wiedergibt. Beachte dabei die Verbformen.

2 Forme die Aussagen in die indirekte Rede um. Orientiere dich dazu an dem ersten Beispiel. Verwende die folgenden Verben zur Redeeinleitung.

sagen | entgegnen | erwidern | fragen | antworten

Lea: „Ich gehe zum Karneval als Supergirl."
Möglichkeit a) Lea sagte, dass sie zum Karneval als Supergirl gehe.
Möglichkeit b) Lea sagte, sie gehe zum Karneval als Supergirl.

Mete: „Toll, das ist mal was anderes."

Lea: „Das Kostüm habe ich schon. Es besteht aus einem Cape und einer Maske."

Mete: „Kannst du mir dein Kostüm mal vorführen?"

Lea: „Nein, das soll eine Überraschung sein."

3 Lies den folgenden Text. Ordne die Verben aus dem Bericht des Augenzeugen in die Tabelle ein. Forme sie anschließend in den Konjunktiv I um.

Luis, 64, Zeuge

Indikativ	Konjunktiv I in der 3. Person
ich gehe	er/sie/es gehe
...	...

Nutze die Konjunktivformen aus deiner Tabelle in Aufgabe 3.

4 Verfasse nun die Zeugenaussage in der indirekten Rede, z. B.: Der Zeuge berichtete, er gehe jeden Tag dort lang …

Orientiere dich am Schaubild auf Seite 234.

1 EXTRA Verfasse mithilfe der Informationen aus dem folgenden Interview einen Bericht über Matthias Schweighöfer. Verwende dabei die indirekte Rede.

Interview: Matthias Schweighöfer

VON SARAH JUNGCLAUS

Für den neuen Animationsfilm „Das magische Haus" leiht Matthias Schweighöfer dem jungen Kater Thunder seine Stimme. Zum Filmstart hat GEOlino.de mit ihm über den Film, die Arbeit im Synchronstudio und den Klang seiner Stimme gesprochen.

GEOlino.de: *„Das magische Haus" hat tolle Kritiken bekommen. Was gefällt dir an dem Film am besten?*

Matthias Schweighöfer: Mir gefällt vor allem, dass der Film so niedlich und lustig ist. Er ist sehr kindgerecht und trotzdem spannend. Außerdem ist er einfach sehr herzlich und liebevoll gemacht. Das mag ich sehr. […]

Wie lange warst du im Synchronstudio, bis alles eingesprochen war? Und wie kann man sich die Arbeit dort vorstellen?

Für die Aufnahmen für „Das magische Haus" habe ich drei Tage gebraucht. Man steht in einem dunklen Raum und sieht auf einer Leinwand jeden einzelnen Filmausschnitt, den man besprechen muss. Wenn man schon mehr Erfahrung im Synchronisieren hat, trifft man die Sache gleich beim ersten Mal – aber manchmal halt auch nicht. Dann kann es passieren, dass eine Szene bis zu dreißigmal wiederholt werden muss.

Du hast in einem Interview gesagt, dass es sehr schwierig ist, einer Figur nur mit seiner Stimme Leben einzuhauchen. Ist Synchronsprechen für dich noch schwieriger als zu schauspielern?

Es ist halt eine ganz andere Form: Als Synchronsprecher hat man nur seine Stimme, als Schauspieler kann man zusätzlich seinen Körper einsetzen. Das macht es einem leichter, denn mit seiner Gestik und Mimik kann man ja auch viel erzählen. Aber im Endeffekt nimmt sich beides im Schwierigkeitsgrad nicht viel. Wenn man im Synchronstudio steht, setzt man bei den Aufnahmen nämlich auch seinen ganzen Körper ein und spielt die Szenen genauso, wie man sie drehen würde – nur dass das am Ende auf der Leinwand nicht zu sehen ist. […]

Viele mögen es ja nicht, ihre eigene Stimme zu hören. Ist das bei dir auch so?

Da ich meine Stimme ja ziemlich oft höre, zum Beispiel durch die Filme, die ich mache, habe ich mich inzwischen eigentlich daran gewöhnt. Also ist es für mich schon okay meine eigene Stimme zu hören.

2 Rechtschreibung

2.1 Großschreibung

Merke

Eigennamen und **Nomen/Substantive** bezeichnen eine bestimmte Person oder Sache und werden großgeschrieben, z. B.: Flüsse oder Länder: *Rhein, Liechtenstein*
Bei **mehrteiligen Eigennamen** schreibt man alle Wörter groß außer Artikel, Präpositionen und Konjunktionen: *Vereinigte Staaten von Amerika*

Zeitangaben, die als **Nomen/Substantiv** verwendet werden, schreibt man groß: *der Morgen, am Abend, der nächste Tag*
Die **Zeitadverbien** werden kleingeschrieben: *gestern, heute, früh* sowie *morgens, mittags, abends, …*

Verben und Adjektive können zu Nomen/Substantiven werden. Dies nennt man **Nominalisierung/Substantivierung**. Man erkennt diese häufig an den Nomensignalen: ***sein** Lachen, **im** Besonderen, **etwas** Neues, …*

1 Entscheide, welche der folgenden Wörter und Wortgruppen großgeschrieben werden. Notiere sie richtig in deinem Heft.

der bayerische wald	das schwarze meer	die gelbe karte	der schiefe turm von pisa
spät	am morgen	der letzte monat	heute
in der nacht	nachts	vorgestern	der abend

2 Forme die Adjektive und Verben in Nomen/Substantive um und bilde einen Satz, z. B.: reisen → das Reisen. Eines meiner Hobbys ist das Reisen.

neu | werfen | wichtig | gut | trinken | lachen | schön

3 Schreibe den folgenden Text in der richtigen Groß- und Kleinschreibung in dein Heft.

Achte auch auf die Satzanfänge.

liechtenstein ist ein binnenstaat. er liegt in den alpen und stößt an die österreichische und schweizerische grenze. ein liechtensteiner bewohner sieht also die sonne am morgen in österreich auf- und abends in der schweiz untergehen.

liechtenstein ist das sechstkleinste land der welt. rund die hälfte des staatsgebietes ist gebirge. dort ist das ersteigen von sieben 2 000ern auf der kleinen fläche eines landes möglich.

Lies noch einmal den Merke-Kasten auf Seite 237.

1 EXTRA Schreibe das Gedicht in der richtigen Groß- und Kleinschreibung auf.

Liechtenstein

stehst du früh morgens in vaduz[1]
schenkt die sonne dir einen gruß
aus österreich.
bist am abend du immer noch dort
verabschiedet sie sich von einem anderen ort
der schweiz.
so geht es jedem Menschen,
was er auch mag sein,
ob ein bäcker aus eschen[2]
oder der fürst von und zu liechtenstein.

1 Hauptstadt von Liechtenstein
2 Ort in Liechtenstein

2 EXTRA Forme die Adjektive und Verben in Nomen/Substantive um.
Bilde zu jedem Wort zwei Sätze, in denen die beiden Wortarten vorkommen.

hart | toll | anschaulich | schwimmen | lachen | vorzeigen

2.2 Häufige Fehler vermeiden

Häufige Fehlerquellen

seid	Verbform von *sein*
seit	Zeitraum
end-	Ableitung von *Ende*
ent-	Präfix
wieder	Bedeutung: noch einmal
wider	Bedeutung: entgegen

Wörter mit „wider“: widerlegen, widerlich, Widerrede, widersetzen, widerspiegeln, widersprechen, Widerstand

1 Schreibe die folgenden Sätze ab. Entscheide, welches die richtige Schreibweise ist. Nutze dazu das Schaubild oben.

Erst seid/seit 1971 gibt es in der Schweiz das Frauenstimmrecht.
Die Endwicklung/Entwicklung feinster Schokoladenrezepte fand in der Schweiz statt.
Im Urlaub möchte ich die Schweizer Alpen widersehen/wiedersehen.

2 Bilde einen Beispielsatz zu den in Aufgabe 1 nicht verwendeten Phänomenen.

3 Setze die folgenden Wortteile richtig zusammen. Bilde zu jedem Wort einen Beispielsatz.

end- wieder- -lich -stand -halten -eröffnung -holen -los

ent- wider- -geschwindigkeit -wille -rede -laden -gegnen

Verwende die Präfixe (Anfangsbausteine) mehrfach.

1 EXTRA Begründe bei den Sätzen die Schreibweise der markierten Wörter.

Seit dem frühen Morgengrauen sind sie unterwegs. Ihr seid schon ganz schön müde. Die Bergtour kommt in ihre Endphase. In den Bergen gibt es noch viele entlegene Ecken.
Er widersetzte sich den Anweisungen des Bergführers. Wir kommen erst sehr spät von unserer Wanderung wieder.

2.3 Zusammen- und Getrenntschreibung

Zusammenschreibung

- **Nomen/Substantiv + Verb** *stattfinden*
- **Verbpartikeln oder Präfixe + Verb** *annehmen*
- **Grundwort Adjektiv** *schwerkrank*
- **Verkürzung eines Ausdrucks** *zentimeterdick*

Getrenntschreibung

- **Nomen/Substantiv + Verb** *Schlange stehen*
- **Verbindung mit dem Verb *sein*** *dabei sein*

1 Zeichne die beiden Schaubilder ab und ordne die folgenden Wörter richtig zu.

wütend sein preisgeben fingerbreit Möbel packen sonnengelb

zusammenschreiben minderwertig stattgeben blitzblank

Liegt die Betonung auf dem ersten Wortteil, wird das Wort meist zusammengeschrieben.

2 Ergänze jeweils zwei weitere Beispiele zu den Schaubildern auf Seite 239.

Orientiere dich am Schaubild auf Seite 239.

1 EXTRA Begründe die Zusammenschreibung der folgenden Wörter.

glasklar preisgeben tiefgrün aufschäumen spiegelblank

2 EXTRA Nenne zu jeder Begründung aus Aufgabe 1 EXTRA ein weiteres Beispiel.

2.4 Fremdwörter richtig schreiben

Fremdwörter

- anders ausgesprochene Buchstaben
  - **v** wie **w** z. B. *Vulkan*
  - **ph** wie **f** z. B. *Phantom*
- Präfixe (Anfangsbausteine)
  - z. B. *ex-*, *re-*, *dis-*, *extra-*, *prä-*, *inter-*, *pro-*, *sub-*, *trans-*
- Suffixe (Endbausteine)
  - z. B. *-at*, *-ion*, *-ur*, *-ant*, *-ent*, *-ient*, *-ik*, *-and*

1 Bilde mithilfe der Präfixe und Suffixe aus dem Schaubild und den folgenden Bausteinen Fremdwörter. Ordne die Wörter in die Tabelle ein.

KRIMINIERUNG EXPLOS POLIT RESTAU SPEKT FIX

PORT ESSE PROMIN REZEPT PAT PERTE ZENS

Präfix	Suffix
Diskriminierung	…
…	…

2 Ergänze in der Tabelle aus Aufgabe 1 jeweils drei weitere Beispiele.

3 Formuliere zu vier Fremdwörtern jeweils einen Satz und schreibe ihn in dein Heft.

1 EXTRA Erkläre mit eigenen Worten die folgenden Fremdwörter.

Distanz | international | markant | Vision | subtrahieren | Restaurant

Du kannst ein Fremdwörterbuch zur Hilfe nehmen.

2 EXTRA Ersetze die folgenden Wörter durch Fremdwörter.

Beförderung | berühmt | Abstand | Anmeldung | Fachmann

2.5 Zeichensetzung in komplexen Sätzen

Merke

Hauptsätze erkennt man daran, dass das **Prädikat an zweiter Satzgliedstelle** steht. Sie können alleine stehen.

Nebensätze können nicht alleine stehen. Sie sind dem Hauptsatz untergeordnet und ergänzen diesen. Im Nebensatz steht das **Prädikat am Ende**.

Zwischen Hauptsatz und Nebensatz steht ein Komma.

Eine Verbindung von Hauptsatz und Nebensatz nennt man **Satzgefüge**, eine Verbindung von zwei Hauptsätzen **Satzreihe**. Sowohl Satzgefüge als auch Satzreihen werden durch Konjunktionen oder Relativpronomen miteinander verbunden.

1 Entscheide, ob es sich bei den folgenden Sätzen um Hauptsätze oder Nebensätze handelt.

Orientiere dich an der Stellung des Prädikats.

Das Sauerland ist ein Mittelgebirge in Deutschland.

Es lädt im Winter zum Skifahren und im Sommer zum Wandern ein.

2 Verbinde die folgenden Sätze jeweils zu einem Satzgefüge. Schreibe sie in dein Heft, z. B.: *Das Sauerland ist ein Mittelgebirge, das im Winter zum Skifahren einlädt.*

Verwende das Relativpronomen „die" und die Konjunktionen „da" und „weil".

Im Sommer kann man sich auch beim Baden vergnügen.
Das Sauerland hat viele Stauseen mit schönen Badestränden.

Typisch im Sauerland sind die schwarzweißen Fachwerkhäuser.
Die Fachwerkhäuser findet man in jeder noch so kleinen Ortschaft.

Das Sauerland lädt besonders zum Wandern ein.
Seine Wälder und Berge sind durchzogen mit gut ausgeschilderten Wanderwegen.

Merke

Die **Konjunktion *dass*** steht nach Verben des Meinens, Sagens, Denkens und Wahrnehmens. Das Komma steht immer vor dem *dass*:
*Er fürchtet, **dass** er die Gruppe verloren hat.*

Das **Relativpronomen *das*** leitet einen Nebensatz ein. Es bezieht sich auf das vorausgehende Nomen/Substantiv und kann durch „welches" ersetzt werden:
*Das Museum, **das (welches)** die Reisegruppe am Ende besuchte, war das schönste.*

3 Schreibe den folgenden Text ab. Setze die Kommas und *das* oder *dass* richtig ein.

Das Sauerland

Das/Dass Sauerland **das/dass** als Wanderregion schon immer beliebt war sorgt seit ein paar Jahren mit dem Fernwanderweg „Rothaarsteig" für ein besonderes Wandererlebnis. Seine 154 Kilometer führen weitestgehend auf dem Hauptgebirgskamm des Rothaargebirges entlang und der Wanderer wird von Brilon nach Dillenburg geleitet. **Das/Dass** der Rothaarsteig obwohl er durch ein Mittelgebirge führt bequem zu wandern ist macht auch den ungeübten Wanderer zu einem möglichen Gast.

4 Schreibe aus dem Text „Das Sauerland" eine Satzreihe heraus.

1 EXTRA In dem folgenden Text werden nur Hauptsätze verwendet. Beschreibe, wie der Text dadurch wirkt.
- Forme den Text so um, dass mindestens zwei Satzgefüge und eine Satzreihe entstehen. Schreibe ihn in dein Heft.
- Überprüfe deine *das/dass*-Schreibung.

Hamburg

Hamburg ist eine Stadt. Man kennt sie fast überall auf der Welt. Ihr Hafen ist der größte Seehafen der Bundesrepublik Deutschland. Er gehört zu den 20 größten Containerhäfen der Welt. Das Hafenbecken bietet 320 Liegeplätze für Seeschiffe. Seine Kaimauer ist insgesamt 35 km lang. Seit 1982 ist Hamburg sogar der Sitz des internationalen Seegerichtes. Jährlich besuchen viele Touristen den berühmten Hafen. Sie machen eine Hafenrundfahrt. Sie schauen sich auch die Speicherstadt an.

2 EXTRA Lies deinen veränderten Text aus Aufgabe 1 EXTRA. Beschreibe, wie sich die Wirkung durch den neuen Satzbau verändert hat.

2.6 Satzglieder bestimmen

Merke

Das Satzglied, das auf die Frage *Wer oder was?* Auskunft gibt, ist das **Subjekt**.
Zum Subjekt gehören alle Wörter, die nach der Umstellprobe zusammenbleiben.

Objekte sind Satzglieder, die einen Satz durch Informationen ergänzen. Sie können aus Nomen/Substantiven und/oder Pronomen bestehen. Man unterscheidet:

- Akkusativobjekte, die mithilfe der Frage *Wen oder was?* ermittelt werden können.
- Dativobjekte, die mithilfe der Frage *Wem?* ermittelt werden können.
- Genitivobjekte, die mithilfe der Frage *Wessen?* ermittelt werden können.

Adverbialbestimmungen nennen die **genaueren Umstände** eines Geschehens. Sie geben Auskunft über: **räumliche** *(Wo?, Wohin?, …)* und **zeitliche** *(Wann?, Wie lange?, …)* **Umstände** und die **Gründe** *(Warum?, Wieso?, …)* bzw. die **Art und Weise** *(Wie?, Wobei?, …)* eines Geschehens.

Ein **Attribut** ist eine Beifügung oder nähere Bestimmung zu einem Bezugswort (meist Nomen/Substantiv). Attribute sind keine Satzglieder und können nicht frei im Satz verschoben werden. Sie bleiben bei ihrem Bezugswort und können mithilfe von *Was für ein/e …?* erfragt werden. Attribute können auch die **Form eines Nebensatzes** haben.

1 Bestimme in den Sätzen die markierten Satzglieder. Stelle jeweils die entsprechende Frage. Notiere die Ergebnisse in deinem Heft, z. B.: Wer oder was lockt jedes Jahr viele Touristen an? Antwort: die schöne Stadt Luxemburg → Subjekt, …

Die schöne Stadt Luxemburg lockt jedes Jahr viele Touristen an.
Die Gäste genießen die malerische Innenstadt in vollen Zügen.

2 Stelle die Sätze aus Aufgabe 1 um, z. B.: Jedes Jahr lockt die …

3 Lies das folgende Beispiel einer Umstellprobe. Ergänze anschließend das zweite Beispiel.

Das kleine Luxemburg hat mit Luxemburgisch, Französisch und Deutsch drei anerkannte Amtssprachen.

1. Beispiel: Mit Luxemburgisch, Französisch und Deutsch hat das kleine Luxemburg drei anerkannte Amtssprachen.

2. Beispiel: Drei anerkannte Amtssprachen ______

4 Beschreibe, wie sich beim Umstellen die Positionen der unterstrichenen Attribute in Aufgabe 3 verändert haben. Nutze dazu die Formulierungshilfen.

Formulierungshilfen für die Umstellprobe

- Stellt man die Satzglieder um, …
- Die unterstrichenen …
- Somit gehören sie …
- Das Bezugswort …

5 Schreibe den folgenden Satz ab. Bestimme das Subjekt, das Objekt und die Adverbialbestimmungen. Unterstreiche die Attribute.

Die Hauptstadt beherbergt heute auch den modernen Verwaltungssitz der Europäischen Union.

1 EXTRA Bestimme in den folgenden Sätzen die Subjekte, Objekte und die Adverbialbestimmungen. Nutze dazu den Merke-Kasten auf Seite 243.

Städtereise nach Luxemburg

Eine Städtereise nach Luxemburg bietet dem Reisenden viel Unterhaltung. Nirgendwo sonst in Europa treffen so viele Kulturen und Sprachen aufeinander. Theater und Museen, UNESCO-Weltkulturerbe und Gastronomie überraschen in der Stadt Luxemburg den Besucher mit ihrer Vielfalt.

2 EXTRA Schreibe den Text aus Aufgabe 1 EXTRA ab und ergänze dabei in jedem Satz mindestens ein Attribut. Beschreibe, wie sich die Wirkung der Sätze verändert.

2.7 Nebensatzarten erkennen

Nebensätze und ihre Funktion

Adverbialsatz
- ersetzt die Adverbialbestimmung
- wird oftmals mit Konjunktionen eingeleitet.

Wo? Wann?

Attributsatz
- ersetzt ein Attribut
- tritt fast immer als Relativsatz auf

Welche?

Subjektsatz
- auch ein Satz kann das Subjekt sein

Wer oder Was?

Objektsatz
- auch ein Satz kann das Objekt sein

Wen, Wem, Wessen oder Was?

1 Entscheide, um welche Nebensatzarten es sich in den folgenden Beispielen handelt. Stelle dazu die entsprechende Frage.

Orientiere dich am Schaubild oben.

Wer um den Bodensee radelt, besucht drei verschiedene Länder.

Schöne Städte wie Lindau, Konstanz und Bregenz hat man gesehen, nachdem man eine Schiffsrundfahrt auf dem Bodensee gemacht hat.

Das österreichische Bregenz verfügt über eine berühmte Seebühne, die die größte ihrer Art weltweit ist.

Mit fünf Strandbädern, dem Schwaketenbad und der Bodensee-Therme zeigt die Stadt Konstanz eindrucksvoll, wie man Schwimmbegeisterte zufrieden stellt.

---

1 EXTRA Forme die folgenden Sätze jeweils zu Satzgefügen um. Bilde dazu aus den markierten Satzgliedern Nebensätze.

Im „Haus der Musik" in Wien erlebt ein Besuchender besondere Klangerlebnisse.
Wenn er das „Haus der Musik" in Wien besucht, erlebt ____.

Man kann sogar zum virtuellen Dirigenten der weltweit berühmten Wiener Philharmoniker werden.
Man kann sogar ____ werden, die ____ sind.

Bei einem Besuch der virtostage in der vierten Etage kann man alleine durch die Bewegung seines Körpers seine individuelle Oper mit Bühnenbild und Musik gestalten.
Wenn man ____, kann ____.

3 Sprachbetrachtung und Sprachwandel

Sprachwandel

Phänomene
- Übernahme von Wörtern aus anderen Sprachen
- Fremdwörter oder Lehnwörter
- Veränderungen in Sprachstil und Grammatik
- neue Schreibweisen und Zeichensysteme (Emoticons, Abkürzungen)

Ursachen
- neue technologische Entwicklungen
- Einflüsse aus anderen Sprachen
- neue Kommunikationsgewohnheiten (digitale Medien)
- gesellschaftlicher Wandel

1 Lies die drei Liebesbotschaften und ordne sie in einer zeitlichen Reihenfolge. Beschreibe, wie sich die Sprache verändert hat.

Formulierungshilfe

Am frühesten ist die Nachricht Nr. … entstanden. Dies erkenne ich daran, dass …

E-Mail

An: peter@maily.de
Von: paula@maily.de
Betreff: Geheim

Senden

Lieber Peter,
ich schreibe dir diese E-Mail, weil ich dir schon lange etwas sagen möchte. Aber immer, wenn ich dich sehe, fängt mein Herz an zu klopfen und ich bringe kein Wort mehr heraus. Ich glaube, ich habe mich ganz schrecklich in dich verliebt. So, jetzt ist es raus. Antwortest du mir?
Deine Paula

Liebste Gemahlin,
schon seit einer Woche warte ich auf Nachricht von dir. Jeden Tag mehr ersehne ich deine Ankunft. Mein Herze brennt, wenn ich an dich denke. Ach wärst du doch schon hier!
Es herzt dich innig
dein dir ergebener Fritz

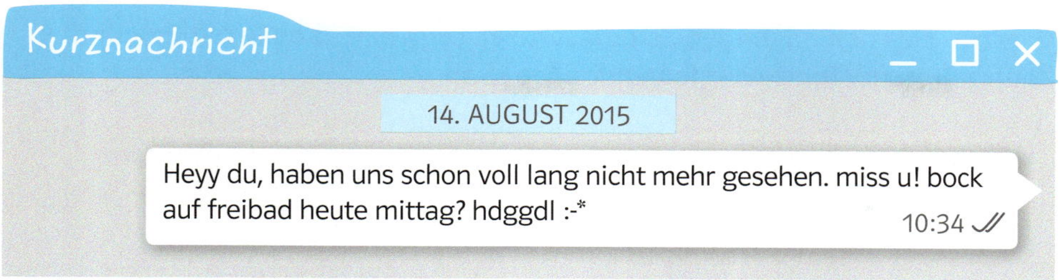

2 Vergleiche die drei Nachrichten miteinander. Übertrage dazu die Tabelle in dein Heft und ergänze sie.

	Nachricht 1	Nachricht 2	Nachricht 3
Anredeform	...	...	...
Auffällige Formulierungen und Begriffe	...	...	...
Auffällige Schreibweisen	...	...	...

3 Stelle Vermutungen an, warum sich die Sprache der Liebesbotschaften über die Jahrhunderte verändert hat.

4 Lies den folgenden Kommentar von Özlems Oma.
- Was könnte Özlem ihrer Oma entgegnen? Notiere mögliche Argumente in Stichworten.
- Verfasse ein Gespräch zwischen den beiden, in dem sie über dieses Thema sprechen.

Die Jugendlichen von heute tippen nur noch kurze Nachrichten mit ihren Smartphones. Keiner macht sich mehr die Mühe, einen schönen Liebesbrief zu schreiben. Dadurch gehen die Vielfalt und die Ausdrucksmöglichkeiten der Sprache verloren.

---

1 EXTRA Lies die drei Liebesbotschaften auf Seite 246/247. Ordne sie in einer zeitlichen Reihenfolge.

2 EXTRA Begründe deine Entscheidung aus Aufgabe 1 EXTRA schriftlich. Gehe dabei auf besondere Formulierungen und Begriffe, unterschiedliche Anredeformen und Auffälligkeiten in der Schreibweise ein.

3 EXTRA Schreibe jeweils eine Antwort auf die drei Liebesbotschaften. Verwende möglichst denselben Sprachstil.

4 EXTRA Lies den folgenden Zeitungsartikel. Lege eine Tabelle mit Pro- und Kontra-Argumenten zu der folgenden Frage an.

Verlernen Jugendliche durch Kurznachrichten den richtigen und vielseitigen Gebrauch der Sprache?

Verschandeln SMS und Twitter die deutsche Sprache?

VON JENS DIRKSEN, GREGOR BOLDT UND BRITTA HEIDEMANN

München ▪ *Deutsch wird zu einer „Recycling-Sprache", sagt der Vorsitzende des deutschen Rechtschreibrats Hans Zehetmair. Als Grund dafür nennt er SMS und Twitter, die eine Verkürzung und Vereinfachung nötig machten. Andere Sprachforscher widersprachen Zehetmairs Aussagen.*

Streit um die Folgen von Twitter und SMS für die deutsche Sprache: Sie gefährden das Sprachgut, sagte jetzt der Vorsitzende des deutschen Rechtschreibrats Hans Zehetmair in München. Das Deutsche verarme in den neuen Medien zu einer „Recycling-Sprache", sagte Zehetmair. Es werde immer mehr verkürzt und vereinfacht und ohne Kreativität wiedergekäut. Der Sprachverfall betreffe vor allem Jugendliche, deren Vokabular bei SMS und Twitter sei generell sehr simpel, die Rechtschreibung fehlerhaft. „Alles ist super, top, geil, aber nicht mehr authentisch", kritisierte Zehetmair. iPad, Twitter und das Kurzmitteilungsprogramm WhatsApp sollten Kinder daher erst benutzen, wenn sie schon gefestigte Deutsch-Kenntnisse hätten – unter 14 Jahren sind diese Kommunikationsmittel nach Ansicht Zehetmairs entbehrlich: „Die Jugend darf sich von der schwindelerregenden Entwicklung nicht vereinnahmen lassen. Einer SMS mangelt es an Gefühl und Herzlichkeit."

Das Gegenteil hat der Essener Sprachforscher Karl-Dieter Bünting beobachtet: „Eine SMS ist dichter am Menschlichen, durch ihre größere Lockerheit hat sie ganz andere emotionale Qualitäten als ein Brief." Die neue Kommunikationsform mache die Sprache nicht kaputt, sondern eröffne neue Möglichkeiten des Ausdrucks, der Zwang zur Verdichtung rege sogar die Fantasie an. […]

Kapitel 4
Seite 86/87

5 EXTRA Nimm Stellung zu der Forderung Zehetmairs, dass Kinder unter 14 Jahren keine digitalen Kommunikationsmittel verwenden sollten. Verfasse dazu einen Leserbrief.

Jugendsprache untersuchen

Merkmale der Jugendsprache

- Übertreibungen/Intensivierungen
- Metaphern
- Bedeutungsumkehrungen
- Anglizismen (Begriffe aus dem Englischen)
- Ausrufewörter

1 Ordne die folgenden Aussagen den Merkmalen der Jugendsprache im Schaubild oben zu.

- Dein neues Kleid ist echt abgespaced!
- Kein Problem, alles easy.
- Checkst du die Mathe-Hausaufgaben?
- Das Eis schmeckt höllisch gut.
- Der neue Song ist ultra krass!
- Julian hat mich neulich voll angebaggert!
- Yo! Alles klar?

2 Verwendest du diese Wörter auch? Schreibe auf, was du stattdessen sagen würdest.

---

1 EXTRA Notiere Beispiele für die heutige Jugendsprache, z. B. Übertreibungen, Metaphern, Bedeutungsumkehrungen, Anglizismen und Ausrufewörter.

Wörterbücher benutzen

Wörterbücher

- **Bedeutungswörterbuch**
  Grundbedeutung deutscher Begriffe
  Was bedeutet das Wort?
- **Fremdwörterbuch**
  Bedeutung von Wörtern aus anderen Sprachen
  Was bedeutet das Fremdwort?
- **Synonymwörterbuch**
  Wörter mit gleicher oder ähnlicher Bedeutung
  Welche anderen Wörter gibt es für den Begriff?
- **Herkunftswörterbuch**
  Etymologie: Geschichte von Wörtern
  Woher kommt das Wort?

1 Ordne die Wörterbucheinträge den verschiedenen Wörterbüchern aus dem Schaubild auf Seite 249 unten zu.

Liebeskummer gebrochenes Herz, Herzeleid (veraltet), Herzschmerz, Liebesleid, Liebesnöte, Liebespein, Liebesqual, Liebesschmerz

Kuvert [ku'veːɐ, ku'vɛːɐ, landsch. auch eingedeutscht: ku'vɛrt] das; -s u. (bei dt. Ausspr.:) -[e]s, -s u. (bei dt. Ausspr.:) -e <lat.-fr.>: 1. Briefumschlag. 2. [Tafel]gedeck für eine Person.

flirten „den Hof machen, kokettieren“: Das Verb wurde im 19. Jh. aus gleichbed. engl. *to flirt* (älter auch *flert, flurt* „herumflattern, herumtollen; sich schnell bewegen“) entlehnt, dessen weitere Herkunft nicht gesichert ist. Vielleicht stammt es aus afrz. *fleureter* „schmeicheln, den Hof machen“ (zu frz. *fleur* „Blume“; vgl. *Flor*).

an|him|meln ['anhɪmln], himmelte an, angehimmelt <tr.; hat> (ugs.): a) *mit schwärmerischem, verehrendem Blick ansehen:* der junge Mann himmelte den Künstler an, als er vor ihm stand. b) *schwärmerisch verehren:* sie wurde von Millionen jungen Menschen angehimmelt. […]

2 Notiere, welche der markierten Stellen aus dem Wörterbucheintrag zu dem Wort „Kuvert“ auf die folgenden Fragen eine Antwort geben.
- Wie spricht man das Wort „Kuvert“ aus?
- Welchen Artikel hat das Wort „Kuvert“?
- Aus welchen Sprachen stammt das Wort „Kuvert“?
- Wie lauten der Genitiv Singular und der Nominativ Plural von „Kuvert“?

3 Beantworte mithilfe der Wörterbucheinträge die folgenden Fragen.
- Welche weitere Bedeutung außer „Briefumschlag“ hat das Wort „Kuvert“?
- Seit wann gibt es das Wort „flirten“ in der deutschen Sprache?
- Was bedeutet es, wenn man jemanden „anhimmelt“?
- Formuliere die folgenden Sätze anders.

„Ich habe solchen Liebeskummer.“

„Lina schwärmt für ihren Nachbarn.“

1 EXTRA Lies den Lexikoneintrag zu dem Wort „Kuvert“. Notiere, was die markierten Stellen jeweils angeben.

Einen Sprachenstammbaum erstellen

1 Vervollständige mithilfe des Wörterbucheintrags zu dem Wort „Herz“ den Sprachenstammbaum.

Sprachenstammbaum „Herz“

Neuhochdeutsch (ab 1650)	→	…
		↑
Frühneuhochdeutsch (ab 1350–1650)	→	…
		↑
Mittelhochdeutsch (1050–1350)	→	…
		↑
Althochdeutsch (800–1050)	→	…
		↑
Indogermanisch	→	…

Herz Das gemeingerm. Wort mhd. *herz[e]*, ahd. *herza* […] geht […] auf idg. **kerd-* „Herz“ zurück. – Seit alters her gilt das Herz als der Sitz der Empfindungen, beachte z. B. die Wendungen ‚sich etwas zu Herzen nehmen‘, ‚sein Herz ausschütten‘ und die Adjektive **herzig** (16. Jh.), **herzlich** (mhd. *herze[n]lich*) und **herzlos** (mhd. *herzelōs*). Ferner gilt das Herz auch als Sitz des Mutes, der Entschlusskraft und der Besonderheit, beachte z. B. die Wendung ‚sich ein Herz fassen‘, die Adjektive **herzhaft** „ordentlich; kräftig; gehaltvoll“ (mhd. *herzehaft* „mutig; besonnen, verständig“) und **beherzt** (mhd. *beherz[et]* „mutig“) […]. Übertragen wird ‚Herz‘ außerdem im Sinne von „Innerstes, Bestes, Liebstes“ gebraucht. Das Wort steckt ferner in zahlreichen Zusammensetzungen. Auf ‚Herz‘ als Organ beziehen sich z. B. ‚Herzkammer, Herzschlag, Herzverfettung‘, auf die Herzform z. B. ‚Pfefferkuchenherz, Marzipanherz‘, auf ‚Herz‘ im übertragenen Sinne z. B. ‚Herzblatt‘ (eigentlich „das innerste, zarteste Blatt einer Pflanze“).

---

1 EXTRA Erstelle einen Sprachenstammbaum zu dem Wort „Seele“. Sieh dazu in einem Etymologischen Wörterbuch nach.

Orientiere dich am Sprachenstammbaum oben.

T5

Trainingsstation

Lern- und Arbeitstechniken

T5 Lösungen
zv8vu2

Um Aufgaben schneller zu verstehen und lösen zu können, lernst du in dieser Trainingsstation etwas über die verschiedenen Aufgabenformate und Anforderungsbereiche.
Die Lern- und Arbeitstechniken unterstützen dich, Informationen aus Texten zu sammeln und darzustellen. Viele der Lern- und Arbeitstechniken zum Verstehen, Schreiben, Überarbeiten und Vortragen von Texten helfen dir beim selbstständigen Arbeiten sowie bei der Zusammenarbeit mit anderen. Du kannst diese Techniken natürlich auch in anderen Fächern anwenden.

1 Lernen lernen – Methoden zur Lernorganisation

1.1 Aufgabenformate

Ein wichtiger Schritt zum Lösen einer Aufgabe, besonders in Klassenarbeiten und Prüfungen, ist das genaue Erfassen der Aufgabenstellung. Dabei kann es helfen, sich die Form der jeweiligen Aufgabe bewusst zu machen.

1 Lies die beiden folgenden Aufgaben genau durch. Erkläre den Unterschied.

Kreuze die richtige Antwort an.

Kreuze die richtigen Antworten an.

2 Lies die Erklärungen für die drei Aufgabenformate. Ordne anschließend die Beispiele A, B und C richtig zu.

Aufgabenformate

geschlossene Formate
Aufgaben, zu denen verschiedene Lösungen vorgegeben sind und eine Antwort eindeutig auszuwählen ist, z. B.:
- *Mehrfachwahlaufgaben*
- *Richtig-Falsch-Antworten*
- *Zuordnungsaufgaben*

halb offene Formate
Aufgaben, deren Lösung unmittelbar aus den Materialien herauszulesen ist. Im Unterschied zu geschlossenen Aufgaben können eigene Formulierungen verwendet werden, z. B.:
- *Ergänzungsaufgaben*
- *Lückentexte*

offene Formate
Aufgaben, die mit eigenen Worten gelöst werden müssen. Mithilfe der Aufgaben wird nach Wertungen, Einschätzungen und persönlichen Meinungen gefragt, z. B.:
- *kurze Texte*
- *Lösungen und Begründungen*
- *auch Zeichnungen, Tonaufnahmen etc.*

A Übertrage die folgenden Adjektive in dein Heft. Ergänze anschließend ein gegensätzliches Adjektiv.

temperamentvoll → … | lustig → … | ehrlich → … | satt → …

B Ordne die folgenden Berufe den richtigen Berufsfeldern zu.

Koch/Köchin | Lehrer/in | Informatiker/in | Erzieher/in | Physiotherapeut/in

C Erkläre, woran zu erkennen ist, dass mit den beiden Figuren Jojo und Leo aus „Das Herz eines Boxers" zwei Generationen aufeinandertreffen. Nenne passende Textstellen.

1.2 Anforderungsbereiche

Aufgaben können unterschiedliche Anforderungen beinhalten. Welche Anforderungen dies sind, erkennst du häufig an den Verben – oder den sogenannten Operatoren. Sie können drei Anforderungsbereichen zugeordnet werden. Eine Zuordnung befindet sich auch in der Fußzeile auf den Doppelseiten in diesem Buch.

Anforderungsbereiche		Operatoren
○ **Anforderungsbereich 1**	Diese Aufgaben wendet ihr bei gelerntem und bereits geübtem Wissen an. Dabei gebt ihr bekannte Begriffe und Sachverhalte wieder.	*benennen, beschreiben, wiedergeben, darstellen, zusammenfassen, …*
◒ **Anforderungsbereich 2**	Diese Aufgaben bearbeitet ihr selbstständig, indem ihr euer Wissen auf neue Themen und Fragestellungen übertragt.	*erklären, erläutern, einordnen, untersuchen, vergleichen, in Beziehung setzen, …*
● **Anforderungsbereich 3**	Diese Aufgaben bieten euch komplexere Themen. Ihr erarbeitet dafür selbstständig Lösungen, Begründungen, Folgerungen und Wertungen.	*beurteilen, bewerten, Stellung nehmen, begründen, prüfen, entwerfen, entwickeln, gestalten, Schlussfolgerungen ziehen, …*

1 Ordne die folgenden Aufgaben einem Anforderungsbereich zu.

a) Untersuche den Aufbau des Textes.

b) Benenne die wichtigsten Aussagen des Textes.

c) Welchen Standpunkt vertrittst du? Begründe.

d) Vergleiche die Materialien miteinander. Prüfe, welche Gemeinsamkeiten und Unterschiede sie aufweisen.

e) Entwirf einen inneren Monolog zu der Hauptfigur. Beschreibe, wie sie die Situation wahrnimmt.

2 Allein und gemeinsam Lernen – Allgemeine Methoden

2.1 Ideen und Informationen sammeln und darstellen

Die folgenden Arbeitstechniken helfen dir, Ideen und Informationen zu sammeln, zu sortieren und übersichtlich darzustellen.

Arbeitstechnik

Einen Cluster erstellen

- Das Thema wird in die Mitte eines Blattes geschrieben und eingekreist.
- Alle Begriffe, die einem spontan einfallen, schreibt man um das Thema herum, kreist sie ein und verbindet sie mit dem Hauptbegriff.
- Die Begriffe können weitere Ideen hervorrufen, die auch notiert werden und dann mit dem Thema oder aber auch mit den anderen Ideen verbunden werden.

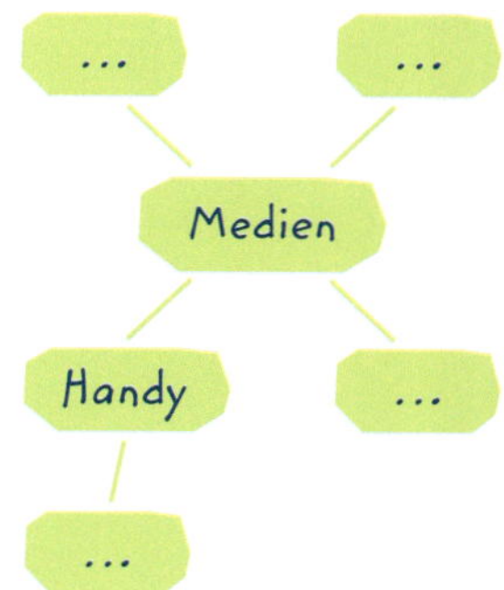

1 Erstelle einen Cluster zum Thema „Medien".

Arbeitstechnik

Eine Mindmap erstellen

- In der Mitte des Blattes notiert man das Thema und kreist es ein.
- Davon ausgehend zeichnet man in Ästen Oberbegriffe (Hauptstränge) zum Thema und setzt sie farblich voneinander ab.
- Die Äste verzweigen sich weiter zu untergeordneten Begriffen (Nebenstränge).

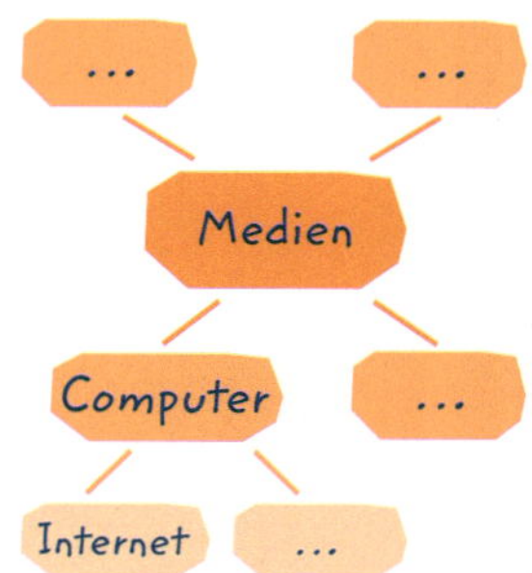

2 Erstelle eine Mindmap zum Thema „Medien". Achte darauf, die Begriffe sinnvoll zu ordnen und darzustellen.

Arbeitstechnik

Ein Flussdiagramm erstellen

Mithilfe eines **Flussdiagramms** kann man eine **Kette von Vorgängen, zeitlichen Abläufen** oder **Ereignissen veranschaulichen**. Dazu schreibt man die Informationen in der richtigen Reihenfolge nebeneinander und verbindet sie mit Pfeilen. Flussdiagramme können sich auch verzweigen, wenn z. B. mehrere Ereignisse gleichzeitig stattfinden.

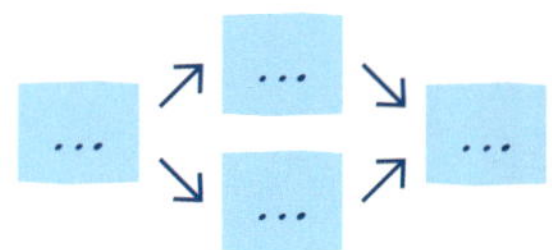

3 Lege ein Flussdiagramm zu dem Theaterstück „Das Herz eines Boxers" aus Kapitel 2 an. Stelle darin den zeitlichen Ablauf der Geschichte dar.

Mithilfe der Arbeitstechniken „Ein Infoplakat gestalten“ oder „Eine Wandzeitung gestalten“ kannst du Ideen und Informationen für andere veranschaulichen.

Arbeitstechnik

Ein Infoplakat gestalten

Ein **Infoplakat** sollte:
- aus einem großen Bogen Papier oder Karton bestehen.
- eine interessante Überschrift haben.
- übersichtlich und von allen Plätzen aus gut lesbar sein.
- nur Stichworte und Bilder mit den wichtigsten Informationen enthalten.
- Wichtiges durch Schriftgröße, Farben oder Unterstreichungen betonen.

4 Lies den Text „Smarte Armbänder: Steuert Technik unser Leben?“ auf Seite 164. Erstelle dazu ein Infoplakat.

Arbeitstechnik

Eine Wandzeitung gestalten

Schritt 1
Für eine Wandzeitung benötigt man eine Tapete, einen großen Papierbogen oder eine Pinnwand. Oben in der Mitte wird das **Thema** als **Überschrift** der Wandzeitung notiert.

Schritt 2
Zu den jeweiligen Unterthemen werden **Materialien zusammengestellt**, z. B. in Form von Texten, Bildern, Diagrammen und Schaubildern. Man sollte dabei auf ein ausgewogenes Verhältnis zwischen Texten und Bildern achten, z. B. eine Hälfte Bilder, die andere Hälfte Texte.
- Die Texte sollten kurz, gut lesbar und fehlerfrei sein. Wichtige Wörter können durch Farbe, Größe oder Unterstreichungen hervorgehoben werden.
- Die Bilder sollten ordentlich ausgeschnitten und nicht zu klein sein.

Schritt 3
Alle Materialien werden **übersichtlich** auf der Wandzeitung angeordnet.

Die Arbeitstechnik „Ein Minibuch herstellen“ ermöglicht es, wichtige Informationen als Merkheft, Vokabelheft oder Präsentationshilfe zusammenzutragen.

Arbeitstechnik

Ein Minibuch herstellen

So erstellt man ein Minibuch:

Schritt 1: Falten
Man nimmt ein DIN-A4-Blatt und faltet es, wie in der Anleitung im Online-Code beschrieben.

Schritt 2: Deckblatt erstellen
Auf dem Deckblatt werden das Thema und das Datum vermerkt.

Schritt 3: Planen und Notieren
Vor dem Hineinschreiben muss man genau überlegen, was wichtig ist und wie man den knappen Raum möglichst gut nutzen kann. Am besten verwendet man Stichwörter oder kurze Merksätze.

Schritt 4: Mitführen
Das Minibuch sollte man beim Bearbeiten eines Themas immer griffbereit haben.

Material
8bn8is

5 Erstelle ein Minibuch zu den verschiedenen Textsorten in einer Zeitung. Notiere darin die Merkmale der einzelnen Textsorten.

2.2 Partner- und Gruppenarbeit

Die folgenden Arbeitstechniken kannst du nutzen, um dich mit anderen Schülerinnen und Schülern zu beraten, auszutauschen oder gemeinsam zu einer Lösung zu kommen.

Arbeitstechnik

Ich – Du – Wir (think – pair – share)

1. Phase: Ich
Löst die gegebenen Aufgaben selbstständig. Macht euch Notizen, damit ihr mit euren Mitschülern in den folgenden Arbeitsphasen darüber sprechen könnt.

2. Phase: Du
Tauscht euch mit einem Partner über eure Aufgaben aus. Vergleicht, welche Ergebnisse übereinstimmen und wo ihr noch Informationen ergänzen müsst.

3. Phase: Wir
Besprecht eure Ergebnisse anschließend in der Gruppe. Ergänzt eure Informationen und bereitet eine kleine Präsentation für die Klasse vor.

Arbeitstechnik

Partnerpuzzle

Vorbereitung
Für diese Arbeitstechnik sitzt man zu viert an einem Gruppentisch.

Ablauf
1. Einzelarbeit: Jeder Schüler bearbeitet die Aufgabe leise für sich.
2. Partnerarbeit 1: Besprecht euer Ergebnis mit eurem Sitznachbarn. Helft euch bei Verständnisfragen und ergänzt jeweils eure Lösungen.
3. Partnerarbeit 2: Stellt nun jeweils eurem Gegenüber eure Ergebnisse vor. Notiert die wichtigsten Punkte und stellt Fragen, wenn ihr etwas nicht versteht.
4. Partnerarbeit 3: Tauscht euch nun noch einmal mit eurem Sitznachbarn aus und vergleicht, ob ihr die Erklärungen eures Gegenübers richtig verstanden habt.

Schlussphase
5. Klärt offene Fragen in der Klasse und fasst die Ergebnisse zusammen.

1 Arbeite aus dem Text „Wie sinnvoll ist der Einsatz digitaler Medien beim Lernen?“ auf Seite 170/171 die Pro- und Kontra-Argumente mithilfe der Arbeitstechniken „Ich – Du – Wir“ oder „Partnerpuzzle“ heraus.

Mit der Arbeitstechnik „Lerntempoduett“ kannst du Aufgaben in deiner eigenen Geschwindigkeit bearbeiten. Im Anschluss tauschst du dich mit jemandem aus, der das gleiche Tempo benötigt hat.

Arbeitstechnik

Lerntempoduett

Lest euch die Aufgaben durch.

1. Bearbeitet die Aufgabe zunächst allein. Wenn ihr fertig seid, notiert die Aufgabennummer auf einem Zettel und haltet ihn hoch.

2. Sobald der Nächste einen Zettel mit der gleichen Aufgabe hochhebt, setzt ihr euch zu zweit zusammen. Besprecht eure Ergebnisse, ergänzt sie oder verbessert mögliche Fehler. Im Anschluss setzt sich jeder wieder an seinen Platz.

Bearbeitet auch die nächsten Aufgaben auf diese Weise.

1. Einzelarbeit Aufgabe bearbeiten → **2.** Austausch Aufgabe besprechen → **3.** Einzelarbeit nächste Aufgabe bearbeiten → **4.** …

Mithilfe der Arbeitstechnik „Placemat“ können Kommentare, Fragen und Definitionen gemeinsam erarbeitet und ausgetauscht werden.

Arbeitstechnik

Placemat

1. Vorbereiten

Ein Bogen Papier wird in vier Felder aufgeteilt. In der Mitte wird ein fünftes Feld, das sogenannte Gemeinschaftsfeld, ergänzt. In den vier Feldern werden Fragen oder auch Aufgaben notiert.

2. Durchführen

Jedes Gruppenmitglied schreibt Kommentare oder Antworten in das jeweilige Feld, das vor ihm liegt. Danach wird das Placemat im Uhrzeigersinn gedreht, so dass jedes Gruppenmitglied jede Fragestellung einmal bearbeitet hat.

3. Auswerten

Anschließend werden die Ergebnisse gemeinsam besprochen. Die Gruppenmitglieder einigen sich auf die Ergebnisse zu der jeweiligen Frage und notieren diese im Gemeinschaftsfeld.

4. Präsentieren

Die Ergebnisse der Gruppen werden in der Klasse vorgestellt.

Mithilfe der Arbeitstechnik „Gruppenmix“ kannst du mit anderen zusammenarbeiten, um verschiedene Blickwinkel oder Teilbereiche eines Themas zu beleuchten.

Arbeitstechnik

Gruppenmix

Phase 1

Bearbeitet den euch zugeteilten Text mithilfe der Aufgaben. Bildet dazu gleich große Gruppen. An jedem Thema sollten mindestens zwei Gruppen arbeiten.

Phase 2

Bildet nun neue Arbeitsgruppen, in denen je ein Gruppenmitglied aus der ersten Arbeitsphase vertreten ist.
Stellt euch gegenseitig eure Ergebnisse aus den Aufgaben vor.

2 Erstelle zu einer der oben genannten Arbeitstechnik ein Infoplakat.

→ T5 Ein Infoplakat gestalten Seite 256

3 Lesen, Schreiben, Sprechen und Zuhören, Umgang mit Texten und Medien – Fachspezifische Methoden

3.1 Texte erschließen

Arbeitstechnik

Die 5-Schritt-Lesetechnik

Texte sind oft lang und schwer zu verstehen. Daher ist es wichtig zu wissen, wie man mit ihnen umgehen kann.

Schritt 1
Zunächst liest man den Text einmal **„überfliegend“**.

Schritt 2
Dann überlegt man, was man zum Thema bereits weiß und was man noch wissen möchte. Man stellt **Fragen an den Text**.

Schritt 3
Jetzt folgt das **genaue Lesen**. Man unterstreicht Schlüsselbegriffe, unterteilt den Text in Sinnabschnitte und gibt jedem Sinnabschnitt eine eigene Überschrift.

Schritt 4
Man **schreibt** die **wichtigsten Informationen**, die der Text enthält, **heraus**.

Schritt 5
Der **Inhalt** des Textes **wird** anhand der Aufzeichnungen noch einmal **wiederholt**.

1 Lies den Text „Unter Verdacht“ auf Seite 62/63 mithilfe der 5-Schritt-Lesetechnik.

Arbeitstechnik

Tandemlesen

- Zunächst teilt man den Text in etwa gleich große Abschnitte ein.
- Schüler A liest Schüler B den ersten Abschnitt leise vor.
- Schüler B erzählt das Gehörte mit eigenen Worten nach.
- Für den nächsten Abschnitt werden die Rollen getauscht.

2 Lies den Text „Smarte Armbänder: Steuert Technik unser Leben?“ auf Seite 164 im Tandem.

Arbeitstechnik

Ein Charakterprofil erstellen

In einem **Charakterprofil** werden möglichst viele gegensätzliche **Charaktereigenschaften** aufgelistet. Anschließend entscheidet man sich durch Unterstreichen für jeweils einen der beiden Gegensätze. Es hilft dabei, eine Figur gedanklich und sprachlich zu erfassen.

3 Erstelle mithilfe des Textes „Norbert Nobody oder das Versprechen“ auf Seite 60 ein Charakterprofil von Robert.

Arbeitstechnik

Textverbindungen sichtbar machen

Um **Verknüpfungen in einem Text** herstellen zu können, kann man Sinnzusammenhänge durch Verbindungslinien markieren. So kann man einen bestimmten Gesichtspunkt genau untersuchen.

- Bei einer Charakterisierung werden den verschieden Gesichtspunkten, z. B. Lebensumstände, unterschiedliche Farben zugeordnet und als Randnotiz (bzw. Legende) festgehalten.
- Die zentralen Begriffe werden im Text unterstrichen.
- Mithilfe von Verbindungslinien verdeutlicht man die Bezüge der Textstellen.

4 Bearbeite den Text „Wunder“ auf Seite 66 mithilfe der Arbeitstechnik „Textbezüge sichtbar machen“.

Arbeitstechnik

Ein Précis anfertigen

Das Ziel eines **Précis** ist es, einen Text bis auf die wichtigsten Informationen zu kürzen, also zusammenzustreichen. Der eigentliche Text wird dabei etwa auf **ein Drittel gekürzt**, so dass man am Ende die wichtigsten Informationen in knapper Form vorliegen hat.

Vorgehen

- Zunächst werden alle unwichtigen Informationen weggestrichen. Dabei kann es vorkommen, dass Sätze nicht mehr vollständig sind.
- Aus den übriggebliebenen Zeilen wird ein zusammenhängender Text verfasst. Dabei sollte so wenig wie möglich verändert werden.
- Der Sinn bzw. Bedeutungen dürfen dabei nicht verändert werden.
- Der Text wird nicht ergänzt oder kommentiert.

5 Wende die Arbeitstechnik „Ein Précis anfertigen“ bei einem Text deiner Wahl an.

Wenn du andere über den Inhalt eines Textes informieren möchtest, bietet es sich an, eine Inhaltsangabe zu verfassen.

Arbeitstechnik

Eine Inhaltsangabe schreiben

1. Einleitung
Es werden die Textsorte, der Titel, die Quelle, der Autor und das Thema genannt.

2. Hauptteil
- Die wichtigsten Aussagen sind vollständig, Details sind weggelassen.
- Die Reihenfolge der Aussagen stimmt.
- Zusammenhänge werden durch den Einsatz von Konjunktionen und Adverbien verdeutlicht.
- Die Inhaltsangabe steht im Präsens.
- Die Sprache ist sachlich und knapp.
- Es finden keine Bewertungen statt.
- Es werden eigene Worte verwendet.

3. Schluss
Die Wirkung oder die Botschaft des Textes werden genannt.

6 Schreibe eine Inhaltsangabe zu dem Theaterstück „Das Herz eines Boxers". Schreibe nicht mehr als eine Seite.

Arbeitstechnik

Ein Diagramm verstehen und auswerten

1. Man liest die Überschrift und benennt das Thema.
2. Man bestimmt, welche Art von Diagramm gewählt wurde.
3. Man prüft, aus welcher Quelle das Diagramm stammt und wann es erstellt wurde.
4. Man untersucht, welche Angaben durch die einzelnen Elemente (z. B. Balken, x-Achse, y-Achse usw.) gemacht werden.
5. Unbekannte Begriffe werden nachgeschlagen.
6. Im Anschluss werden die Einzelinformationen in Stichwörtern zusammengefasst.

- Was genau erfährt man durch das Diagramm?
- Was ist wichtig, was ist eher unwichtig?
- Welche Ergänzungen würde man machen?

7 Werte das Diagramm zu den Ausbildungsberufen auf Seite 20 aus. Notiere die Ergebnisse in deinem Heft.

3.2 Texte schreiben und überarbeiten

Arbeitstechnik

Regietexte verfassen

Bei einem Regietext beschreibt man Kleidung, Aussehen, Körperhaltung und Handeln der Figuren. Auch wird auf ihre Rolle und ihre Situation eingegangen, um die innere und äußere Haltung einer Person zu veranschaulichen. Ebenso können die Beziehungen der Figuren untereinander dargestellt werden.

1 Verfasse einen Regietext zu der 2. Szene des Jugendtheaterstücks „Das Herz eines Boxers“ auf Seite 36/37.

Formulierungshilfe für Regietexte

Leo sitzt immer noch zusammengesunken in seinem Sessel …

Mithilfe der Arbeitstechnik „Rollenbiographien verfassen“ kannst du dich in die Rolle einer Figur versetzen und aus deren Perspektive (Ich-Form) einen inneren Monolog verfassen.

Arbeitstechnik

Eine Rollenbiographie verfassen

1. Vorbereiten

- Die Dramenszene wird von der Kleingruppe aufmerksam gelesen. Man versucht, einen ersten Eindruck von der Figur zu bekommen.

2. Schreiben

- Mit den Fragen zur Einfühlung und den Antworten der Figur wird eine stichwortartige Planung erstellt.
- Mithilfe der Planung verfasst man die Rollenbiographie.

2 Verfasse eine Rollenbiographie zu Leos Figur aus dem Theaterstück „Das Herz eines Boxers“.

Merke

In einer **Gedankenrede**, auch **innerer Monolog** genannt, gibt eine Person ihre **Gedanken und Gefühle** in der **Ich-Form** wieder. Da dies meist eine Wiedergabe von augenblicklichen Empfindungen ist, wird die Gedankenrede im **Präsens** verfasst.

Die Arbeitstechnik „Die Schreibkonferenz“ kannst du nutzen, um mit anderen Schülerinnen und Schülern Texte zu überarbeiten.

Arbeitstechnik

Die Schreibkonferenz

1. Die Schülerinnen und Schüler bilden Gruppen.
2. Jedes Gruppenmitglied wird Experte für ein bestimmtes Thema oder Merkmal.
3. Die Gruppenmitglieder tauschen nun ihre Texte untereinander aus.
4. Jedes Mitglied liest den ihm zugeteilten Text und achtet vor allem auf den Bereich, in dem man Experte ist.
5. Jeder schreibt an den Rand, was seiner Meinung nach gut gelungen ist, wo er noch Fragen hat oder etwas verbessert werden kann.
6. Dann werden die Texte reihum weitergegeben, bis jeder Experte jeden Text bewertet hat.
7. Alle Gruppenmitglieder lesen die Rückmeldungen und fragen im Anschluss nach, wenn ihnen etwas unklar ist.
8. Zum Schluss überarbeiten alle ihren Text.

Die Arbeitstechnik „Textlupe“ kannst du mit anderen Schülerinnen und Schülern nutzen, um Texte mithilfe eines Kommentarbogens zu überarbeiten.

Arbeitstechnik

Textlupe

Es werden Gruppen von vier bis fünf Personen gebildet. Jeder erstellt zu seinem Text einen **Kommentarbogen** mit den drei Spalten:

Das gefiel mir.	*Das ist mir aufgefallen.*	*Meine Änderungsvorschläge*
…	…	…

Zusammen wird eine Zeit vereinbart, in der man die Texte kommentieren kann. Anschließend werden die Texte zusammen mit den Kommentarbögen in der Gruppe weitergegeben.
Am Ende erhält der Verfasser seinen Text zurück, den er mithilfe des Kommentarbogens überarbeitet.

3.3 Vortragen und Präsentieren

Mithilfe der folgenden Arbeitstechniken kannst du ein Thema oder deine Ergebnisse anderen präsentieren, um sie zu informieren oder ihre Neugier zu wecken.

Arbeitstechnik

Einen Kurzvortrag halten

1. Vorbereiten
- Wichtige Stichwörter werden auf Karteikarten geschrieben.
- Der Vortrag wird mithilfe der Karteikarten geübt.

2. Präsentieren
- Man hält den Vortrag im Stehen, möglichst frei, ohne sich abzustützen oder die Arme zu verschränken.
- Man sucht so oft wie möglich den Blickkontakt zum Publikum.
- Die Karteikarten verwendet man als Gedächtnisstütze.
- Man sollte deutlich und langsam sprechen und ab und zu eine Pause machen.
- Das Publikum kann einbezogen werden, indem man ihm Fragen stellt.

3. Auswerten
Dem Vortragenden gibt man im Anschluss ein Feedback.

Arbeitstechnik

Ein Referat vorbereiten

Zunächst werden alle Informationen recherchiert und geordnet. Im Anschluss wird eine **Gliederung** erstellt und auf Karteikarten notiert. Zu jedem Punkt kann man sich Stichwörter aufschreiben.
- Die **Einleitung** soll die Aufmerksamkeit der Zuhörer wecken. Sie kann bereits ausformuliert werden, das erleichtert den Einstieg in das Referat.
- Der **Hauptteil** enthält die wichtigsten Informationen zum Thema. Dabei sollte man auf eine sinnvolle Reihenfolge achten.
- Der **Schluss** fasst noch einmal das Wichtigste zusammen, weist auf Probleme hin oder legt die eigene Meinung dar.

Um ein Referat interessanter zu gestalten, können z. B. Präsentationen, Diagramme oder eine Seite mit der Gliederung und den wichtigsten Stichwörtern erstellt werden.

Übt euren Vortrag zu Hause. Sprecht ihn dazu mehrmals laut vor. Ihr könnt das Referat auch euren Eltern oder Freunden zur Probe vortragen.

1 Lies den Merke-Kasten „Zusammen- und Getrenntschreibung“ auf Seite 140. Erstelle einen Kurzvortrag oder ein Referat zu den Regeln.

Nach einer längeren Arbeitsphase, z. B. einer Projektarbeit, bietet es sich an, die Ergebnisse noch einmal vorzustellen und mögliche Fragen zu beantworten. Dazu kann die folgende Arbeitstechnik verwendet werden.

Arbeitstechnik

Einen Museumsrundgang durchführen

Schritt 1
Man hängt die Ergebnisse einer Projektarbeit wie in einem Museum auf. Alle Schülerinnen und Schüler sehen sich nach und nach die Bilder in Ruhe an.

Schritt 2
Aus jeder Gruppe stellt sich jeweils eine Person vor jedes Bild. Die Gruppenmitglieder, die vor ihrem eigenen Produkt stehen, erklären dies kurz und stehen für Erklärungen und Fragen zur Verfügung.

Schritt 3
Nach einer Weile rücken die Gruppen zu dem nächsten Bild weiter. Das nächste Gruppenmitglied, das nun vor dem eigenen Produkt steht, erklärt dieses kurz und steht ebenfalls für Erklärungen und Fragen zur Verfügung.

Die Gruppen rücken so lange weiter bis alle Bilder besprochen wurden.

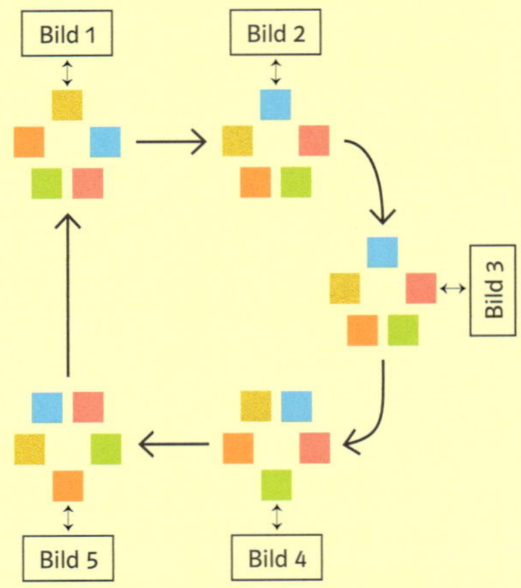

Die Arbeitstechnik „Rollengespräche führen“ hilft dir, eine Figur näher kennenzulernen und ihr Verhalten besser zu verstehen.

Arbeitstechnik

Rollengespräche führen

Um eine Figur kennenzulernen, kann man ein Rollengespräch entwickeln. Ein Spielleiter führt dazu mit einer Person eine Art Interview durch. Die Person beantwortet alle Fragen zur Figur aus deren Perspektive.

1. Vorbereitung
Der Text wird sorgfältig gelesen. Anschließend wird besprochen, was für die Rolle wichtig ist. Gemeinsam entwirft man Fragen, die der Spielleiter der Figur stellen soll.

2. Durchführung
Das Rollengespräch wird durchgeführt. Wichtig ist, dass man sich beim Spiel in die Rolle der Figur hineinversetzt und dem Gesprächsleiter aus deren Perspektive antwortet.

3. Auswertung
In der Klasse wird besprochen, ob die Figur im Rollengespräch vollständig erfasst und dargestellt wurde.

2 Lies die 4. Szene des Jungendtheaterstücks „Das Herz eines Boxers“ auf Seite 43. Entwickle ein Rollengespräch zwischen einem Spielleiter und Leo.

Mithilfe der Arbeitstechnik „Standbilder bauen“ können Handlungen von Figuren näher untersucht werden.

Arbeitstechnik

Standbilder bauen

Standbilder sind wie Fotos. Man kann Handlungen „einfrieren“, indem man die Position, Körperhaltung, Gestik und Mimik der Figuren in einem Bild erstarren lässt.

1. Vorbereitung
Die Szene wird in der Kleingruppe gelesen. Anschließend spricht man über den Inhalt und das Verhältnis der auftretenden Figuren zueinander und sammelt Ideen zur Gestaltung des Standbildes.

2. Durchführung
- Die Gruppe wird in Standbildbauer und Darsteller aufgeteilt.
- Die Standbildbauer modellieren die Darsteller nun wie „Knetmasse“ bis die Personen und ihre Körperhaltung dem entsprechen, was die Gruppe damit ausdrücken möchte.

3. Präsentation und Auswertung
- Das fertige Standbild wird in der Klasse präsentiert.
- Zuerst beschreiben die Beobachter, was sie sehen. Anschließend benennen sie, was mit dem Bild ausgedrückt werden sollte.
- Zum Abschluss erklärt die darstellende Gruppe ihr Standbild.

3 Lies die 5. Szene des Jugendtheaterstücks „Das Herz eines Boxers“ auf Seite 44/45. Überlege dir ein passendes Standbild.

Um einen Text gestaltend vor einem Publikum vorzutragen, solltest du dich vorbereiten. Dafür kannst du eine Lesepartitur zum Text anfertigen.

Arbeitstechnik

Die Lesepartitur

Eine Lesepartitur hilft, den Vortrag eines Textes zu gestalten. Dazu schreibt man über den Text, wie man etwas lesen möchte:

° = betonen	˜ = langsam lesen
– = leise lesen	/// = schnell lesen
+ = laut lesen	↘ = tiefe Stimme
/ = Pause machen	↗ = hohe Stimme

T5 Innerer Monolog Seite 263

Mithilfe der Arbeitstechnik „Gedanken-Stopp" kannst du die Einstellung und die Absicht von Figuren an bestimmten Textstellen deuten.

Arbeitstechnik

Gedanken-Stopp

1. Vorbereiten
- Zu bestimmten Textstellen werden die Gedanken der Figuren notiert (in Form eines inneren Monologs). Diese bringen die innere Einstellung und die Absicht der Figuren an dieser Stelle zum Ausdruck.
- Anschließend wird das Lesen der Szene mit verteilten Rollen geprobt. Dabei wird hinter jeder Figur eine weitere Person positioniert, die an den entsprechenden Stellen die Gedankenrede der Figur vorträgt.

2. Durchführen
- Der Text wird dem Publikum mit den „Gedanken-Stopps" präsentiert.

3. Auswerten
- Anschließend wird besprochen, wie die Gruppe durch die eingefügten Gedanken die Absicht und Einstellung der Figuren zum Ausdruck gebracht hat.

4 Lies die 3. Szene des Jugendtheaterstücks „Das Herz eines Boxers" auf Seite 38 bis 40. Entwickle zu Leos Figur „Gedanken-Stopps".

Mithilfe der folgenden Arbeitstechniken können Situationen und Figuren aus Texten verstanden werden. Dies kann durch szenisches Spiel oder auch szenisches Lesen umgesetzt werden.

Arbeitstechnik

Szenisches Lesen

Beim **szenischen Lesen** entwirft man mithilfe von Tonfall, Lautstärke und Sprechrhythmus unterschiedliche Darstellungen von Situationen, Handlungen, Figuren und ihren Beziehungen zueinander.

Möglichkeiten des szenischen Lesens

1. Die Szene wird im ständigen Rollenwechsel gelesen, d. h. ein Sprecher übernimmt jeweils eine zusammenhängende Äußerung einer Figur. Beim Vorlesen sitzt der Sprecher auf dem sogenannten „Sprecherstuhl", der nach dem Beitrag wieder verlassen wird.

2. Jeder Figur wird eine Gruppe zugeordnet, die sich hinter den „Sprecherstuhl" setzt. Die Szene wird mit verteilten Rollen gelesen, wobei sich die aktiven Leser auf dem „Sprecherstuhl" gegenübersitzen. Nach einem kurzen Sprechbeitrag wird innerhalb einer Gruppe durch ein Zeichen, z. B. Handauflegen, getauscht. Ein neuer Sprecher setzt sich auf den „Sprecherstuhl" und liest weiter.

Arbeitstechnik

Szenisches Spiel

In dem **szenischen Spiel** handeln die Spieler in der konkreten Situation und Rolle, die der Text vorgibt. Dabei können Deutungen auch spielerisch dargestellt werden.

1. Vorbereitung
- Zuerst werden die Rollen verteilt und ein Spielleiter festgelegt. Jeder Spieler macht sich mit seiner Rolle vertraut, indem er sich die Situationen, Handlungen, Figuren und ihre Beziehungen zueinander klar macht.
- Vorab werden Handlungsort (Bühne), Gegenstände (Requisiten) und Kleidungsstücke, die für die Umsetzung benötigt werden, besprochen.
- Die Spieler erarbeiten ihre Rolle und die Szene mithilfe der im Text genannten körperlichen und sprachlichen Handlungen.

2. Durchführen
- Die Szene wird mehrmals mit Text durchgespielt. Der Spielleiter unterbricht, wenn Handlungen oberflächlich oder undeutlich ausgeführt werden.
- Die Szene wird in der Klasse möglichst frei vorgetragen.
- Anschließend wird gemeinsam über die Aussageabsicht der vorgetragenen Szene gesprochen.

5 Erprobt mithilfe der Arbeitstechniken „szenisches Spiel“ oder „szenisches Lesen“ die 2. Szene des Theaterstücks „Das Herz eines Boxers“ auf Seite 36/37.

3.4 Sprechen und Zuhören, Argumentieren

Mithilfe der folgenden Arbeitstechniken ist es möglich, Meinungen, Argumente oder Arbeitsergebnisse miteinander auszutauschen.

Arbeitstechnik

Aktives Zuhören

Eine Dreiergruppe legt fest, wer Befürworter einer Forderung ist und wer die Gegenposition vertreten soll. Der Dritte übernimmt die Rolle des Beobachters.

Der Befürworter beginnt, z. B.: *Es sollte eine Schulpflicht für Tiere geben, weil …*

Der Vertreter der Gegenposition wiederholt das zuvor Gesagte, z. B.: *Du meinst, es sollte eine Schulpflicht für Tiere geben, weil …*
Anschließend formuliert er seine Meinung, z. B.: *Das erscheint mir aus folgenden Gründen nicht sinnvoll zu sein …*

Haltet die Redebeiträge kurz und bringt immer nur ein neues Argument ein.
Der Beobachter passt auf, dass die Regeln für „Aktives Zuhören“ eingehalten werden, und unterbricht die beiden durch ein „Stopp!“, wenn diese nicht beachtet werden.

Arbeitstechnik

Kugellager

- Die Gruppen stellen sich einander zugewandt in einem Innen- und einem Außenkreis auf. Jede Schülerin und jeder Schüler tauscht mit dem Gegenüber ein Argument aus.
- Auf ein Zeichen rücken die Teilnehmer im Außenkreis um zwei Plätze weiter und tauschen sich nun mit ihrem neuen Gesprächspartner aus.
- Der Vorgang wird höchstens dreimal wiederholt.

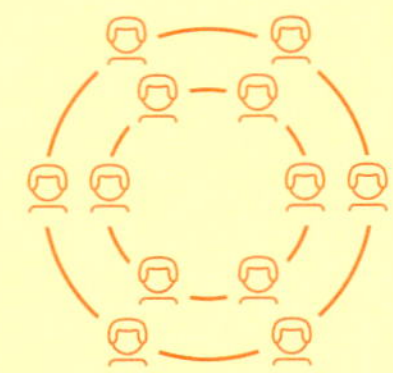

Arbeitstechnik

Ampelspiel

Das Ampelspiel eignet sich dazu, das Meinungsbild der Klasse zu zeigen. Man kann mithilfe von Farbkarten (grün, orange und rot) einer bestimmten Aussage zustimmen, unentschlossen bleiben oder sie ablehnen.

Schritt 1
Jeder erhält drei Karten in den Farben einer Ampel. 

Schritt 2
Hintereinander werden die Entscheidungsfragen vorgelesen. Jeder zeigt seine Meinung durch Hochhalten einer Karte.

Zustimmung   Enthaltung   Ablehnung

Schritt 3
Eine Schülerin oder ein Schüler notiert die Ergebnisse.

Mithilfe der Arbeitstechnik „Positionslinie“ kannst du deinen Standpunkt zu einem Thema darstellen.

Arbeitstechnik

Positionslinie

Vorbereitung
Man stellt sich im Klassenzimmer eine Linie vor oder klebt eine mit Klebeband auf den Boden. Die Mitte der Linie steht für „unentschieden“. Das eine Ende der Linie steht für „ja“, das andere für „nein“.

Durchführung
Eine Behauptung wird vorgelesen. Jeder stellt sich an der Stelle der Linie auf, die seiner Meinung am besten entspricht. Die Entscheidung wird kurz begründet.

Arbeitstechnik

Die Fishbowl-Diskussion

Schritt 1
Das Diskussionsthema wird festgelegt.

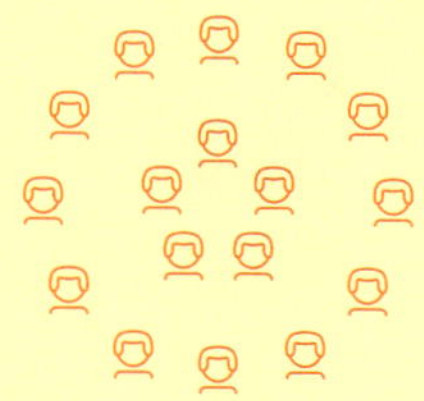

Schritt 2
Die Teilnehmer bereiten sich auf die Diskussion vor. Dazu bekommen sie Material, mit dem sie sich auseinandersetzen müssen, z. B. einen Text mit Pro- und Kontra-Argumenten.

Schritt 3
Je nach Gruppengröße bilden fünf bis acht Personen einen Stuhlkreis in der Mitte (Fishbowl). Eine Person wird als Moderator bestimmt und achtet darauf, dass die Redebeiträge nicht zu lang sind und die Teilnehmer ausreden können. Die restlichen Teilnehmenden sitzen außen herum und verfolgen die Diskussion. Sie notieren Fragen, Beobachtungen oder Ergebnisse.

Schritt 4
Die Zuhörer im Außenkreis können durch „Abschlagen" mit einer Person im Innenkreis tauschen und mitdiskutieren.

Schritt 5
Alle Teilnehmenden geben ein Feedback zu der Diskussion. Danach werden die Ergebnisse zusammengefasst.

Mithilfe der Arbeitstechnik „Feedback geben" kannst du anderen eine Rückmeldung zu ihrem Vortrag oder ihrer Präsentation geben.

Arbeitstechnik

Ein Feedback geben

Ablauf
- Gebt zunächst nur positive Rückmeldungen: *Was war gut, was hat euch gefallen?*
- Geht dann auf den Inhalt ein: *Was habt ihr gelernt, was möchtet ihr euch merken?*
- Macht Verbesserungsvorschläge: *Was kann beim nächsten Mal besser gemacht werden?*

Feedback-Regeln
- Formuliert aus der Ich-Perspektive, z. B. *„Ich finde, dass …"*, *„Ich hatte den Eindruck, dass …"*
- Gebt genaue Rückmeldungen, z. B. *„Besonders gut fand ich, dass …"*

Mögliche Feedback-Methoden
- Sammelt in einer Redekette fünf positive Rückmeldungen und fünf Verbesserungsvorschläge.
- Wählt vor der Präsentation zwei Schüler aus: Einer notiert während des Vortrages Lob, einer Verbesserungsvorschläge.

3.5 Umgang mit Texten und Medien

Neben der Recherche in der Bibliothek hast du mithilfe der Internetrecherche die Möglichkeit, dich ausführlich zu einem Thema zu informieren.

Arbeitstechnik

Im Internet recherchieren

1. Vorarbeit
- Legt **geeignete Suchbegriffe** zu eurem Thema fest.

2. Recherche
- Wählt eine **Suchmaschine** aus und gebt eure Suchbegriffe ein.
- **Überfliegt** die angebotenen Seiten. Überlegt, ob sie zu eurem **Thema passen**. Sind sie verständlich geschrieben? Ist das Thema getroffen? …
- Trefft eine **Vorauswahl**. Seht euch dazu die Internetadressen und die Überschriften der angezeigten Seiten an.

3. Texte auswählen
- Überfliegt die Texte aus eurer Vorauswahl.
- Wählt zwei bis drei Texte aus. Achtet auf **Verständlichkeit** und **Aktualität** der Informationen.
- Notiert die **Internetadresse** und schreibt in Stichpunkten auf, welche **Informationen** die jeweilige Seite enthält.

1 Recherchiere im Internet nach Informationen zum Thema „Tablets und Smartphones in der Schule".

3.6 Rechtschreibung üben

Arbeitstechnik

Partnerdiktat

- Zunächst wird der Diktattext abschnittsweise gemeinsam gelesen.
- Nun diktiert man sich den Text abwechselnd. Dabei sollte man so deutlich sprechen, dass der Partner ohne Probleme mitschreiben kann.
- Wenn der ganze Text diktiert worden ist, kontrolliert jeder seinen Text zunächst selbst und gibt ihn dann dem Partner zur Kontrolle.

Anhang

Lösungen

Kapitel 1

S. 10/11
Aufg. 1: Tischler; Köche; Bürokauffrau; Erzieher im Kindergarten; Zahnarzt und Zahnarzthelferin; Automechaniker
Aufg. 2: Beispiellösung: sich mit Holz und der Verarbeitung von Holz auskennen; kochen, sich mit Lebensmitteln auskennen; sich mit Computern und Bürotätigkeiten auskennen; Kinder mögen, erziehen; sich mit dem menschlichen Gebiss/Anatomie auskennen; Funktionen des Autos kennen, Autos reparieren
Aufg. 3: Individuelle Lösungsmöglichkeiten
Aufg. 4: Beispiellösung
1. Wie lange dauert die Ausbildung?
2. Ist es eine schulische oder eine duale Ausbildung?
3. Arbeitet man überwiegend am Schreibtisch oder draußen?
4. Was für einen Schulabschluss brauche ich für diese Ausbildung?

Aufg. 5 und Aufg. 6: Individuelle Lösungsmöglichkeiten

S. 28/29
Aufg. 1: Beispiellösung: Sportlehrer → mag Sport, Tierpfleger → mag Biologie und vielleicht auch Tiere, Gärtner → ist gerne in der Natur, macht bei der Bio-AG mit
Aufg. 2: Beispiellösung: gut in Sport, Biologie, Erdkunde; kann wahrscheinlich mit Garten- und anderen Arbeitsgeräten umgehen, erledigt evtl. in AG Aufgaben ohne Anleitung oder zusammen mit anderen, ...
Aufg. 3: im Wald/in der Natur arbeiten → passt zu dem Wunsch, draußen zu arbeiten und zu Interesse an Biologie
Aufg. 4: Landwirtschaft, Natur, Umwelt → z. B.: Landwirt/in, Tierpfleger/in
Aufg. 5: Beispiellösung: Andreas' Erfahrungen stimmen mit der Berufsbeschreibung überein. Er arbeitet viel im Wald, z. B. bei der Holzernte. Er nennt auch weitere Aufgaben, z. B. die Pflege der Waldbestände oder das Umbauen des Waldes.
Aufg. 6: Beispiellösung: „Steckbrief Forstwirt/in"
Welche Aufgaben hat ein/e Forstwirt/in?
- ist vom Saatgut bis zur Holzernte für den Wald verantwortlich
- kümmert sich um Waldtiere
- pflegt den Erholungswald, z. B. Waldwege und Bänke errichten, Sturmschäden beseitigen
- macht Arbeiten im Bereich Naturschutz, z. B. Biotope anlegen

Was sollte ein/e Forstwirt/in mitbringen?
- Verbundenheit zur Natur, körperliche Fitness, handwerkliche Begabung

Wieviel verdient ein/e Forstwirt/in in der Ausbildung?
- 582 € im 1. Jahr, 660 € im 2. Jahr und 757 € im 3. Jahr

Wo kann man als Forstwirt/in arbeiten?
- bei privaten oder kommunalen Forstbetrieben, in Forstbehörden, für forstwirtschaftliche Dienstleister

Aufg. 7: Beispiellösung
1. Einleitung/Welche Interessen muss man für den Beruf mitbringen?
2. Hauptteil/Aufgabenbereiche des Berufes vorstellen
3. Schluss/Einstellungschancen des Berufs

Aufg. 8 und Aufg. 9: Individuelle Lösungsmöglichkeiten

Kapitel 2

S. 30/31
Aufg. 1: links: zwei rote Boxhandschuhe; rechts: zwei Männer, ein jüngerer und ein älter, der jüngere trägt rote Boxhandschuhe und boxt dem älteren in die erhobenen Hände
Aufg. 2: Beispiellösung: Es scheint um das Thema Boxen zu gehen, vielleicht geht es um einen alten Trainer und seinen jugendlichen Schützling.
Aufg. 3: Beispiellösung: Es geht einen jungen und einen alten Mann, Schauplatz ist ein Altersheim
Aufg. 4 bis Aufg. 6: Individuelle Lösungsmöglichkeiten

S. 52/53
Aufg. 1: Beispiellösung: Souffleur (2. Bild): sprechen Schauspielern den Text vor, wenn diese ihn vergessen; Gewandmeister (5. Bild): machen Entwürfe und Vorschläge für Kostüme passend zum jeweiligen Theaterstück und beaufsichtigen weitere Abteilungen, z. B. Schuhmacherei, Hutmacherei, Kostümfärberei
Aufg. 2: Monolog: Rede einer einzelnen Figur, Selbstgespräch; Dialog: Gespräch zwischen zwei oder mehreren Personen in Form von Rede und Gegenrede; Szene: Auftritt, kleine Untereinheit eines Stückes, ein Akt besteht aus mehreren Szenen; Akt: Aufzug, ein Hauptabschnitt der Handlung; Schauspieler: Person, die eine Figur eines Stückes verkörpert; Rolle: die von einem Schauspieler darzustellende Figur
Aufg. 3: Personenverzeichnis: häufig mit Namen und Funktionsbezeichnung; Zeit und/oder Ort der Handlung, manchmal auch Szenenverzeichnis
Aufg. 4: C, D, E
Aufg. 5: Beispiellösung: Rollenbiographie Jojo
- ist sechzehn Jahre alt, erscheint nach außen hin selbstbewusst, manchmal auch unbedacht, spricht Jugendsprache, hat nach Schule keine Lehrstelle gefunden
- muss in einem Altenheim Sozialstunden ableisten, da er beim Diebstahl eines Mofas erwischt wurde, hat Diebstahl als Freundschaftsdienst auf sich genommen, damit ein anderer nicht ins Gefängnis muss, genießt kein hohes Ansehen in seiner Clique
- verhält sich zuerst überheblich und herablassend gegenüber Leo, entwickelt dann aber ein freundschaftliches Verhältnis zu dem ehemaligen Boxer, z. B. zeigt sich hilfsbereit und verkauft Leos Trödel, lernt von Leo durch das Boxen, dass man nicht siegen muss, sondern Gefühl wichtig ist
- ist in ein Mädchen verliebt, traut sich aber nicht, sie anzusprechen, umwirbt auf Leos Ratschlag hin das Mädchen
- setzt sich für Leo ein, zeigt großes Herz und verhilft ihm zur Flucht

Aufg. 6: Beispiellösung:

Gesprächspartner	Gesprächsverlauf/ -inhalte	Gesprächsabsicht/ -erwartung	Beziehung
Jugendlicher Jojo und Heimbewohner Leo	Jojo findet heraus, dass Leo ein erfolgreicher Profi-Boxer war.	Jojo soll die Andenken aus Leos Zeit als Boxer verkaufen.	Jojo ist beeindruckt von Leos Vergangenheit.
	Leo erzählt, unter welchen Umständen er ins Altersheim gekommen ist.	Leo erhofft sich, mit Jojos Hilfe zu etwas Geld zu kommen.	Leo teilt mit Jojo seine Erkenntnis, worum es beim Boxen wie im Leben wirklich geht.

Aufg. 7: Individuelle Lösungsmöglichkeiten
Aufg. 8: Beispiellösung: Seit heute ist Leo endlich raus aus diesem Drecksheim. Ich hab ihm Frauenklamotten reingeschmuggelt und er ist einfach darin zur Tür rausspaziert. War ganz schön bewegend, sich von dem alten Kerl zu verabschieden. Werde ihn wahrscheinlich eine ganze Weile nicht mehr sehen. Vielleicht besuche ich ihn mal in Frankreich ... Irgendwie ist er ein so guter Freund geworden. Ich hab von ihm richtig was übers Leben erfahren. Ganz anders als die Leute sonst ... Ich werde ihn ganz schön vermissen.

Kapitel 3

S. 54/55

Aufg. 1: Es wechseln sich eine Gruppe von Jugendlichen oder jeweils ein einzelner aus dieser Gruppe und Joe in jeder Zeile ab.
Aufg. 2: Beispiellösung: Joe möchte scheinbar einfach nur dazugehören und nähert sich mutig einer Gruppe. Die anderen wollen nichts mit ihm zu tun haben, weil er anders ist und sie ihn als Außenseiter wahrnehmen.
Aufg. 3: Individuelle Lösungsmöglichkeiten
Aufg. 4: Bild 1: ein Mann auf einem Konzert, er erscheint als Außenseiter, da er sich von den anderen Konzertbesuchern entfernt hat, er wirkt glücklich; ***Bild 2:*** ein Junge sitzt alleine auf einem Spielplatzgerät, er wirkt sehr alleine und verloren; ***Bild 3:*** Im Vordergrund sind zwei Mädchen zu sehen, die sich miteinander unterhalten, sie wirken vertraut, im Hintergrund ist ein alleinstehendes Mädchen, sie wirkt ausgeschlossen
Aufg. 5: Individuelle Lösungsmöglichkeiten

S. 72/73

Aufg. 1: innere Merkmale, äußere Merkmale, Lebensumstände, Beziehungen zu anderen
Aufg. 2 und Aufg. 3: Beispiellösung:

Gegensätzliche Eigenschaften für ein Charakterprofil	
aufgeschlossen	<u>verschlossen</u>
<u>bescheiden</u>	arrogant
fleißig	faul
friedlich	aggressiv
gesellig	<u>eigenbrötlerisch</u>
gewissenhaft	nachlässig
gradlinig	verschlagen
großzügig	geizig
hilfsbereit	unsolidarisch
mutig	<u>ängstlich</u>
neugierig	zurückhaltend
<u>schüchtern</u>	draufgängerisch
selbstsicher	<u>unsicher</u>
souverän	<u>neurotisch</u>
<u>witzig</u>	humorlos

Aufg. 4: Ich-Erzähler
Aufg. 5: Beispiellösung:

Charaktereigenschaften von Lou	
direkte Informationen	Indirekte Informationen
Ich habe einen Horror vor Referaten. (Zeile 10–11)	... auf Aufschub gehofft ... (Zeile 4)
Ich habe einen Horror davor, vor der Klasse zu sprechen. (Zeile 11–12)	Wenn ich hundert Kilometer... echte Hilfe. (Zeile 8–10)
die stumme, asoziale Klassenbeste (Zeile 17)	... in meiner vollen Kürze hinschlagen ... (Zeile 14)

Aufg. 6: Die Textverbindungen zeigen, wie sich Lou von einem kleinen Kind zu einer Achtjährigen, hin zu einem älteren Mädchen entwickelt.
Aufg. 7 und Aufg. 8: Individuelle Lösungsmöglichkeiten

Kapitel 4

S. 74/75

Aufg. 1: Beispiellösung: eine Zeitung ist eine regelmäßig erscheinende Sammlung von Nachrichten von aktuellem oder allgemeingültigem Inhalt. Man kann sie z. B. am Kiosk, im Buchladen, beim Straßenverkäufer, am Bahnhof oder im Internet kaufen.
Aufg. 2 und Aufg. 3: Individuelle Lösungsmöglichkeiten
Aufg. 4: gedruckt (z. B. Tageszeitung, Schülerzeitung) oder in digitaler Form (z. B. auf Tablet, Computer)

S. 92/93

Aufg. 1: Beispiellösung: <u>Aufmacher</u>: Hauptartikel der Titelseite; <u>Schlagzeile</u>: Bezeichnung für Überschriften; <u>Bildaufmacher</u>: wichtigstes Bild der Titelseite
Aufg. 2: Beispiellösung: Journalisten oder Redakteure können die Informationen für ihre Artikel selbst recherchieren. Ihr Name steht dann in der Autorenzeile des Artikels. Ist kein Name genannt, ist meist ein Redaktionsteam für den Artikel verantwortlich. Manchmal werden die Informationen bei einer Nachrichtenagentur gekauft. Dann werden die Artikel durch das jeweilige Agenturkürzel gekennzeichnet.
Aufg. 3:

Politik	Im Bundestag wird weiter verhandelt
Lokales	Gefährliche Stelle wird durch Ampel entschärft
Wirtschaft	Die Nachfrage ist riesig
Sport	Handball-Team ist gut gerüstet
Kultur	Hervorragende Leistungen und Riesenapplaus
Reisen	*Camper aus Leidenschaft*
Wissenschaft	*Winzige Teilchen und lange Botschaften*

Aufg. 4: Wann? am frühen Samstagmorgen; Wo? im Kofferraum eines PKW auf der A4; Wer? Polizisten; Was? 35 Hundewelpen; Wie? Bei einer Routinekontrolle
Aufg. 5: Individuelle Lösungsmöglichkeiten
Aufg. 6: Beispiellösung: Die Sonne schickt ihre ersten Strahlen über die Wiesenlandschaft. Die Luft ist **noch feucht und frisch**. Die Tautropfen an den Grasstängeln **glitzern**. Sie erinnern an **bunte Glasperlen**. Die frische Luft erwärmt sich schnell. Schon kann man den Duft des violetten Sommerflieders **einatmen und sich davon durchströmen lassen**. Die ersten Bienen und Schmetterlinge tauchen auf. Sie **fliegen von Blüte zu Blüte und trinken den süßen Nektar**.
Aufg. 7:

geschlossene Frage	offene Frage
Wann beginnt die nächste Trainingseinheit?	Wie kamen Sie zu dieser Sportart?
Welchen Rekord halten Sie zurzeit?	Wie fühlten Sie sich bei Ihrem ersten Sieg?
Zu welchem Verein werden Sie wechseln?	Bleibt Ihnen noch genügend Zeit für die Familie?
Welchen Sport betreiben Sie sonst noch?	*Wie kommen Sie mit dem neuen Trainer zurecht?*
Trainieren Sie jeden Tag?	*Wie stellen Sie sich Ihren Ruhestand vor?*

Aufg. 8: Erkennbarkeit: fester Ort und besonderes Layout
Verantwortlich: Name des Autors steht immer dabei.
Einleitung: Anlass wird vorgestellt.
Hauptteil: Argumente werden genannt.
Schluss: Folgerung wird gezogen.
Aufg. 9 und Aufg. 10: Individuelle Lösungsmöglichkeiten

Kapitel 5

S. 94/95

Aufg. 1: 1. Junge mit Sprühdose, besprüht sein T-Shirt; ***2.*** Smartphone mit Kopfhörern; ***3.*** Junge in weißem T-Shirt mit Marmeladenbrot in der Hand, Waschmittel und Marmelade vor sich; ***4.*** Limo und Trinkflasche; ***5.*** Mädchen mit Apfel, im Vordergrund befinden sich eine Zahnpasta und Obst; ***6.*** Mädchen mit Rucksack beim Wandern in den Bergen

Aufg. 2: ***1.*** Deo, evtl. auch neues T-Shirt zum Aufsprühen; ***2.*** neues Smartphone oder neue Kopfhörer; ***3.*** Waschmittel oder Marmelade, die keine Flecken macht; ***4.*** Limo oder neue Trinkflasche; ***5.*** Obst oder Zahnpasta; ***6.*** neuer Rucksack oder Wanderurlaub in den Bergen
Aufg. 3 bis Aufg. 5: Individuelle Lösungsmöglichkeiten

S. 112/113
Aufg. 1: Beispiellösung: Werbung ist die Verbreitung von Informationen zu einem Produkt mit dem Ziel, das Produkt zu verkaufen.
Aufg. 2: Werbemittel = Werbeformen, die in oder auf den verschiedenen Werbeträgern verwendet werden können. Werbeträger = Medien oder Gegenstände, auf denen die Werbung zum Verbraucher „getragen" wird.
Aufg. 3: Werbemittel: Fernsehspot, Radiospot, Aufkleber, Aufschrift auf einem T-Shirt, Werbeprospekt, Plakat
Werbeträger: Radio, Internet, Fernsehen
Aufg. 4: Beispiellösung
1. Aufmerksamkeit, z. B.: Riesenplakat von Blumenstrauß; ***2.*** Interesse, z. B.: Problemlösung wird angeboten, z. B.: Oma hat morgen Geburtstag, man braucht noch ein Geschenk; ***3.*** Besitzwunsch, z. B.: der Blumenservice liefert sofort → will ich haben; ***4.*** Aktion, z. B.: Bestellung eines Blumenstraußes für die Oma
Aufg. 5: Werbeslogan: *Quadratisch. Praktisch. Gut.*; Zentrales Produktbild: drei Jungen mit Mini Schokolade in den Händen bzw. vor sich; Werbetext: siehe Headline und *Elvis, Taswell und Calle, Ritter Sport-Freundchen und Mini-Fans*; Headline: *Genau wie wir: klein und voll guter Dinge.*
Aufg. 6: Was wird in der Anzeige dargestellt? – Drei Jungen, die die Schokolade in den Händen halten, sie umarmen sich und freuen sich sehr; Welche Farben wurden gewählt? – die Jungen tragen jeweils ein blaues, rotes und grünes T-Shirt → die Farben, die auch bei der Verpackung der Schokolade vorkommen, der Hintergrund ist weiß; Wie ist die Schrift angeordnet? – über den Jungen in grün; Was springt direkt ins Auge? – die fröhlichen Jungen und die Schokolade in ihren Händen; Welches Gefühl löst die Anzeige bei dir aus? – ***Individuelle Lösungsmöglichkeiten***
Aufg. 7: Individuelle Lösungsmöglichkeiten
Aufg. 8: Anglizismus → Share moments. Share life.; Neologismus → Ich bin ein Gourmeggle.; Alltags- und Jugendsprache → Essen fürs Ich; Steigerung (Superlativ) → Wäscht so weiß, weißer geht's nicht!; Reim → Fast so nah, als wär man da.; Alliteration → Spiel, Spaß, Spannung, Schokolade.
Aufg. 9: Beispiellösung: Layer Ad – Animierte Werbeform, die sich wie eine Schicht über die Seite legt.
Banner – ist rund um den Inhalt einer Internetseite platziert.
Aufg. 10: Beispiellösung: Virales Marketing bedeutet, dass Firmen ihre Kunden als Werbebotschafter nutzen. Dabei erzählen, mailen oder posten die Kunden die Informationen zu dem Produkt an ihre Freunde, z. B. in Form von Werbespots.
Aufg. 11: Individuelle Lösungsmöglichkeiten

Kapitel 6

S. 114/115
Aufg. 1 und Aufg. 2: Individuelle Lösungsmöglichkeiten
Aufg. 3: Te quiero. → Spanisch; Ik hou van jou. → Niederländisch; 我爱你 → Japanisch; Amo te → Portugiesisch
Aufg. 4 und Aufg. 5: Individuelle Lösungsmöglichkeiten

S. 132/133
Aufg. 1: Beispiellösung: zuweilen, lieblicher Treue, fortarbeite, nie zu rasten, Strahlen von Deinem Gemüt, äußere Aug zutut, Lieblichkeit Deiner Seele, Adieu, mein lieb Leben, teuer achte

Aufg. 2: Beispiellösung
1. Aussterben von Wörtern aufgrund von gesellschaftlichem Wandel, z. B. Technik
2. Aufnahme neuer Wörter in den Wortschatz, z. B. Lehnwörter oder Fremdwörter
3. Veränderungen von Stil und Grammatik einer Sprache, z. B. Dativ anstelle von Genitiv
Aufg. 3: Etymologisches Wörterbuch (Herkunftswörterbuch), Bedeutungswörterbuch, Synonymwörterbuch
Aufg. 4: Individuelle Lösungsmöglichkeiten
Aufg. 5: gelb: Lautschrift, erklärt wie das Wort auszusprechen ist; grün: kennzeichnet das grammatische Geschlecht des Wortes; rosa: Verwendungsbeispiel
Aufg. 6:

Neuhochdeutsch	treu
Frühneuhochdeutsch	treu
Mittelhochdeutsch	triuwe → getriuwe
Althochdeutsch	gitriuwi
Indogermanisch	*deru-

Aufg. 7: Beispiellösung: Das Wort „Treue" ist mit dem Wort „Baum" bzw. „Eiche" verwandt. Die Eiche ist ein Baum, der sehr alt werden kann und zudem aus sehr stabilem und widerstandsfähigem Holz besteht. Davon kann man ableiten, dass mit dem Wort „Treue" eine Haltbarkeit und Stärke wie die der Eiche gemeint ist. Das Wort „Teer" steht für einen sehr haltbaren Belag, der so stark wie eine Eiche ist.
Aufg. 8: Beispiellösung: Deutsch: germanische Sprachfamilie; Französisch: romanische Sprachfamilie; Türkisch: Turksprachen
Aufg. 9: Beispiellösung: Die Verwendung von Wörtern wie „BEAT", „Adrenalin" oder „Wassereis" weist darauf hin, dass es sich um ein aktuelles Gedicht handelt. Außerdem orientiert sich die Sprache des Gedichtes sehr stark an der mündlichen Sprache, z. B. „wie n Blick" oder „ne klare Sicht".
Aufg. 10: Beispiellösung: Verwendung von Emoticons, z. B. ☺, Abkürzungen, z. B. lg, oder mündliche Formulierungen, z. B. gehn

Kapitel 7

S. 134/135
Aufg. 1: Deutschland: hellblau; Österreich: gelb; Italien: hellgrün; Schweiz: rosa; Belgien: grün; Luxemburg: blau; Liechtenstein: orange
Aufg. 2: Deutschland → schwarz, rot, gold; Schweiz → rot mit weißem Kreuz; Österreich → rot, weiß, rot; Italien → grün, weiß, rot; Liechtenstein → blau (mit goldener Krone) und rot; Belgien → schwarz, gelb, rot; Luxemburg → rot, weiß, hellblau
Aufg. 3 und Aufg. 4: Individuelle Lösungsmöglichkeiten

S. 152/153
Aufg. 1: **Liechtenstein** liegt in der **Mitte Europas. Die** 36 600 **Liechtensteiner** leben in einer konstitutionellen **Erbmonarchie. Das** kleine **Fürstentum** hat keine landeseigene **Währung. Bezahlt** wird mit **Schweizer Franken. Das Reisen** nach **Liechtenstein** bedeutet für die meisten **Europäer** also, dass sie in einer anderen **Währung** bezahlen müssen. **Doch** eine **Reise** verspricht viel **Schönes. Egal** zu welcher **Jahres**- oder **Tageszeit**, ob morgens, mittags oder abends. **Das** sechstkleinste **Land Europas** hat immer und für jeden etwas zu bieten. **Vielleicht** buchst du noch heute **Mittag** deine nächste **Reise.**
Aufg. 2: seid → 2. Person Plural von sein: ihr seid gestern angereist, ihr seid selbst Schuld; wider- → gegen, entgegen: widersprechen, Widerstand, wieder → noch einmal: wiederholen, Wiedersehen,

end- → Ende: endgültig, Endstand; seit → ab dem Zeitpunkt: seit gestern Nachmittag, seit einiger Zeit
ent- → Präfix: entfernen, entkommen
Aufg. 3: schwerfallen (Adjektiv + Verb); aufstehen (Präfix + Verb); hellgelb (Adjektiv + Adjektiv); feuchtwarm (Adjektiv + Adjektiv); teilnehmen (Substantiv + Verb); tropfnass (verkürzter Ausdruck)
Aufg. 4: Transport → Präfix *trans-*; extra → Fremdwort-Suffix; Vase → v gesprochen wie w; Distanz → Präfix *dis-*; Nation → Suffix *-ion*; Physik → ph gesprochen wie f; Aktivität → Suffix *-tät*
Aufg. 5: Hauptsätze erkennt man daran, dass das Prädikat (oder der finite Teil) an der *zweiten* Satzgliedstelle steht. Sie können *allein* stehen. Nebensätze können nicht *allein stehen*, sie sind dem Hauptsatz untergeordnet. Im Nebensatz steht das Prädikat an *letzter Stelle*. Zwischen Hauptsatz und Nebensatz steht ein *Komma*. Eine Verbindung von Hauptsatz und Nebensatz nennt man *Satzgefüge*, eine Verbindung von zwei Hauptsätzen nennt man *Satzreihe*.
Aufg. 6: Das Wort „dass" ist eine *Konjunktion*. Meistens gehen Verben des Meinens, Sagens, Denkens, Fühlens und Wahrnehmens voraus. Der Artikel „das" kann auch ein Relativpronomen sein und durch *dieses*, *jenes* oder *welches* ersetzt werden.
Aufg. 7: Den müden Klaus (Akkusativobjekt) hat … schlafen lassen (Prädikat) Chelsea (Subjekt) an ihrem Ausflugstag nach Liechtenstein (Adverbialbestimmung der Zeit)
Aufg. 8: besondere, vielfältiges, abwechslungsreiches, vielleicht europäischste aller
Aufg. 9: 1. Subjektsatz; 2. Objektsatz; 3. Adverbialsatz des Ortes; 4. Attributsatz

Kapitel 8

S. 154/155
Aufg. 1: a) Infinitiv; b) Personalform; c) Konjugation; d) Präsens; e) Präteritum; f) Futur; g) Perfekt; h) Plusquamperfekt
Aufg. 2: Beispiellösung: Bauweise der Häuser, Arbeitsweise erscheint digitalisierter, digitale Werbung, Wolkenkratzer haben Windräder…
Aufg. 3: Verben, in deren Wortstamm sich in der Vergangenheitsform der Vokal ändert, heißen „**starke** Verben". Verben, in deren Wortstamm sich in der Vergangenheitsform der Vokal nicht ändert, heißen „**schwache** Verben".

S. 172/173
Aufg. 1: **Indikativ:** entwickelt sich; hofft; erleichtert werden kann; ist; müssen machen
Konjunktiv II: könnten erledigen; übernähmen; nähten an; wüschen
Aufg. 2: Der Konjunktiv II ist die Form, mit der man deutlich macht, dass etwas nicht wirklich oder unmöglich ist.
Aufg. 3: Roboter könnten vieles im Haushalt erledigen. Sie hätten immer Zeit. Sie wären jederzeit einsatzfähig. Robotern machte das Putzen nichts aus.

Aufg. 4 und 6:

schlafen	Ind.	Konj. I	Konj. II
ich	schlafe	schlafe	schliefe
du	schläfst	schlafest	schliefest
er/sie/es	schläft	schlafe	schliefe
wir	schlafen	schlafen	schliefen
ihr	schlaft	schlafet	schliefet
sie	schlafen	schlafen	schliefen

sein	Ind.	Konj. I	Konj. II
ich	bin	sei	wäre
du	bist	seiest	wärest
er/sie/es	ist	sei	wäre
wir	sind	seien	wären
ihr	seid	seiet	wäret
sie	sind	seien	wären

sein	Ind.	Konj. I	Konj. II
ich	habe	habe	hätte
du	hast	habest	hättest
er/sie/es	hat	habe	hätte
wir	haben	haben	hätten
ihr	habt	habet	hättet
sie	haben	haben	hätten

Aufg. 5: Ein Forscher sagt, die Robotertechnik entwickle sich schnell. Schon heute gebe es extrem leistungsfähige Roboter in der Industrie. Auch die Entwicklung für Haushaltsroboter gehe voran. Schon heute sei technisch einiges machbar.
Aufg. 7: Der **Konjunktiv I** wird mit dem Verbstamm des Präsens und der Personalendung des Konjunktivs gebildet. Wenn die Form des Konjunktiv I mit dem Präsens Indikativ übereinstimmt, wird als Ersatzform der Konjunktiv II oder die Umschreibung mit „würde" + Infinitiv verwendet.
Der **Konjunktiv II** wird mit dem Verbstamm des Präteritums und der Personalendung des Konjunktivs gebildet. Bei starken Verben wird der Stammvokal zu einem Umlaut. Bei schwachen oder veralteten Verben wird die Umschreibung mit „würde" + Infinitiv verwendet.
Aufg. 8: Beispiellösung: Der Einsatz von Robotern im Haushalt ist nicht ohne Risiko. Beispiel: Wenn man sich zu sehr auf einen Roboter verlässt, der z. B. die medizinische Versorgung einer pflegebedürftigen Person überwacht, könnte ein Ausfall des Roboters lebensbedrohliche Auswirkungen haben.
Roboter können alten Menschen das tägliche Leben erleichtern. Beispiel: Roboter könnten Aufgaben übernehmen, die alte Menschen allein nicht mehr bewältigen können, z. B. einkaufen.
Aufg. 9: Individuelle Lösungsmöglichkeiten
Aufg. 10:
1. Einleitung → Thema nennen, These nennen
2. Hauptteil → Argumente und Beispiele formulieren, Gegenargumente entkräften
3. Schluss → eigenen Standpunkt verdeutlichen, Zusammenfassung

Aufg. 11: Beispiellösung:

Pro	Kontra
Roboter könnten schnell die geeigneten Medikamente für einen Patienten auswählen und gefährliche Neben- und Wechselwirkungen ausschließen.	Roboter können niemals einen echten Mediziner ersetzen, der eine lange Ausbildung und Erfahrungen hat.
Roboter könnten seltene Erkrankungen, die ein Mediziner unter Umständen nicht im Kopf hat, in ihre Diagnose einbeziehen.	Wenn Roboter die Diagnose stellen, könnte es zu Fehldiagnosen kommen, weil Krankheitssymptome nicht immer eindeutig sind.
Roboter könnten auch auf dem Land eingesetzt werden, wo sich immer weniger Hausärzte niederlassen wollen.	Roboter können die persönlichen Beziehungen zwischen Arzt und Patient nicht ersetzen.

Aufg. 12: Individuelle Lösungsmöglichkeiten

Online-Bereich (Codes)

	Seite	Beschreibung	Bezeichnung im Buch	Code
Kapitel 1	13	Arbeitsblatt: Potenzialanalyse	Material	a3r2cp
	13	Berufswahlpass	Surftipp	s58b3b
	15	Broschüre Beruf aktuell	Surftipp	k3je73
	19	Arbeitsblatt: Erfahrungsbericht Ausbildung	Material	i2s4as
	25	Arbeitsblatt: Schreibvorlage Bewerbung	Material	j4fk57
	27	Arbeitsblatt: Schreibvorlage Lebenslauf	Material	r53897
	28	Test 1: Einblicke in die Welt der Berufe – Sich und andere informieren	Üben interaktiv	j68gp5
Kapitel 2	32	Theaterberufe erkunden	Surftipp	fj2j5t
	42	Arbeitsblatt: L. Hübner: Das Herz eines Boxers – 3. Szene	Material	6u7bd4
	42	Arbeitsblatt: L. Hübner: Das Herz eines Boxers – 4. Szene	Material	46p2dz
	46	Arbeitsblatt: L. Hübner: Das Herz eines Boxers – 7. Szene	Material	8ec947
	52	Test 2: „Das Herz eines Boxers" – Einen dramatischen Text spielerisch erschließen	Üben interaktiv	hp7b9w
Kapitel 3	56	A. Rietzschel: Wir Außenseiter: „Alle lästern über mich"	Hörverstehen	ug2d5u
	58	J. Green: Eine wie Alaska	Hörverstehen	ua9f4y
	58	R. J. Palacio: Wunder	Hörverstehen	9t7t9g
	61	Arbeitsblatt: Norbert Nobody oder das Versprechen	Material	67c6y9
	62	J. Carol Oates: Unter Verdacht	Hörverstehen	gu8c7a
	64	R. J. Palacio: Wunder	Hörverstehen	ht5v5v
	65	Arbeitsblatt: Wunder (Teil I)	Material	v4856d
	67	Arbeitsblatt: Wunder (Teil II)	Material	ha5en8
	71	Dokumentarfilme	Surftipp	h7si7x
	72	Test 3: Außenseiter oder einfach nur anders – Literarische Figuren charakterisieren	Üben interaktiv	z5w9z4
Kapitel 4	77	Informationen zu Nachrichtenagenturen	Surftipp	52w89d
	91	Ein Layout mithilfe des Computers erstellen	Material	b8r2cd
	92	Test 4: Es steht in der Zeitung … – Sich in Zeitungen orientieren	Üben interaktiv	ni8749
Kapitel 5	102	Recherche zu Werbeslogans	Surftipp	r4q2xd
	103	Werbeslogans formulieren	Surftipp	3vq5vx
	105	Vorlage für Werbeanzeige	Material	g5a5rx
	106	Werbespot ansehen	Surftipp	c8uf3p
	109	Online-Werbespot	Surftipp	bs3ba2
	112	Test 5: Werbung ist überall – Sich in der Welt der Werbung orientieren	Üben interaktiv	zv42uu
Kapitel 6	121	Etymologische Wörterbücher	Surftipp	2b269w
	124	Dû bist mîn	Hörverstehen	b3e36s
	125	W. v. d. Vogelweide: Ohne Titel	Hörverstehen	4cv8fn
	126	A. Ostermaier: always on my mind	Hörverstehen	3af4ht
	126	J. W. v. Goethe: Nähe des Geliebten	Hörverstehen	7tg5cw
	132	Test 6: Liebesbotschaften früher und heute – Die Vielfalt von Sprache(n) unterscheiden	Üben interaktiv	9434sm
Kapitel 7	152	Test 7: Vielerorts Deutsch – Rechtschreibung und Zeichensetzung	Üben interaktiv	m3pg6a
Kapitel 8	158	B. Sick: Der traurige Konjunktiv	Hörverstehen	p4sn25
	165–167	Arbeitsblatt: Schreibplan schriftliche Argumentation	Material	7es73s
	172	Test 8: Zukunftswelten – Nachdenken über Sprache	Üben interaktiv	2v255m
Trainingsstation 1	174	Trainingsstation 1 – Lösungen	T1 Lösungen	2z485x
	175	Broschüre Beruf aktuell	Surftipp	jx83tp
Trainingsstation 2	181	Trainingsstation 2 – Lösungen	T2 Lösungen	8t6ef8
	197	Werbeslogans formulieren	Surftipp	y3u49m
	202	Arbeitsblatt: Schreibplan Tagebucheintrag	Material	ix3yf6
Trainingsstation 3	209	Trainingsstation 3 – Lösungen	T3 Lösungen	7m86hu
	211	Arbeitsblatt: Die Welle	Material	9zj5dq
	214	Tipps zu aktuellen Kinder- und Jugendbüchern	Lesetipps	ia3zt2
	217	Theaterberufe erkunden	Surftipp	zz59zp
	221	Volkslied: Ohne Titel	Hörverstehen	34cy2r
	221	Cro: Traum	Surftipp	23q4ze
	229	Werbespot ansehen	Surftipp	mx4r23
Trainingsstation 4	231	Trainingsstation 4 – Lösungen	T4 Lösungen	z57m95
Trainingsstation 5	252	Trainingsstation 5 – Lösungen	T5 Lösungen	zv8vu2
	257	Faltanleitung Minibuch	Material	8bn8is

Textsortenverzeichnis

Autorenverzeichnis

Sachverzeichnis

Liste der unregelmäßigen Verben

Grundform	Präsens	Präteritum	Perfekt
befehlen	du befiehlst	ich befahl	ich habe befohlen
beißen	du beißt	ich biss	ich habe gebissen
biegen	du biegst	ich bog	ich habe gebogen
binden	du bindest	ich band	ich habe gebunden
bitten	du bittest	ich bat	ich habe gebeten
blasen	du bläst	ich blies	ich habe geblasen
bleiben	du bleibst	ich blieb	ich bin geblieben
brechen	du brichst	ich brach	ich habe gebrochen
bringen	du bringst	ich brachte	ich habe gebracht
denken	du denkst	ich dachte	ich habe gedacht
dürfen	du darfst	ich durfte	ich habe gedurft
empfehlen	du empfiehlst	ich empfahl	ich habe empfohlen
essen	du isst	ich aß	ich habe gegessen
fahren	du fährst	ich fuhr	ich bin gefahren
fallen	du fällst	ich fiel	ich bin gefallen
fangen	du fängst	ich fing	ich habe gefangen
finden	du findest	ich fand	ich habe gefunden
fliegen	du fliegst	ich flog	ich bin geflogen
fliehen	du fliehst	ich floh	ich bin geflohen
fließen	es fließt	es floss	es ist geflossen
fressen	es frisst	es fraß	es hat gefressen
frieren	du frierst	ich fror	ich habe gefroren
geben	du gibst	ich gab	ich habe gegeben
gehen	du gehst	ich ging	ich bin gegangen
geschehen	es geschieht	es geschah	es ist geschehen
gewinnen	du gewinnst	ich gewann	ich habe gewonnen
gießen	du gießt	ich goss	ich habe gegossen
graben	du gräbst	ich grub	ich habe gegraben
greifen	du greifst	ich griff	ich habe gegriffen
haben	du hast	ich hatte	ich habe gehabt
halten	du hältst	ich hielt	ich habe gehalten
hauen	du haust	ich haute	ich habe gehauen
heißen	du heißt	ich hieß	ich habe geheißen
helfen	du hilfst	ich half	ich habe geholfen
kennen	du kennst	ich kannte	ich habe gekannt
klingen	es klingt	es klang	es hat geklungen
kommen	du kommst	ich kam	ich bin gekommen
können	du kannst	ich konnte	ich habe gekonnt
kriechen	du kriechst	ich kroch	ich bin gekrochen
lassen	du lässt	ich ließ	ich habe gelassen
laufen	du läufst	ich lief	ich bin gelaufen
lesen	du liest	ich las	ich habe gelesen
liegen	du liegst	ich lag	ich habe gelegen
lügen	du lügst	ich log	ich habe gelogen
messen	du misst	ich maß	ich habe gemessen
mögen	du magst	ich mochte	ich habe gemocht
müssen	du musst	ich musste	ich habe gemusst
nehmen	du nimmst	ich nahm	ich habe genommen
pfeifen	du pfeifst	ich pfiff	ich habe gepfiffen
raten	du rätst	ich riet	ich habe geraten

Grundform	Präsens	Präteritum	Perfekt
reißen	du reißt	ich riss	ich habe gerissen
reiten	du reitest	ich ritt	ich bin geritten
rennen	du rennst	ich rannte	ich bin gerannt
riechen	du riechst	ich roch	ich habe gerochen
rufen	du rufst	ich rief	ich habe gerufen
schieben	du schiebst	ich schob	ich habe geschoben
schießen	du schießt	ich schoss	ich habe geschossen
schlafen	du schläfst	ich schlief	ich habe geschlafen
schlagen	du schlägst	ich schlug	ich habe geschlagen
schleichen	du schleichst	ich schlich	ich bin geschlichen
schließen	du schließt	ich schloss	ich habe geschlossen
schneiden	du schneidest	ich schnitt	ich habe geschnitten
schreiben	du schreibst	ich schrieb	ich habe geschrieben
schreien	du schreist	ich schrie	ich habe geschrien
schweigen	du schweigst	ich schwieg	ich habe geschwiegen
schwimmen	du schwimmst	ich schwamm	ich bin geschwommen
sehen	du siehst	ich sah	ich habe gesehen
sein	du bist	ich war	ich bin gewesen
singen	du singst	ich sang	ich habe gesungen
sinken	du sinkst	ich sank	ich bin gesunken
sitzen	du sitzt	ich saß	ich habe gesessen
sprechen	du sprichst	ich sprach	ich habe gesprochen
springen	du springst	ich sprang	ich bin gesprungen
stechen	du stichst	ich stach	ich habe gestochen
stehen	du stehst	ich stand	ich habe gestanden
stehlen	du stiehlst	ich stahl	ich habe gestohlen
steigen	du steigst	ich stieg	ich bin gestiegen
sterben	er stirbt	er starb	er ist gestorben
stinken	es stinkt	es stank	es hat gestunken
stoßen	du stößt	ich stieß	ich habe gestoßen
streichen	du streichst	ich strich	ich habe gestrichen
streiten	du streitest	ich stritt	ich habe gestritten
tragen	du trägst	ich trug	ich habe getragen
treffen	du triffst	ich traf	ich habe getroffen
trinken	du trinkst	ich trank	ich habe getrunken
tun	du tust	ich tat	ich habe getan
vergessen	du vergisst	ich vergaß	ich habe vergessen
verlieren	du verlierst	ich verlor	ich habe verloren
verzeihen	du verzeihst	ich verzieh	ich habe verziehen
wachsen	du wächst	ich wuchs	ich bin gewachsen
waschen	du wäschst	ich wusch	ich habe gewaschen
werden	du wirst	ich wurde	ich bin geworden
werfen	du wirfst	ich warf	ich habe geworfen
wissen	du weißt	ich wusste	ich habe gewusst
ziehen	du ziehst	ich zog	ich habe gezogen
zwingen	du zwingst	ich zwang	ich habe gezwungen

Liste der Konjunktivformen

Grundform/ Infinitiv	3. Person Präsens Indikativ	3. Person Konjunktiv I	3. Person Präteritum Indikativ	3. Person Konjunktiv II	Umschreibung mit *würde*
befehlen	er befiehlt	er befehle	er befahl	er befähle	er würde befehlen
beißen	er beißt	er beiße	er biss	er bisse	er würde beißen
biegen	er biegt	er biege	er bog	er böge	er würde biegen
binden	er bindet	er binde	er band	er bände	er würde binden
bitten	er bittet	er bitte	er bat	er bäte	er würde bitten
blasen	er bläst	er blase	er blies	er bliese	er würde blasen
bleiben	er bleibt	er bleibe	er blieb	er bliebe	er würde bleiben
brechen	er bricht	er breche	er brach	er bräche	er würde brechen
bringen	er bringt	er bringe	er brachte	er brächte	er würde bringen
denken	er denkt	er denke	er dachte	er dächte	er würde denken
dürfen	er darf	er dürfe	er durfte	er dürfte	er würde dürfen
empfehlen	er empfiehlt	er empfehle	er empfahl	er empfähle	er würde empfehlen
essen	er isst	er esse	er aß	er äße	er würde essen
fahren	er fährt	er fahre	er fuhr	er führe	er würde fahren
fallen	er fällt	er falle	er fiel	er fiele	er würde fallen
fangen	er fängt	er fange	er fing	er finge	er würde fangen
finden	er findet	er finde	er fand	er fände	er würde finden
fliegen	er fliegt	er fliege	er flog	er flöge	er würde fliegen
fliehen	er flieht	er fliehe	er floh	er flöhe	er würde fliehen
fließen	er fließt	er fließe	er floss	er flösse	er würde fließen
fressen	er frisst	er fresse	er fraß	er fräße	er würde fressen
frieren	er friert	er friere	er fror	er fröre	er würde frieren
geben	er gibt	er gebe	er gab	er gäbe	er würde geben
gehen	er geht	er gehe	er ging	er ginge	er würde gehen
geschehen	es geschieht	es geschehe	es geschah	es geschähe	es würde geschehen
gewinnen	er gewinnt	er gewinne	er gewann	er gewänne	er würde gewinnen
gießen	er gießt	er gieße	er goss	er gösse	er würde gießen
graben	er gräbt	er grabe	er grub	er grübe	er würde graben
greifen	er greift	er greife	er griff	er griffe	er würde greifen
haben	er hat	er habe	er hatte	er hätte	er würde haben
halten	er hält	er halte	er hielt	er hielte	er würde halten
hauen	er haut	er haue	er haute	er haute	es würde hauen
heißen	er heißt	er heiße	er hieß	er hieße	er würde heißen
helfen	er hilft	er helfe	er half	er hälfe/hülfe	er würde helfen
kennen	er kennt	er kenne	er kannte	er kennte	er würde kennen
klingen	es klingt	es klinge	es klang	es klänge	es würde klingen
kommen	er kommt	er komme	er kam	er käme	er würde kommen
können	er kann	er könne	er konnte	er könnte	er würde können
kriechen	er kriecht	er krieche	er kroch	er kröche	er würde kriechen
lassen	er lässt	er lasse	er ließ	er ließe	er würde lassen
laufen	er läuft	er laufe	er lief	er liefe	er würde laufen
lesen	er liest	er lese	er las	er läse	er würde lesen
liegen	er liegt	er liege	er lag	er läge	er würde liegen
lügen	er lügt	er lüge	er log	er löge	er würde lügen
messen	er misst	er messe	er maß	er mäße	er würde messen
mögen	er mag	er möge	er mochte	er möchte	er würde mögen
müssen	er muss	er müsse	er musste	er müsste	er würde müssen
nehmen	er nimmt	er nehme	er nahm	er nähme	er würde nehmen

Grundform/ Infinitiv	3. Person Präsens Indikativ	3. Person Konjunktiv I	3. Person Präteritum Indikativ	3. Person Konjunktiv II	Umschreibung mit *würde*
pfeifen	er pfeift	er pfeife	er pfiff	er pfiffe	er würde pfeifen
raten	er rät	er rate	er riet	er riete	er würde raten
reißen	er reißt	er reiße	er riss	er risse	er würde reißen
reiten	er reitet	er reite	er ritt	er ritte	er würde reiten
rennen	er rennt	er renne	er rannte	er rennte	er würde rennen
riechen	er riecht	er rieche	er roch	er röche	er würde riechen
rufen	er ruft	er rufe	er rief	er riefe	er würde rufen
schieben	er schiebt	er schiebe	er schob	er schöbe	er würde schieben
schießen	er schießt	er schieße	er schoss	er schösse	er würde schießen
schlafen	er schläft	er schlafe	er schlief	er schliefe	er würde schlafen
schlagen	er schlägt	er schlage	er schlug	er schlüge	er würde schlagen
schleichen	er schleicht	er schleiche	er schlich	er schliche	er würde schleichen
schneiden	er schneidet	er schneide	er schnitt	er schnitte	er würde schneiden
schließen	er schließt	er schließe	er schloss	er schlösse	er würde schließen
schreiben	er schreibt	er schreibe	er schrieb	er schriebe	er würde schreiben
schreien	er schreit	er schreie	er schrie	er schriee	er würde schreien
schweigen	er schweigt	er schweige	er schwieg	er schwiege	er würde schweigen
schwimmen	er schwimmt	er schwimme	er schwamm	er schwämme/schwömme	er würde schwimmen
sehen	er sieht	er sehe	er sah	er sähe	er würde sehen
sein	er ist	er sei	er war	er wäre	er würde sein
singen	er singt	er singe	er sang	er sänge	er würde singen
sinken	er sinkt	er sinke	er sank	er sänke	er würde sinken
sitzen	er sitzt	er sitze	er saß	er säße	er würde sitzen
sprechen	er spricht	er spreche	er sprach	er spräche	er würde sprechen
springen	er springt	er springe	er sprang	er spränge	er würde springen
stechen	er sticht	er steche	er stach	er stäche	er würde stechen
stehen	er steht	er stehe	er stand	er stünde	er würde stehen
stehlen	er stiehlt	er stehle	er stahl	er stähle	er würde stehlen
steigen	er steigt	er steige	er stieg	er stiege	er würde steigen
sterben	er stirbt	er sterbe	er starb	er stürbe	er würde sterben
stinken	es stinkt	es stinke	es stank	es stänke	es würde stinken
stoßen	er stößt	er stoße	er stieß	er stöße	er würde stoßen
streichen	er streicht	er streiche	er strich	er striche	er würde streichen
streiten	er streitet	er streite	er stritt	er stritte	er würde streichen
tragen	er trägt	er trage	er trug	er trüge	er würde tragen
treffen	er trifft	er treffe	er traf	er träfe	er würde treffen
trinken	er trinkt	er trinke	er trank	er tränke	er würde trinken
tun	er tut	er tue	er tat	er täte	er würde tun
vergessen	er vergisst	er vergesse	er vergaß	er vergäße	er würde vergessen
verlieren	er verliert	er verliere	er verlor	er verlöre	er würde verlieren
verzeihen	er verzeiht	er verzeihe	er verzieh	er verzeihe	er würde verzeihen
wachsen	er wächst	er wachse	er wuchs	er wüchse	er würde wachsen
waschen	er wäscht	er wasche	er wusch	er wüsche	er würde waschen
werden	er wird	er werde	er ward	er würde	er würde werden
werfen	er wirft	er werfe	er warf	er würfe	er würde werfen
wissen	er weiß	er wisse	er wusste	er wüsste	er würde wissen
ziehen	er zieht	er ziehe	er zog	er zöge	er würde ziehen
zwingen	er zwingt	er zwinge	er zwang	er zwänge	er würde zwingen

Grammatische Grundbegriffe

Begriff	Erklärung	Beispiel
Adjektiv, das	Eigenschaftswort, Wiewort	klein, groß, dick
Adverbialbestimmung, die auch: Adverbial, das	Satzglied, z. B. des Ortes, der Zeit, der Art und Weise oder des Grundes, antwortet auf die Fragen „Wo?, Wohin?, Wie lange?, Wie?, Auf welche Art und Weise?, Warum?“	Er kam ***dahin***. (Ort) Sie treffen sich ***um 9 Uhr***. (Zeit) Es regnete ***ununterbrochen***. (Art und Weise)
Adverb, das	unveränderliche Wortart, kann an den Anfang eines Satzes gestellt und durch W-Fragen erfragt werden	heute, immer, dort, oben, einmal
Akkusativ, der	Kasus (Fall); Wen-Fall, 4. Fall	den Nachbarn; die Nachbarn
Akkusativobjekt, das	Satzglied, antwortet auf die Frage „Wen oder was?“	Sie traf ***Paul***. (Wen oder Was traf sie?)
Aktiv, das	Gibt an, dass jemand etwas tut. Die handelnde Person steht im Vordergrund.	Tom trinkt Milch.
Artikel, bestimmter	Begleiter des Nomens, Geschlechtswort	***die*** Frau, ***der*** Tisch, ***das*** Haus
Artikel, unbestimmter	Begleiter des Nomens, Geschlechtswort	***ein*** Haus, ***ein*** Stuhl, ***eine*** Frau
Attribut, das	Beifügung, nähere Bestimmung eines Bezugswortes; kein selbstständiges Satzglied; Attribute antworten auf die Fragen: Was für ein? Wessen? Attribute können die Form eines Nebensatzes haben.	Das war ein ***interessanter*** Film. Der Frosch, ***der auf dem Baum sitzt***, gehört zu den giftigen Baumsteigerfröschen.
Aufforderungssatz, der	Satz, der verwendet wird, wenn man um etwas bittet oder wenn man jemanden zu etwas auffordert; steht mit Ausrufezeichen oder Punkt am Ende	Gib den Ball ab! Lies den Text.
Aussagesatz, der	Satz, der verwendet wird, um etwas mitzuteilen	Sarah geht ins Kino.
Dativ, der	Kasus (Fall); Wem-Fall, 3. Fall	dem Nachbarn; den Nachbarn
Dativobjekt, das	Satzglied, antwortet auf die Frage „Wem?“	Sie gibt es ***ihm***. (Wem gibt sie es?)
Deklination, die	Beugung eines Nomens	der Hund (Nominativ), des Hund*es* (Genitiv), den Hund*en* (Dativ Plural)
direkte Rede, die	wörtliche Rede	Ferhat sagt: ***„Ich fahre mit dem Rad zur Schule.“***
feminin	weiblich	***die*** Vase, ***die*** Frau
Fragesatz, der	Satz, der verwendet wird, wenn man etwas wissen will, vgl. W-Frage	Kommst du aus Frankreich? Wie komme ich zum Bahnhof?
Futur, das	Zeitform des Verbs zum Ausdrücken der Zukunft	ich ***werde gehen***
Genitiv, der	Kasus (Fall); Wessen-Fall, 2. Fall	des Buches; der Bücher
Genus, das	grammatisches Geschlecht	der Baum, die Mütze, das Haus
Hauptsatz, der	selbstständiger Satz, kann für sich allein stehen	Das Haus dort drüben ist rot.
Hilfsverb, das	Verb, das auch zur Bildung von Zeitformen verwendet wird	haben, sein, werden
Indikativ, der	Wirklichkeitsform	Sie ***geht*** gern ins Kino.
indirekte Rede, die	nicht wörtliche Rede	***Ferhat sagte, er käme mit dem Rad zur Schule.***
Infinitiv, der	Grundform des Verbs, ungebeugte Form des Verbs	gehen, schwimmen, spielen
Kasus, der	Fall	das Haus, des Hauses, dem Haus, das Haus
Kompositum, das (Plural: Komposita)	zusammengesetzes Wort, das aus einem Bestimmungswort und einem Grundwort besteht	Hochhaus, Backstube, Schirmmütze
Konjugation, die	Beugung des Verbs, vgl. konjugieren	
konjugieren	beugen	ich ***gehe***, du ***gehst***, …, ich ***ging***, du ***gingst***, …
Konjunktion, die	Verbindungswort, verbindet Satzteile oder Teilsätze miteinander	und, oder, aber, sondern, denn, als, bis, weil, wenn, obwohl, dass
Konjunktiv, der	Möglichkeitsform	Häuser ***könnten*** aus Bäumen ***entstehen***.
Komparativ, der	Höherstufe des Adjektivs	schöner, besser
maskulin	männlich	***der*** Hund, ***der*** Kuchen
Modalverb, das	Verben, die sagen, auf welche Art und Weise etwas geschieht	dürfen, können, müssen, mögen, sollen, wollen
Modus, der	Aussageweise des Verbs	Indikativ, Konjunktiv, Imperativ
Nebensatz, der	unselbstständiger Satz, kann nicht für sich allein stehen	Ich esse die Suppe, ***die ich gekocht habe***.
neutral	sächlich	***das*** Kind, ***das*** Haus

Begriff	Erklärung	Beispiel
Nomen, das	Substantiv, Dingwort, Hauptwort	Ankunft, Tisch
Nominalisierung, die	Bildung eines Nomens aus einer anderen Wortart, z. B. aus Verben oder Adjektiven	Die Schüler ***beobachteten*** (Verb) im Chemieunterricht ein Experiment. Das ***Beobachten*** (Nomen) des Experiments bereitete ihnen viel Spaß.
Nominativ, der	Kasus (Fall); Wer-Fall, 1. Fall	***der Mann; die Männer***
Numerus, der	Anzahl (Singular oder Plural)	das Kind, die Kinder
Objekt, das	Satzergänzung, Satzglied, vgl. Akkusativobjekt, Dativobjekt	Sie zeigen ***uns den Weg***.
Partizip II, das	Partizip Perfekt; Mittelwort der Vergangenheit, gebildet aus der Vorsilbe ge- + Verbstamm + -(e)t oder -en	genannt, geredet, geschrieben
Passiv, das	Im Passiv wird die Handlung betont. Eine Person muss nicht genannt werden.	Der Kuchen wurde besorgt.
Perfekt, das	Zeitform des Verbs zum Ausdrücken der Vergangenheit (mündlich)	Gestern ***bin*** ich ins Schwimmbad ***gegangen***.
Personalform des Verbs, die	gebeugtes Verb	Ich ***ging***. Du ***schwimmst***.
Personalpronomen, das	persönliches Fürwort	ich, du, er, sie, es, wir, ihr, sie
Plural, der	Mehrzahl	die schönen Häuser
Plusquamperfekt, das	Zeitform des Verbs zum Ausdrücken der Vergangenheit; vollendete Vergangenheit, Vorvergangenheit	Nachdem ich meine Hausaufgaben ***gemacht hatte*** (Plusquamperfekt), schaltete (Präteritum) ich den Fernseher an.
Positiv, der	Grundform des Adjektivs	schön
Possessivpronomen, das	besitzanzeigendes Fürwort	mein, deine, sein, euer, unser, ihr
Prädikat, das	zentraler Teil des Satzes; Satzaussage; kann ein- oder mehrteilig sein; antwortet auf die Frage „Was wird ausgesagt?"	Es ***regnete*** ununterbrochen.
Präfix, das	Vorsilbe, steht vor dem Wortstamm	**er**raten, **ver**hexen, **unter**schreiben
Präposition, die	Verhältniswort	für, mit, hinter, neben, bei
Präsens, das	Zeitform des Verbs zum Ausdrücken der Gegenwart	Ich ***sehe*** dich. Du liest ein Buch.
Präteritum, das	Zeitform des Verbs zum Ausdrücken der Vergangenheit	Ich ***sang***. Du ***kamst***.
Pronomen, das	Fürwort, vgl. Personalpronomen, Possessivpronomen	ich , du , er, sie, …; mein, dein, sein …
Redebegleitsatz, der	weist auf die wörtliche Rede hin, kann vor-, nach- oder innerhalb der wörtlichen Rede stehen	**Paul sagt:** „Die Suppe ist lecker." „Die Suppe ist lecker", **sagt Paul.** „Die Suppe", **sagt Paul,** „ist lecker."
Relativpronomen, das	bezügliches Fürwort	der, die, das; welcher, welche, welches
Satzgefüge, das	Verbindung aus *Haupt-* und Nebensatz (Nebensätzen)	*Ich esse die Suppe*, die ich gekocht habe. *Ich wünsche mir*, dass Paul mich heute abholt.
Satzglied, das	Teil des Satzes, der innerhalb des Satzes verschiebbar ist (Umstellprobe) und beim Umstellen zusammenbleibt; vgl. Subjekt, Prädikat, Objekt, *Adverbialbestimmung*	Ich gebe dir ***morgen früh*** Bescheid. ***Morgen früh*** gebe ich dir Bescheid.
Satzreihe, die	Verbindung aus Hauptsätzen	Paul liegt auf der Wiese und Lisa schwimmt im See.
Singular, der	Einzahl	das Haus, ein Haus
Subjekt, das	Satzglied, antwortet auf die Frage „Wer oder was?", Satzgegenstand, vgl. Nominativ	***Sie*** traf Paul. (Wer oder was traf Paul? – ***Sie***.)
Suffix, das	Nachsilbe, steht nach dem Wortstamm	Zufrieden**heit**, heil**bar**, häus**lich**
Superlativ, der	Höchststufe des Adjektivs	am schönsten
Verb, das	Tätigkeitswort, Zeitwort, Tunwort	gehen, singen, spielen, …
W-Frage, die	Fragesatz mit einem Fragefürwort (Wer? Was? Wessen? Wem? Wen? Welcher?)	***Woher*** kommst du? An ***wen*** denkst du?
Wortfamilie, die	alle Wörter mit demselben Wortstamm/Grundbaustein	Wortfamilie „fahr": ***fahr***en, ***Fahr***bahn, Ge***fähr***t
Wortfeld, das	Bedeutungsfeld: alle Wörter mit ähnlicher Bedeutung	sagen, sprechen, rufen, nuscheln, …
Wortstamm, der	Grundbaustein des Wortes	**Lieb**e, **lieb**los, Ge**lieb**te, …
Zeitform, die	siehe Tempus, das	

Textquellen

S. 13 Ministerium für Schule und Weiterbildung (Hrsg.): Eine Potenzialanalyse -Stärken erforschen. Unter: http://www.bwp-nrw.de/fileadmin/medien/Arbeitsblaetter_Schueler/Arbeitsblatt_2.pdf [20.11.2014]; **S. 15** Bundesagentur für Arbeit: Mediengestalter/in Digital und Print. Unter: http://www.gsbnet.de/pdf/BerufeAktuell-2014-15_bf.pdf, S. 366 [02.02.2015]; **S. 16** Bundesagentur für Arbeit: Heilerziehungspfleger/in. Unter: http://www.gsbnet.de/pdf/BerufeAktuell-2014-15_bf.pdf ,S. 274/275 [04.02.2015]; **S. 17** Bundesagentur für Arbeit: Elektroniker/in für Betriebstechnik. Unter: http://berufenet.arbeitsagentur.de/berufe/docroot/r2/blobs/pdf/bkb/15623.pdf [20.11.2014]; **S. 18/19** Erfahrungsbricht Ausbildung. Mein Weg bei Lidl. Unter: http://www.karriere-bei-lidl.de/cps/rde/xchg/SID-90D865EC-CBD39BC7/lidl_ji/hs.xsl/5608.htm [05.03.2015]; **S. 20** Diagramm nach: https://www.destatis.de/DE/ZahlenFakten/GesellschaftStaat/BildungForschungKultur/BeruflicheBildung/Tabellen/AzubiRanglisteWeiblich.html#Link; https://www.destatis.de/DE/ZahlenFakten/GesellschaftStaat/BildungForschungKultur/BeruflicheBildung/Tabellen/AzubiRanglisteMaennlich.html#Link [13.01.2015]; **S. 21** Klassische Rollenverteilung besteht weiter. http://www.ihk-nordwestfalen.de/mittelstand/oeffentlichkeitsarbeit/pressemeldungen/details/artikel/klassische-rollenverteilung-besteht-weiter-5657/ [20.11.2014]; Bundesamt für Familie und Zivilgesellschaftliche Aufgaben: Girls' Day und Boys' Day. Unter: http://www.bafza.de/aufgaben/girlsday-und-boysday.html?type=98 [20.11.2014]; **S. 28** Bundesagentur für Arbeit: Forstwirt/in. Unter: http://www.gsbnet.de/pdf/BerufeAktuell-2014-15_bf.pdf, S. 231/232 [04.02.2015]; **S. 29** Bundesagentur für Arbeit (Hrsg.): Andreas, Auszubildender zum Forstwirt. Unter: http://www.planet-beruf.de/fileadmin/assets/PDF/Einzelartikel/Berufswahlmagazin_2014_02/BWM_1402_Beliebte_Berufe_in_der_Natur.pdf [20.11.2014]; **S. 30–49** Lutz Hübner: Das Herz eines Boxers – Ein Jugendtheaterstück. Klaus-Ulrich Pech und Rainer Siegle (Hrsg.), Klett Taschenbücherei, Stuttgart 2009, S. 3 ff; **S. 51** Deutscher Jugendtheaterpreis 1998. Unter: http://www.jugendtheater.net/preise/preistraeger/details/?tx_wfqbe_pi1%5Buid%5D=32 [16.02.2015]; **S. 54** Ralf Thenior: He Joe. In: Ralf Thenior: Traurige Hurras : Gedichte u. Kurzprosa. Bertelsmann, München 1977, S. 15; **S. 56/57** Antonie Rietzschel: Wir Außenseiter – „Alle lästern über mich". Unter: http://www.spiegel.de/schulspiegel/leben/wir-aussenseiter-alle-laestern-ueber-mich-a-495498.html [06.08.2014]; **S. 58** John Green: Eine wie Alaska. Übers. v. Sophie Zeitz. Deutscher Taschenbuch Verlag, München 2013, S. 7; **S. 58/59** Raquel J. Palacio: Wunder. Übers. v. André Mumot. Carl Hanser Verlag, München 2013, S. 9–10; **S. 60/61** Nicky Singer: Norbert Nobody oder das Versprechen. Übers. v. Uwe-Michael Gutzschhahn. dtv, München 2002, S. 12–13; **S. 62/63** Joyce Carol Oates: Unter Verdacht. Die Geschichte von Big Mouth und Ugly Girl. Übers. v. Birgitt Kollmann. Carl Hanser Verlag, München/Wien 2003, S. 13–17; **S. 64/65** Raquel J. Palacio: Wunder. Übers. v. André Mumot. Carl Hanser Verlag, München 2013, S. 103–104; **S. 66** Raquel J. Palacio: Wunder. Übers. v. André Mumot. Carl Hanser Verlag, München 2013, S. 24–25; **S. 70** Kritik: Herr Rücker – Dokumentarfilm. Unter: http://www.planet-schule.de/dokmal/mach_mit_dok_mal/deine_filmkritiken/mehr_filmkritiken_zu_herr_ruecker/ [25.05.2014]; **S. 71** Kritik: Ednas Tag - Dokumentarfilm. Unter: http://www.spinxx.de/magazin/kritiken/kritik/ednas-tag.9254.html [26.02.2015]; **S. 72/73** Delphine de Vigan: No & ich. Übers. v. Doris Heinemann. Knaur Taschenbuch Verlag, München 2010, S. 9–10; **S. 80** Jutta Geese: 40 Katzen aus Wohnung in Herzogenrath gerettet. In: Aachener Nachrichten vom 28.12.2013, Nr. 300, S. 1, Kurz notiert; **S. 81** Jutta Geese: Fast 40 Katzen aus einer viel zu kleinen Wohnung befreit. In: Aachener Nachrichten vom 28.12.2013, Nr. 300, S. 19 A1, Lokales; **S. 82** Valentin Frimmer: Andy, der blinde Bergsteiger. In: Aachener Nachrichten, 23.09.2013, Nr. 221, S. 32 ABCDE, Aktuelles für Kinder; **S. 84** Florian Sanktjohanser: Am heiligen Berg: Expedition auf den Mount Kenya. In: Aachener Nachrichten (Hrsg.), dpa (Rechtinhaber), 14.12.2013, Nr. 290, S. A, Reise; **S. 85** Lea Sibbel: Im Reich der schmatzenden Raufbolde… In: Aachener Nachrichten (Hrsg.), dpa (Rechtinhaber), 04.01.2014, Nr. 3, S. ABC, Reise; **S. 86** Horst Kuhnes: Warnschussarrest: Schnelle Strafe ist die beste Abschreckung. Unter: http://www.wz-newsline.de/home/leitartikel/warnschussarrest-schnelle-strafe-ist-die-beste-abschreckung-1.963675 [27.06.2014]; **S. 88** (1) Leserbrief zu: Zwischen Schmerz und Verehrung, Beitrag von Johannes Dietrich. Unter: http://www.badische-zeitung.de/leserbriefe-68/danke-fuer-deine-taten--78708535.html [27.06.2014]; (3) Nelson Mandela im Interview mit Martin Scholz: „Wir sind alle befreit". Unter: http://www.berliner-zeitung.de/politik/nelson-mandela-im-interview--wir-sind-alle-befreit-,10808018,25546642.html [27.06.2014]; **S. 89** (5) Johannes Dietrich: Südafrika trauert um Nelson Mandela. Unter: http://www.fr-online.de/panorama/tod-von-nelson-mandela-suedafrika-trauert-um-nelson-mandela,1472782,25541292.html [27.06.2014]; (6) Kommentar von Roland Nelles: Tod einer Ikone: Zwei Lehren aus Nelson Mandelas Leben. Unter: http://www.spiegel.de/politik/ausland/nelson-mandela-kommentar-zu-seinem-tod-in-suedafrika-a-937572.html [27.06.2014]; **S. 102** (1) Unter: http://www.slogans.de/slogans.php?BSelect[]=291 [17.02.2015] © ExxonMobil Central Europe Holding GmbH; (2) Unter: http://www.intel.de/content/www/de/de/homepage.html [17.02.2015] © Intel Feldkirchen; (3) Unter: http://www.slogans.de/slogans.php?GInput [17.02.2015] © TUI Hannover; (4) Unter: http://burgerking.de/ [17.02.2015] © Burger King München; (5) Unter: https://www.haribo.com/deDE/unternehmen/geschichte.html [17.02.2015] © Haribo GmbH Co. KG; (6) Unter: http://www.markenlexikon.com/slogans_i.html [17.02.2015] © Ikea Deutschland GmbH Co. KG; (7) Unter: http://www.markenlexikon.com/slogans_j.html [17.02.2015] © Mondelez Deutschland GmbH; (8) Unter: http://www.markenlexikon.com/slogans_s.html [17.02.2015] © Saturn GmbH; (9) Unter: http://www.duplo.de/ [17.02.2015] ©Ferrero; **S. 113** (1) Unter: http://www.meggle.de/startseite.html [25.03.2015] © Meggle; (2) Unter: http://www.markenlexikon.com/slogans_e.html [17.03.2015] © E-Plus; (3) Unter: http://www.markenlexikon.com/slogans_m.html [17.03.2015] © Ferrero; (4) Unter: http://www.markenlexikon.com/slogans_k.html [17.03.2015] © Kodak; (5) Unter: http://www.markenlexikon.com/slogans_m.html [17.03.2015] © DMK Deutsches Milchkontor; (6) http://www.markenlexikon.com/slogans_k.html [27.03.2015] © Procter & Gamble; **S. 116** Sabine Anders/ Katharina Maier (Hrsg.): Liebesbriefe großer Frauen. Marixverlag, Wiesbaden 2009, S. 38; **S. 119** Dudenredaktion (Hrsg.): Parapluie. In: Duden. Fremdwörterbuch. Bibliographisches Institut u. F.A. Brockhaus AG, Mannheim 2001, S. 729; Dudenredaktion (Hrsg.): hold. In: Duden. Das Bedeutungswörterbuch. Bibliographisches Institut AG, Mannheim 2010, S. 503; Bibliographisches Institut GmbH: Trübsal, die. Unter: http:// www.duden.de/rechtschreibung/Truebsal [23.05.2014]; **S. 120** Dudenredaktion (Hrsg.): Wonne. Duden. Das Herkunftswörterbuch. Bibliographisches Institut AG, Mannheim 2010, S. 933; **S. 121** Dudenredaktion (Hrsg.): hold. Duden. Das Herkunftswörterbuch. Bibliographisches Institut AG, Mannheim 2010, S. 342; **S. 124** Hans Wagener (Hrsg.): Deutsche Liebeslyrik. Reclam, Stuttgart 1982, S. 5; **S. 125** Irmgard Lindner: Minnelyrik des Mittelalters. Interpretationen zum Deutschunterricht. Teilw. bear. v. Albrecht Weber. Oldenbourg, München 1968, S. 61/62; **S. 126** Albert Ostermann: always on my mind. In: Alexandra Piel: Lyrik erleben – Liebe. Materialien für die Klassen 7 und 8. Ein Arbeitsheft für Jugendliche. Verlag an der Ruhr, Mühlheim an der Ruhr 2012, S. 9; Johann Wolfgang von Goethe: Nähe des Geliebten. In: Hans Wagener (Hrsg.): Deutsche Liebeslyrik. Reclam, Stuttgart 1982, S. 136; **S. 128** Heinrich Heine: An Mathilde Heine. In: Sabine Anders/ Katharina Maier (Hrsg.): Liebesbriefe großer Männer. Marixverlag, Wiesbaden 2008, S. 124–128; **S. 131** Jugendsprache. In: PONS. Wörterbuch der Jugendsprache. Pons, Stuttgart 2013, S. 10, 14, 18, 19; **S. 132** Bettina Brentano: An Achim von Arnim. In: Sabine Anders/ Katharina Maier (Hrsg.): Liebesbriefe großer Frauen. Marixverlag, Wiesbaden 2009, S. 152/153; Dudenredaktion (Hrsg.): Gemüt. Duden. Das Bedeutungswörterbuch. Bibliographisches Institut AG, Mannheim 2010, S. 426; **S. 133** Dudenredaktion (Hrsg.): treu. Duden. Herkunftswörterbuch. Etymologie der deutschen Sprache. Bibliographisches Institut u. F. A. Brockhaus AG, Mannheim 2001, S. 864; Stefan Dörsing: Liebesgedicht. Unter: http://www.arte.tv/de/liebesgedicht/1926184,CmC=1933948.html [23.05.2014]; **S. 158** Bastian Sick: Der traurige Konjunktiv. In Bastian Sick: Der Dativ ist dem Genitiv sein Tod. Folge 2.

KiWi, Köln 2005; **S. 168/169** Birgit/Eickelmann/Hans Brügelmann: Soll jedes Grundschulkind ein Netbook bekommen? Unter: http://www.zeit.de/zeit-wissen/2010/05/Forum-Pro-Contra [06.11.2014]; **S. 170/171** Wie sinnvoll ist der Einsatz digitaler Medien beim Lernen? Unter: http://www.schekker.de/content/unterricht-mit-tablets-smartphones-und-co [18.02.2015]; **S. 177/178** Pro & Kontra: Mehr Sportunterricht in der Schule. Unter: http://www.schekker.de/content/pro-contra-mehr-sportunterricht-der-schule / [11.08.2014]; **S. 182** Polizeivollzugsbeamter/in. Unter: http://www.gsbnet.de/pdf/BerufeAktuell-2014-15_bf.pdf, S. 423 [02.02.2015]; **S. 183** Frederik Diercks: Ausbildung bei der Polizei. Unter: https://www.fazschule.net/index/download/asset_id/1975 [28.01.2015]; **S. 184/185** Vanessa Meier: Erfahrungsbericht Ausbildung zur Bauchzeichnerin. Unter: http://www.kreis-paderborn.de/kreis_paderborn/aemter/11/ausbildung/erfahrungsberichte/vanessa_meier.php [28.01.2015]; **S. 189** Yosemite Nationalpark. Unter: http://www.sueddeutsche.de/panorama/waldbraende-im-yosemite-nationalpark-wanderer-mit-helikoptern-in-sicherheit-gebracht-1.2120347 [02.02.2015]; **S. 191** Reinhard Breidenbach: Den Rettern danken. Unter: http://www.presseportal.de/pm/65597/2765153/allg-zeitung-mainz-den-rettern-danken-kommentar-von-reinhard-breidenbach-zur-hoehlen-rettung [29.01.2015]; **S. 192/193** Sabine Dobel: Eiserner Wille, grandioser Wagemut und Egoismus. In: Aachener Nachrichten vom 10. 09.2014; **S. 193/194** Michael Donhauser: Die Primatenforschung hat ihr viel zu verdanken. In: Aachener Nachrichten (Hrsg.), dpa (Rechtinhaber), 02.04.2014; **S. 195** Alexandra Frank: Sterne der Unterwelt: Höhlenrafting in Neuseeland. Unter: http://www.fr-online.de/reise/die-sterne-der-unterwelt---hoehlenrafting-in-neuseeland,27394982,26093302.html [02.02.2015]; **S. 204/205** Joyce Carol Oates: Unter Verdacht. Die Geschichte von Big Mouth und Ugly Girl. Übers. v. Birgitt Kollmann. Carl Hanser Verlag. München, Wien 2003, S. 7–11; **S. 211/212** Morton Rhue: Die Welle. Bericht über einen Unterrichtsversuch, der zu weit ging. Übers. v. Hans-Georg Noack. Ravensburger Taschenbuch, Ravensburg 2013, S. 13–16; **S. 214/215** Delphine de Vigan: No & ich. Übers. v. Heinemann. Knaur Taschenbuch Verlag, München 2010, S. 13–15; **S. 221** Hans Wagener (Hrsg.): Deutsche Liebeslyrik. Reclam, Stuttgart 1982, S. 168 f.; Cro: Traum. Text: Carlo Waibel, Musik: Christoph Bauss, Fridolin Walcher. © Affen Publishing Edition/Because Editions/Rückbank Musikverlag Mark Chung EK/Peripherique Publishing M. Krings, F. Krings, K. Krings GbR; **S. 225** Atom-Meiler außer Funktion. Unter: http://www.nabu-daun.de/archiv-aktuelles/2013-4-quartal/ [26.01.2015]; Ungewöhnlicher Dinosaurierfund. Unter: http://www.faz.net/aktuell/wissen/natur/fund-in-argentinien-neuer-riesensaurier-hatte-gewicht-einer-elefantenherde-13135672.html [26.01.2015]; **S. 236** Interview: Matthias Schweighöfer. Unter: http://www.geo.de/GEOlino/kreativ/kinotipps/das-magische-haus-interview-matthias-schweighoefer-77847.html [09.02.2015]; **S. 248** Gregor Boldt/Jens Dirksen/Britta Heidemann: Verschandeln SMS und Twitter die deutsche Sprache? Unter: http://www.derwesten.de/politik/verschandeln-sms-undtwitter-die-sprache-id7417449.html [09.02.15]; **S. 250** (1) Liebeskummer. Unter: https://www.openthesaurus.de/synonyme/liebeskummer [09.02.15]; (2) Dudenredaktion (Hrsg.): Kuvert. Duden. Fremdwörterbuch. Bibliographisches Institut u. F.A. Brockhaus AG, Mannheim 2001, S. 560; (3) Dudenredaktion (Hrsg.): flirten. Duden. Das Herkunftswörterbuch. Bibliographisches Institut AG, Mannheim 2001, S. 226; (4) Dudenredaktion (Hrsg.): anhimmeln. Duden. Das Bedeutungswörterbuch. Bibliographisches Institut AG, Mannheim 2010, S. 93; **S. 251** Dudenredaktion (Hrsg.): Herz. Duden. Das Herkunftswörterbuch. Bibliographisches Institut AG, Mannheim 2001, S. 336.

Bildquellen

Cover (M) Corbis (Noel Hendrickson), Berlin; **Cover (P)** Alamy Images (blickwinkel), Abingdon, Oxon; **Cover (3)** Getty Images (Andrea Pistolesi), München; **Cover (Junge)** Getty Images RF (Frida Marquez), München; **Cover Buch-Rücken (T)** Avenue Images GmbH (Alamy/Pixoi Ltd), Hamburg; **Cover Buch-Rücken (K)** Avenue Images GmbH (Alamy/bobo), Hamburg; **S. 10 li.** Picture-Alliance (Sven Simon), Frankfurt; **S. 10 re.** Picture-Alliance (Keystone), Frankfurt; **S. 11 o.li.** Fotolia.com (RF/Darren Green), New York; **S. 11 o.re.** Picture-Alliance (ZB/dpa/Waltraud Grubitzsch), Frankfurt; **S. 11 u.li.** Picture-Alliance (blickwinkel/McPHOTOs), Frankfurt; **S. 11 u.re.** Picture-Alliance (Westend61), Frankfurt; **S. 14 v. li. 1** Thinkstock (IPGGutenbergUKLtd), München; **S. 14 v.li. 2** Picture-Alliance (Süddeutsche Zeitung Photo), Frankfurt; **S. 14 v.li. 3** Picture-Alliance (Martin Schutt), Frankfurt; **S. 14 v.li. 4** Thinkstock (Lifesize), München; **S. 18** Thinkstock (Rrrainbow); **S. 18** Lidl Dienstleistung GmbH & Co. KG, Neckarsulm; **S. 20 u.li.** Picture-Alliance (Süddeutsche Zeitung Photo), Frankfurt; **S. 20 u.re.** iStockphoto (mediaphotos), Calgary, Alberta; **S. 27 li.** Klett-Archiv, Stuttgart; **S. 27 m.** Fotolia.com (Stuart Corlett), New York; **S. 27 re.** shutterstock.com (Aigars Reinholds), New York, NY; **S. 29** iStockphoto (Pojbic), Calgary, Alberta; **S. 31 li.** Verlag C. C. Buchner, Bamberg; **S. 31 re.** Klett-Archiv, Stuttgart; **S. 32 li.** Getty Images (Lonely Planet), München; **S. 32 re.** akg-images (Orsi Battaglini), Berlin; **S. 33 li.** Gnaudschun, Göran, Potsdam; **S. 33 re.** Pingel, Tom, Hamburg; **S. 55 o.re** shutterstock.com (maradonna 8888), New York, NY; **S. 55 u.li.** iStockphoto (rjzinger), Calgary, Alberta; **S. 55 u.re.** Eckes-Granini Deutschland GmbH (SimmiSimons), Nieder-Olm; **S. 58 o.** DTV GmbH & Co. KG, München; **S. 58 u.** Carl Hanser Verlag, München; **S. 60** DTV GmbH & Co. KG, München; **S. 74** laif (Hans-Bernhard Huber), Köln; **S. 75 o.li.** iStockphoto (scanrail), Calgary, Alberta; **S. 75 u.li.** Picture-Alliance (Sven Simon), Frankfurt; **S. 75 re.** (Die Zecke) Klett-Archiv; **S. 76** Zeitungsverlag Aachen GmbH, Aachen; **S. 82** Caters News Agency Ltd (Andreas Scharnagl), Birmingham, B1 1LX; **S. 88 li.** Picture-Alliance (Klaus Rose), Frankfurt; **S. 88 m.** Picture-Alliance (AP Photo/NTB), Frankfurt; **S. 88 re.** Picture-Alliance (dpa/Epa/Raminder Pal Singh), Frankfurt; **S. 97 o.li.** Picture-Alliance (dpa), Frankfurt; **S. 97 o.m.** Picture-Alliance (JOKER), Frankfurt; **S. 97 o.re.** Picture-Alliance (J. W. Alker), Frankfurt; **S. 97 li.u.** Action Press GmbH, Hamburg; **S. 97 m.u.** Picture-Alliance (dpa/EPA/Jacob van Essen), Frankfurt; **S. 97 re.u.** Action Press GmbH (GMC PHOTOPRESS), Hamburg; **S. 100** Johnson & Johnson GmbH, Neuss; **S. 104** Daimler AG/BBDO Berlin GmbH; **S. 105** Alamy Images (blickwinkel), Abingdon, Oxon; **S. 106 (alle 16)** Bilder aus der Kampagne "Sag es mit Deinem Projekt", 2014, von der Hornbach Baumarkt AG www.hornbach.com; **S. 112** Alfred Ritter GmbH & Co. KG, Waldenbuch; **S. 114 li.** iStockphoto (cglade), Calgary, Alberta; **S. 114 re.** iStockphoto (JLBarranco), Calgary, Alberta; **S. 115 li.** plainpicture GmbH & Co. KG (Anja Bäcker), Hamburg; **S. 115 re.o.** Getty Images (Moment Open/Thomas Ruecker), München; **S. 115 re.u.** f1 online digitale Bildagentur, Frankfurt; **S. 125** akg-images (AKG, Berlin), Berlin; **S. 134** shutterstock.com (liotru), New York, NY (Basiskarte); **S. 137 m.** Imago, Berlin; **S. 137 u. li.** f1 online digitale Bildagentur (Imagebroker), Frankfurt;**S. 137 u. re.** Alamy Images (ContemporaryLiechtenstein), Abingdon, Oxon; **S. 143** f1 online digitale Bildagentur, Frankfurt; **S. 144** Getty Images (Moment Open), München; **S. 149 li.** Alamy Images (imageBROKER/Reinhard Hölzl), Abingdon, Oxon; **149 m.** Fotolia.com (Sergii Figurnyi), New York; **S. 149 re.** Thinkstock (mavrek), München; **S. 155** Siemens Pressebild, München; **S. 164** shutterstock.com (Brues), New York, NY; **S. 184** Fotolia.com (contrastwerkstatt), New York; **S. 189 li.** Thinkstock (Medioimages/Photodisc), München; **S. 189 re** Thinkstock (MariuszBlach), München; **S. 191** Picture-Alliance (dpa/BRK/Bergwacht Bayern), Frankfurt; **S. 195** Imago, Berlin;**S. 196 li.** Thinkstock (salajean), München; **S. 196 re.** Thinkstock (konstantin32), München; **S. 198** Mauritius Images (Alamy), Mittenwald; **S. 204** DTV GmbH & Co. KG, München; **S. 211** Morton Rhue: Die Welle © 1997 Ravensburger Buchverlag Otto Maier GmbH, Ravensburg; **S. 214** Verlagsgruppe Droemer Knaur, München; **S. 217** Klett-Archiv, Stuttgart; **S. 227** Eckes-Granini Deutschland GmbH, Nieder-Olm; **S. 242** Thinkstock (MDBrockmann), München; **S. 244** shutterstock.com (Marcin Krzyzak), New York, NY;

Sollte es in einem Einzelfall nicht gelungen sein, den korrekten Rechteinhaber ausfindig zu machen, so werden berechtigte Ansprüche selbstverständlich im Rahmen der üblichen Regelungen abgegolten.

Übersicht der Lerninhalte

Die Kompetenzen werden in den Kapiteln integrativ erarbeitet und können in den sachsystematischen Trainingsstationen noch einmal wiederholt und geübt werden. Alle Teilkompetenzen können dem Inhaltsverzeichnis entnommen werden.

Die Inhalte des Kompetenzbereiches **Reflexion über Sprache** werden in Kapitel 6 (Liebesbotschaften früher und heute – Die Vielfalt von Sprache untersuchen), Kapitel 7 (Vielerorts Deutsch – Rechtschreibung und Zeichensetzung) und Kapitel 8 (Zukunftswelten – Nachdenken über Sprache) erarbeitet.

Kapitel	3.1 Sprechen und Zuhören	3.2 Schreiben	3.3 Lesen – Umgang mit Texten und Medien
1 Einblicke in die Welt der Berufe – Sich und andere informieren			
→ mündlicher Aufgabentyp 1 **sachgerecht und folgerichtig vortragen** → schriftlicher Aufgabentyp 2 **auf Basis von Materialien sachlich berichten und beschreiben** → schriftlicher Aufgabentyp 4b **durch Fragen und Aufgaben Informationen ermitteln, vergleichen und bewerten**	3.1.1 zunehmend eine zuhörergerechte Sprechweise entwickeln: S. 10–29 3.1.4 Informationen zu kürzeren, thematisch begrenzten Redebeiträgen verarbeiten und diese mediengestützt präsentieren: S. 18–23 3.1.5 Gedanken, Wünsche und Forderungen strukturiert, situationsgerecht und adressatenbezogen vortragen: S. 10–13 3.1.9 Konzentriert zuhören und zusammenhängende mündliche Darstellungen verfolgen und durch Fragen das Verständnis klären: S. 22–23	3.2.1 Selbstständiges Gestalten von Schreibprozessen: S. 24–27 3.2.6 Literarische Texte, Sachtexte und Medientexte inhaltlich zusammenfassen: S. 18–21 3.2.8 Formulieren von Aussagen zu diskontinuierlichen Texten und Auswerten der Texte im funktionalen Zusammenhang: S. 20–21	3.3.2 Bücher und Medien zur Informationsentnahme nutzen, ordnen und festhalten: S. 12–23 3.3.3 Sachtexte, Bilder und diskontinuierliche Texte auf Intention, Funktion und Wirkung untersuchen: S. 12–19
2 „Das Herz eines Boxers" – Einen dramatischen Text spielerisch erschließen			
→ mündlicher Aufgabentyp 2 **gestaltend vortragen** → mündlicher Aufgabentyp 3b **Sprechakte gestalten und reflektieren (Rollenspiel)** → schriftlicher Aufgabentyp 6 **sich mit einem literarischen Text durch dessen Umgestaltung auseinandersetzen**	3.1.11 Sprechgestaltende Mittel bewusst einsetzen: S. 38/39, 46–49 3.1.13 Erschließen von literarischen Texten im szenischen Spiel und Einsetzen von nonverbalen Ausdrucksformen: S. 36–49	3.4.1 Selbstständiges Gestalten von Schreibprozessen: S. 36–45, 50/51 3.2.2 Erzählen von Erfahrungen, Gefühlen, Meinungen: S. 37–39, 49	3.3.6 Spezifische Merkmale epischer, lyrischer, dramatischer Texte unterscheiden; Grundkenntnissen von Wirkungsweisen dieser Texte; über grundlegende Fachbegriffe verfügen: S. 32/33 3.3.7 Anwenden textimmanenter Verfahren zur Erschließung altersgemäßer literarischer Texte: S. 34–49 3.3.10 Untersuchen von Dialogen in Texten im Hinblick auf die Konstellation der Figuren, deren Charakter und Verhaltensweisen: S. 34–49
3 Außenseiter oder einfach nur anders? – Literarische Figuren charakterisieren			
→ schriftlicher Aufgabentyp 4a **einen literarischen Text mithilfe von Fragen untersuchen und bewerten**	3.1.10 Stichwörter oder Sätze formulieren, um das Verständnis von gesprochenen Texten zu sichern und den Inhalt wiedergeben zu können: S. 64/66	3.2.1 Selbstständiges Gestalten von Schreibprozessen: S. 56–69 3.2.2 Erzählen von Erfahrungen, Gefühlen, Meinungen: S. 56–61 3.2.6 Literarische Texte, Sachtexte und Medientexte inhaltlich zusammenfassen: S. 56–71 3.2.7 Fragen zu Texten und ihrer Gestaltung entwickeln und beantworten, z. B. literarische Figuren charakterisieren, gelernte Fachbegriffe einsetzen, Textbelege angeben, korrekt zitieren: S. 56–69	3.3.1 Über Strategien und Techniken des Textverstehens verfügen: S. 56–71 3.3.7 Anwenden textimmanenter Verfahren zur Erschließung altersgemäßer literarischer Texte: S. 56–69 3.3.8 Verstehen von längeren epischen Texten: S. 56–69